U0620560

"十三五"国家重点图书出版规划项目

《中国经济地理》丛书

孙久文　总主编

江西经济地理

陈　斐　钟业喜　周杰文　李汝资　等◎著

图书在版编目（CIP）数据

江西经济地理/陈斐等著 .—北京：经济管理出版社，2024. 6
ISBN 978-7-5096-9564-7

Ⅰ. ①江…　Ⅱ. ①陈…　Ⅲ. ①区域经济地理—江西　Ⅳ. ①F129. 956

中国国家版本馆 CIP 数据核字(2024)第 023729 号

审图号:赣 S(2024)104 号

组稿编辑：申桂萍
责任编辑：申桂萍　丁光尧
助理编辑：张　艺
责任印制：张莉琼
责任校对：王淑卿

出版发行：经济管理出版社
（北京市海淀区北蜂窝 8 号中雅大厦 A 座 11 层　100038）
网　　址：www. E-mp. com. cn
电　　话：（010）51915602
印　　刷：唐山昊达印刷有限公司
经　　销：新华书店
开　　本：720mm×1000mm/16
印　　张：17. 5
字　　数：348 千字
版　　次：2024 年 6 月第 1 版　　2024 年 6 月第 1 次印刷
书　　号：ISBN 978-7-5096-9564-7
定　　价：88. 00 元

《中国经济地理》丛书

总　序

今天，我们正处在一个继往开来的伟大时代。受现代科技飞速发展的影响，人们的时空观念已经发生了巨大的变化：从深邃的远古到缥缈的未来，从极地的冰寒到赤道的骄阳，从地心游记到外太空的探索，人类正疾步从必然王国向自由王国迈进。

世界在变，人类在变，但我们脚下的土地没有变，土地是留在心里不变的根。我们是这块土地的子孙，我们祖祖辈辈生活在这里。我们的国土面积有960万平方千米之大，有种类繁多的地貌类型，地上和地下蕴藏了丰富多样的自然资源，14亿中国人民有五千年延绵不绝的文明历史，经过近40年的改革开放，中国经济实现了腾飞，中国社会发展日新月异。

早在抗日战争时期，毛泽东主席就明确指出："中国革命斗争的胜利，要靠中国同志了解中国的国情。"又说："认清中国的国情，乃是认清一切革命问题的基本根据。"习近平总书记在给地理测绘队员的信中指出："测绘队员不畏困苦、不怕牺牲，用汗水乃至生命默默丈量着祖国的壮美山河，为祖国发展、人民幸福作出了突出贡献。"李克强同志更具体地提出："地理国情是重要的基本国情，要围绕服务国计民生，推出更好的地理信息产品和服务。"

我们认识中国基本国情，离不开认识中国的经济地理。中国经济地理的基本条件，为国家发展开辟了广阔的前景，是经济腾飞的本底要素。当前，中国经济地理大势的变化呈现出区别于以往的新特点。第一，中国东部地区面向太平洋和西部地区深入欧亚大陆内陆深处的陆海分布的自然地理空间格局，迎合东亚区域发展和国际产业大尺度空间转移的趋势，使我们面向沿海、融入国际的改革开放战略得以顺利实施。第二，我国各区域自然资源丰裕程度和区域经济发达程度的相向分布，使经济地理主要标识的区内同一性和区际差异性异常突出，为发挥区域优势、实施开发战略、促进协调发展奠定了客观基础。第三，以经济地理格局为依据调整生产力布局，以改革开放促进区域经济发展，以经济发达程度和市场发育程度为导向制定区域经济政策和区域规划，使区域经济发展战略上升为国家重大战略。

因此，中国经济地理在我国人民的生产和生活中具有坚实的存在感，日益发挥出重要的基石性作用。正因为这样，编撰一套真实反映当前中国经济地理现实情况的丛书，就比以往任何时候都更加迫切。

在西方，自从亚历山大·洪堡和李特尔之后，编撰经济地理书籍的努力就一直没有停止过。在中国，《淮南子》可能是最早的经济地理书籍。近代以来，西方思潮激荡下的地理学，成为中国人“睁开眼睛看世界”所看到的最初的东西。然而对中国经济地理的研究却鲜有鸿篇巨制。中华人民共和国成立特别是改革开放之后，有关中国经济地理的书籍进入大爆发时期，各种力作如雨后春笋。1982 年，在中国现代经济地理学的奠基人孙敬之教授和著名区域经济学家刘再兴教授的带领和推动下，全国经济地理研究会启动编撰《中国经济地理》丛书。然而，人事有代谢，往来成古今。自两位教授谢世之后，编撰工作也就停了下来。

《中国经济地理》丛书再次启动编撰工作是在 2013 年。全国经济地理研究会经过常务理事会的讨论，决定成立《中国经济地理》丛书编委会，重新开始编撰新时期的《中国经济地理》丛书。在全体同仁的努力和经济管理出版社的大力协助下，一套全新的《中国经济地理》丛书计划在 2018 年全部完成。

《中国经济地理》丛书是一套大型系列丛书。该丛书共计 40 册：概论 1 册，思想史 1 册，“四大板块”共 4 册，34 个省（自治区、直辖市）及特别行政区共 34 册。我们编撰这套丛书的目的，是为读者全面呈现中国分省区的经济地理和产业布局的状况。当前，中国经济发展伴随着人口资源环境的一系列重大问题，复杂而严峻。资源开发问题、国土整治问题、城镇化问题、产业转移问题等，无一不是与中国经济地理密切相连的；京津冀协同发展、长江经济带战略和“一带一路”倡议，都是以中国经济地理为基础依据而展开的。我们相信，《中国经济地理》丛书可以为一般读者了解中国各地区的情况提供手札，为从事经济工作和规划工作的读者提供参考资料。

我们深感丛书的编撰难度巨大，任重道远。正如宋朝张载所言“为往圣继绝学，为万世开太平”，我想这代表了全体编撰者的心声。

我们组织编撰这套丛书，提出一句口号：让读者认识中国，了解中国，从中国经济地理开始。

让我们共同努力奋斗。

孙久文

全国经济地理研究会会长

中国人民大学教授

2016 年 12 月 1 日于北京

目　录

第一篇　条件与资源

第二篇　经济与产业

第三篇　区域与城市

第四篇　生态建设与发展战略

第一篇

条件与资源

第一章　导论

江西省位于中国中部地区、长江中下游南岸，分别与安徽、浙江、福建、广东、湖南、湖北交界。因公元 733 年唐玄宗设江南西道而得省名，又因为江西最大的河流为赣江，故简称“赣”，别称豫章、江右、赣鄱大地。

第一节　地理位置

江西省介于 24°29′N～30°05′N 与 113°34′E～118°29′E 之间，如图 1-1 所示。

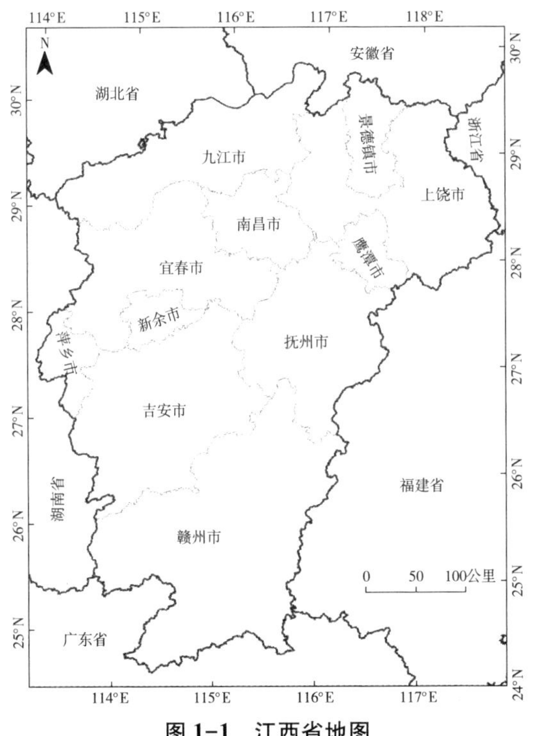

图 1-1　江西省地图

资料来源：基于中国地图［审图号 GS（2019）1822 号］自绘。

南北纵跨约 621 千米，东西横亘约 469 千米，全省总面积 16.69×10^4 平方千米，约占全国国土总面积的 1.74%。

江西省四周以天然屏障与邻省相接：东依武夷仙霞连闽浙，南负南岭山地邻广东，西傍罗霄山脉毗湖南，北隔长江水道接鄂皖，从而“襟三江而带五湖，控蛮荆而引瓯越”；控长江，下通宁沪，上达鄂蜀；出梅关，过南岭，通抵广东和港澳；穿武夷，过仙霞，连接东南沿海；出鄱湖，渡长江，直驱中原。江西省在春秋战国时就有“吴头楚尾，粤户闽庭”的说法，地理位置十分优越。在国家提出的《促进中部地区崛起规划》中，江西省独特的区位优势带来更多的有利要素，江西省既可以积极融入东部沿海经济发达地区，又可以与中部其他省份共同崛起。

第二节　历史沿革

交通是经济的脉络和文明的纽带。江西的经济发展与江西的交通区位息息相关。

一、曾经辉煌的交通区位

秦汉以前，古代江西的大小河流岸边就已经聚集众多的民众。清江吴城遗址和青铜文化结合在一起，就是正式航运和生产相互促进的突出例证。秦汉以后，到南北朝时期是江西航道全线疏通并初步发展的阶段。此时航运的作用，突出表现在军事意义上，这一时期战争频繁，江西航道上来往的多是军队。秦始皇开拓南疆，五路进兵，其一处驻余干水，一守今南康、大余等县广大地区，控制了江西的主要航道，得以屯粮庾岭，保证了军需供应。从此，大庾岭路得以开通。秦朝重视道路建设，在统一中国的过程中先后在多地修筑了“直道”和“驰道”。为了加强对岭南的联系和管理，秦始皇下令开辟打通南岭山脉阻隔并与驰道连接的“新道”。据考证，秦修建的“新道”共有四条，其中三条均起自湖南境内，唯有大庾岭通道是自江西西南部进入广东南雄。这些通道很快成为沟通岭南岭北的交通要道，其中的两条特别著名：一条是上面所讲的从洞庭湖沿湘江而上，通过广西兴安的灵渠进入桂江，再顺珠江而下，该通道可全程行船；另一条则是通过赣粤边界的水陆联运大庾岭通道。若以京师咸阳为起点，则自北而南入越的路线大致为：从咸阳出发，过潼关，由洛阳、汝阳折向东南，经南阳沿白河、汉水入长江，然后进入鄱阳湖，再逆赣江而下，经章水改由陆路翻越大庾岭即进入广东，然后经浈水一路沿珠江而下。

两汉时期，风气开放、国力强盛给各地之间的商业交流提供了相对自由的空间，开始通过广州等港口进行海外贸易，地处南北交通要冲的江西的水陆交通更加繁忙。至东汉末期，江西境内已基本形成了以豫章郡城为中心而向周邻州郡辐射的道路网骨架，南昌、九江、赣州等地也初步形成了商业城市。

隋朝时期，出于政治上和经济上的需要，开凿京杭大运河。鄱阳湖周围富产的江西粮食，从这时起可经长江进入大运河很方便地运往北方，大运河还使江西成为全国对外贸易通道的关键链条。

唐代社会经济高度繁荣，中国与各国商贸交往更加频繁，"海上丝绸之路"也发展起来，广州港对全国外贸的作用特别突出。中原和岭南之间经过江西境内运销的商品日益增加。开元四年（716 年），岭南道按察候补使张九龄授命新辟大庾岭驿路，由于岭路的拓宽，赣江经大庾岭与北江的水陆联运更加顺畅，南北交流的方便程度超过湖南境内通道，因此，鄱阳湖—赣江—大庾岭—北江—珠江通道在全国水陆交通体系中的骨干作用也变得越发重要。大运河的开通和大庾岭商道的拓宽使南北连成一气，成为国家物资交流的大动脉，也使江西原来的区域性省内航路转而纳入到全国交通总网络之中，成为南方数省通达大运河的要道和物资运输的重要集散地。

宋代又曾数次对大庾岭通道进行修整，特别是宋仁宗嘉祐八年（1063 年）进行了较为彻底的拓宽和平整，这使得赣州在宋代成为重要的交通枢纽。此外，宋代江西与周边邻省形成的以水运为主、水陆相间的交通线路也对商品运输和对外交流起到了不可低估的作用，主要包括赣浙线、赣皖线、赣闽线、赣湘线。

元代的对外贸易较宋代有较大发展，粤闽沿海有更多港口发展起来，泉州也曾一度超过广州成为全国最大的外贸港，而江西则一直是主要的外贸转运地。除由信江转闽江至福州和泉州，亦可由赣州溯贡水经瑞金过福建长汀，再沿陆路经漳州、同安至泉州，从赣南经陆路到粤东汕头港也很方便，这些道路一直就是客家人来往于赣粤闽之间的重要通道。因此，不是沿海省份的江西，却因毗邻广东、福建、浙江，且水陆交通非常便利，而长期为进出口货物的集散地。

由于明清海禁并实行广州独口通商，赣江和大庾岭商道再次成为国内最重要的南北贸易干线。

二、江西交通区位优势的丧失

河运在传统农业社会中一直是陆上交通的主导方式，而运河在中国 2000 余年的封建社会中又扮演了举足轻重的角色。虽然元代的海运曾一度承担了较多的漕粮运输使大运河的作用有所下降，但是明清的禁海政策又使大运河重新承担起南北运输主干的重任。但随着沿海运输政策环境的变化，特别是西方轮船技术的到来和鸦片战争以后中国被迫开放通商口岸，不可避免地形成了海运取代大运河成为南北运输主通道的趋势，太平天国运动等引发的在运河沿岸地区的连年战乱更加速了运河的最终衰落。而多口通商和轮船海运也使大庾岭通道不再具备掌控“京广黄金水道”命门的地位。于是，江西在国家交通网的中枢作用就这样逐渐失去了。

19 世纪后期至 20 世纪初，铁路开始在中国大地上出现，尽管屡遭排斥且进展缓慢，但它代表着运输领域的重要革命，并且不可逆转地改变了中国陆上交通运输体系的基本构架。如果说在以内河水运为主导运输方式的时代，江西靠得天独厚的地理位置与湖江水运资源幸运地获得了国家运输网中枢地位，而在沿海水运兴起的冲击下该地位优势逐渐丧失，那么在国家转向以铁路为主导运输方式的时期，诸多客观和主观因素使得江西更明显地被边缘化了。

当时江西对修建铁路的态度一直不积极。1904 年就开始筹建的南浔线直到 1916 年才建成通车。横穿江西的浙赣铁路是全国性干线，但该线开工建设晚于其他干线铁路。中国铁路两横两纵的基本格局在 1937 年基本形成，其中，京沪、京广两条南北干线的建设时间要早于东西干线，所起的作用也明显超过东西干线，而东西干线中浙赣线贯通的时间又晚于陇海线，真正起作用的时间也更晚。

铁路在江西从一开始就先天不足，线路里程短，没有南北贯通铁路，而作为主要干线的浙赣线和昌九线的技术状况也较差。遗憾的是，中华人民共和国成立以后直到 20 世纪 80 年代，除了 20 世纪 50 年代为适应当时台海局势向福建接通了鹰厦铁路和外福铁路，以及 1984 年以皖赣线名义把从 1933 年起就开始修建的宁赣铁路江西路段建成之外，在江西省并没有建设新的铁路，浙赣线和昌九线也仍然是单线。也就是说，从中国第一条正式营业的铁路建成算起，在铁路逐渐成为全国陆上交通网骨架的历史性变化中，江西省的交通区位条件实际上是相对恶化了。

与江西铁路建设相比，此前轮船航运在江西的发展相对来说要顺利得多，1876 年外国轮船公司开始在长江上开办客货运业务，并很快进入鄱阳湖和赣江的九江至南昌航线。辛亥革命以后，江西的轮船航运业有了更快的发展，新老轮船公司纷纷添购新轮船，仅南昌一地就有十几家航运企业。但即便江西的内河航运能跟上当时全国主要水运区轮船时代的脚步，这种新技术对全国交通格局改变引致的江西交通区位变差也无能为力，无法延缓江西经济地位的下降。

更能说明地方交通要与全国交通网尽量保持同构重要性的，莫过于江西在公路建设方面的努力了。1931~1937 年，江西共修筑公路约 6100 千米，在全国

居于领先水平，除省内干支线外，还先后接通了与所有邻省的公路联系。但即使有了相对完善的公路体系，同样无法解决江西不能有效融入全国以铁路为骨干的新交通运输体系的根本性问题。

20 世纪 90 年代以后，江西省才真正加快了铁路的建设步伐。武汉—九江铁路于 1990 年联通，合肥—九江铁路也于 1995 年与九江长江大桥同时开通，江西省与其北部湖北、安徽两个邻省的省会城市终于有了直接的铁路联系。1996 年建成的京九铁路更是有 700 多千米，贯穿江西全省，从江西省进出福建省的横峰—南平铁路和赣州—龙岩铁路分别于 1997 年和 2002 年通车，浙赣线也已完成了复线和电气化改造。但江西省铁路网结构的根本性改变，还是开始于京九线开通之时，它彻底改变了江西省南北交通不畅的历史局面，极大地破解了长期以来江西省交通瓶颈的制约。京九铁路使江西省有了第一座跨长江的大桥，铺架起江西省通往中原直至首都北京的陆上坦途，使江西省与珠江三角洲以及粤东地区建立起直接的陆上走廊。同时，江西省在地理位置上靠近长三角和珠三角两个经济发达的区域，具有很大的内在优势。

当然，全国交通运输网的结构已经发生了太大的变化，仅由一条通道维系全国主要交通的时代已经过去。即便有了京九线和已有规划的在建铁路，再加上四通八达的高速公路、优越的水运条件以及现代航空机场，江西省今天的交通体系也只是全国综合交通网的一部分，该体系中众多其他道路和各类枢纽正在共同发挥作用，因此，江西省对于全国也不可能再恢复当年大庾岭商道对于全国交通的那种重要性了，今后江西省的交通建设应尽可能融入全国交通主干网，实现同构，争取更好的经济发展交通区位。

第三节　行政区域

中华人民共和国成立以来，江西省的行政区划随着经济社会的发展进行了相应调整，现已发展成省—设区市—县（市、区）—乡（镇、街道）的行政区划格局。中华人民共和国成立初期，江西只有南昌市是省辖市，地区级；1953 年 6 月，景德镇市升为地级市，由省直辖；1970 年 3 月，萍乡市升为地级市，由省直辖；1960 年 9 月，国务院批准撤销新余县，设立地级新余市，由省直辖，其后撤销，恢复新余县建制，属宜春专区，1983 年 7 月，国务院批准撤销新余县，恢复地级新余市，由省直辖；鹰潭原是贵溪县辖的镇，后因浙赣铁路、鹰厦铁路、皖赣铁路先后建成，鹰潭成为 3 条铁路干线的交汇枢纽，发展为华东交通重镇，因而其在行政区划中的地位相应发生变化，1983 年 7 月，国务院批准鹰潭市升为地级市，由省直辖；1980 年 3 月，国务院批准九江地区的九江市升为地级市，由省直辖；1998 年 12 月，国务院批复同意赣州地区撤地改市；2000 年 5 月，国务院批复同意吉安地区、宜春地区撤地改市；2000 年 6 月，国务院批复同意抚州地区、上饶地区撤地改市。江西形成了全省由 11 个地级市组成的相对稳定的行政区划格局，分别为南昌市、九江市、景德镇市、萍乡市、新余市、鹰潭市、赣州市、宜春市、上饶市、吉安市、抚州市，省人民政府驻南昌市。截至 2020 年，县（市、区）行政单元 100 个，其中 27 个市辖区、12 个县级市、61 个县。

南昌市（红谷滩区）辖 6 区 3 县，即东湖区（公园街道）、西湖区（朝阳洲街道）、青云谱区（三家店街道）、红谷滩区（沙井街道）、青山湖区（京东镇）、新建区（长堎镇）、南昌县（莲塘镇）、安义县（龙津镇）、进贤县（民和镇）。

景德镇市（昌江区）辖 2 区 1 市 1 县，即昌江区（西郊街道）、珠山区（石狮埠街道）、乐平市（洎阳街道）、浮梁县（浮梁镇）。

萍乡市（安源区）辖 2 区 3 县，即安源区（安源镇）、湘东区（湘东镇）、莲花县（琴亭镇）、上栗县（上栗镇）、芦溪县（芦溪镇）。

九江市（浔阳区）辖 3 区 3 市 7 县，即濂溪区（十里街道）、浔阳区（甘棠街道）、柴桑区（沙河街镇）、瑞昌市（湓城街道）、共青城市（茶山街道）、庐山市（南康镇）、武宁县（豫宁街道）、修水县（义宁镇）、永修县（涂埠镇）、德安县（蒲亭镇）、都昌县（都昌镇）、湖口县（双钟镇）、彭泽县（龙城镇）。

新余市（渝水区）辖 1 区 1 县，即渝水区（城南街道）、分宜县（钤东街道）。

鹰潭市（月湖区）辖 2 区 1 市，即月湖区（江边街道）、余江区（邓埠镇）、贵溪市（花园街道）。

赣州市（章贡区）辖 3 区 2 市 13 县，即章贡区（解放街道）、南康区（蓉江街道）、赣县区（梅林镇）、瑞金市（象湖镇）、龙南市（龙南镇）、信丰县（嘉定镇）、大余县（南安镇）、上犹县（东山镇）、崇义县（横水镇）、安远县（欣山镇）、定南县（历市镇）、全南县（城厢镇）、宁都县（梅江镇）、于都县（贡江镇）、兴国县（潋江镇）、会昌县（文武坝镇）、寻乌县（长宁镇）、石城县（琴江镇）。

吉安市（吉州区）辖 2 区 1 市 10 县，即吉州区（文山街道）、青原区（河东街道）、井冈山市（红星街道）、吉安县（敦厚镇）、吉水县（文峰镇）、峡江县（水边镇）、新干县（金川镇）、永丰县（恩江镇）、泰和县（澄江镇）、遂川县（泉江镇）、万安县（芙蓉镇）、安福县（平都镇）、永新县（禾川镇）。

宜春市（袁州区）辖1区3市6县，即袁州区（灵泉街道）、丰城市（河洲街道）、樟树市（淦阳街道）、高安市（瑞州街道）、奉新县（冯川镇）、万载县（康乐街道）、上高县（敖阳街道）、宜丰县（新昌镇）、靖安县（双溪镇）、铜鼓县（永宁镇）。

抚州市（临川区）辖2区9县，即临川区（青云街道）、东乡区（孝岗镇）、南城县（建昌镇）、黎川县（日峰镇）、南丰县（琴城镇）、崇仁县（巴山镇）、乐安县（鳌溪镇）、宜黄县（凤冈镇）、金溪县（秀谷镇）、资溪县（鹤城镇）、广昌县（盱江镇）。

上饶市（信州区）辖3区1市8县，即信州区（茅家岭街道）、广丰区（永丰街道）、广信区（旭日街道）、德兴市（银城街道）、玉山县（冰溪街道）、铅山县（河口镇）、横峰县（兴安街道）、弋阳县（弋江镇）、余干县（玉亭镇）、鄱阳县（鄱阳镇）、万年县（陈营镇）、婺源县（蚺城街道）。

从经济区划来看，“十一五”时期，江西省重点建设三大经济区：赣东北经济区、赣中南经济区、赣西经济区。赣东北经济区是以南昌市为中心，以九江市、景德镇市、鹰潭市、上饶市为主要支撑的区域。赣中南经济区是以赣州市为中心，吉安市和抚州市为重要增长极的区域。赣西经济区是包括萍乡市、宜春市、新余市在内的组团式发展区域。“十二五”时期，原赣东北经济区又分为赣北地区（南昌市、九江市）和赣东北地区（景德镇市、鹰潭市、上饶市）。

“十三五”时期，江西省区域发展的重点放在了昌九一体化区域，提出了“做强南昌、做大九江、昌九一体、龙头昂起”的非均衡区域发展战略。“十四五”时期，江西省将深入推进形成“一圈引领、两轴驱动、三区协同”的区域发展新格局，即以大南昌都市圈为引领，以沪昆、京九两大高铁发展轴为驱动，促进赣南等原中央苏区高质量发展，提升赣东北开放合作水平，加快赣西转型升级步伐。

从江西省参与周边区域的经济合作情况来看，长三角城市群、武汉城市圈、长株潭城市群、粤闽浙沿海城市群、粤港澳大湾区与江西省在经济空间上紧密相连，分别从不同方向对江西产生影响，其可以在江西省三大经济区的基础上划分为5个不同的影响区：赣东北经济区的南昌市、上饶市、景德镇市和鹰潭市4市划分为长三角城市群影响区，九江市则划分为武汉城市圈影响区；赣中南经济区的赣州市、吉安市2市划分为粤港澳大湾区影响区，抚州市则划分为粤闽浙沿海城市群影响区；赣西经济区的3市均划分为长株潭城市群影响区。5个影响区的具体区域范围见图1-2。

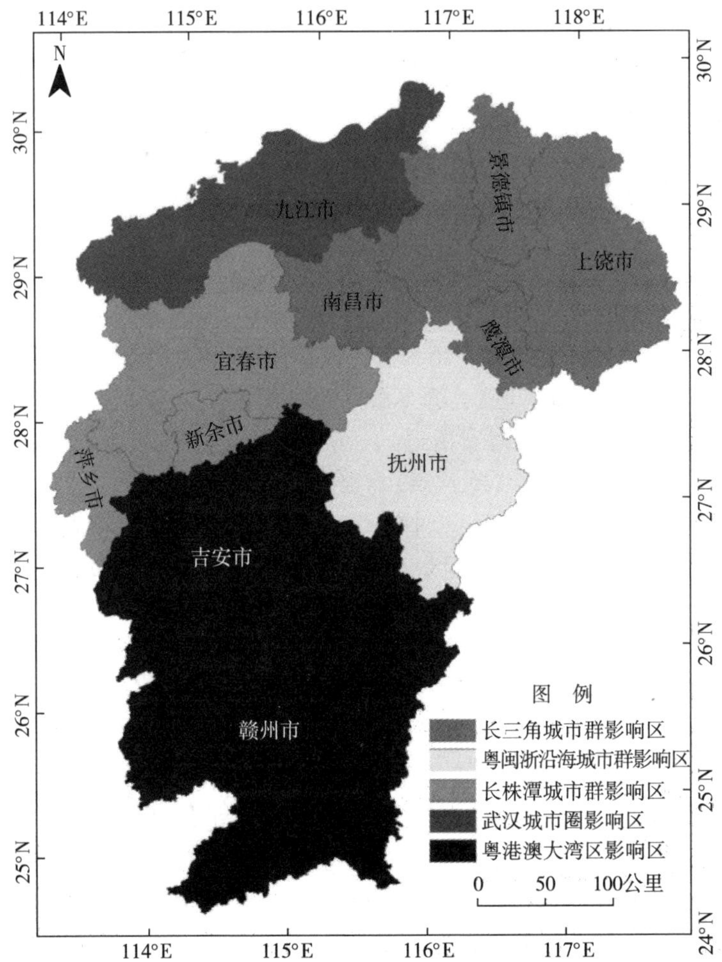

图 1-2　江西省五大影响区的区域范围示意图

资料来源：基于中国地图［审图号 GS（2019）1822 号］自绘。

第二章　资源条件与禀赋

江西省自然条件较为优越，以山地、丘陵地形为主，位于亚热带季风气候区的中部，热量适中，雨量充沛；江西省矿产资源丰富，是我国主要的有色、稀有、稀土矿产基地之一；地跨长江、珠江等几大水系，水资源丰富；江西省是全国红壤面积最大的省份，动植物资源丰富。江西省人口与劳动力资源丰富，农业地位突出，工业发展迅速，交通便利。江西省也是文化大省之一，是“人杰地灵”的宝地，省内人文资源丰富。

第一节　自然条件

一、地势地貌

江西省处于东南丘陵地带，以山地、丘陵为主。省境东、南、西三面边陲山丘环抱，层峦叠嶂，整个地势南高北低，周高中低，由外向内，自南向北，渐次向鄱阳湖倾斜，使赣、抚、信、饶、修五河之水经湖口连通长江，形成以鄱阳湖为核心，向外推进依次是鄱阳湖平原—赣中南丘陵—边缘山地的地貌格局。

江西省内的基本地貌类型有山地、丘陵、平原和盆地。其中，省境边陲地貌主要是山地，中南部地区地貌主要为丘陵，且丘陵中还错落分布着许多大小盆地，赣北则分布着江西省最大的平原——鄱阳湖平原。

根据江西省地貌形态类型的面积量算，海拔大于 500 米的山地（含中山、中低山和低山）的面积为 61467.65 平方千米，占全省总面积的 36.06%；海拔 300~500 米的高丘陵的面积为 31492.19 平方千米，占 18.48%；海拔 100~300 米的低丘陵的面积为 40329.05 平方千米，占 23.66%；海拔低于 100 米的岗地、阶地及平原的面积共计为 37169.09 平方千米，占 21.80%。

大山沿着江西省的边界绵延起伏，砌起苍翠而险峻的“墙垣”，在中国南部圈出一个相对独立的地理单元。怀玉山脉雄峙东北，是鄱阳湖和钱塘江两大水系的分水岭；武夷山脉迤斜东南，沿赣闽省界伸展，全长500余千米，主峰黄岗山海拔2158米，是全省的制高点，也是“华东屋脊”所在；横亘赣粤之间的是南岭山脉的分支大庾岭和九连山，是赣江流域和珠江流域的分水岭；江西省西部的罗霄山脉雄踞于赣湘边界，武功山和幕阜山脉在赣西北盘桓起伏，幕阜余脉则向东延伸，至长江之滨复拔地而起，突兀成驰名中外的庐山。

中南部丘陵是山地与平原的过渡地带，范围大致包括东乡、临川、崇仁、宜黄、南城、南丰、会昌、乐安、瑞金、于都、宁都、安远、龙南、信丰、南康、赣县、赣州、兴国、永丰、安福、永新、万安、泰和、吉安、峡江、吉水、新干、清江等县市的全境或部分地域，面积达7万多平方千米，约占全省土地总面积的42%。由于整个丘陵区（除雩山）红色岩系遍布，故有“红色丘陵”之称。在中南部丘陵中，错落着较多的大小盆地。其中，面积较大的有吉泰盆地（4500平方千米）、清江盆地（3600平方千米）、宜黄盆地（2880平方千米）、赣州盆地（1570平方千米）、南丰盆地（1230平方千米）、信丰盆地（700平方千米）、瑞金盆地（670平方千米）、会昌盆地（640平方千米）等。各个盆地形态各异，大小悬殊，海拔多在50~100米；盆地内水泊交错，耕地连片，是江西省内经济较为发达的地区。

在丘陵区内有较多的赤壁奇峰的丹霞地貌点缀其间，如赣州的通天岩、宁都的翠微峰、南丰的戈廉石、南城的麻姑山等，均因“丹霞”发育、地貌形态独特、自然景观神奇而成为著名风景区。

二、气候

1. 江西省季风气候显著、四季分明

江西省位于长江以南、南岭以北，亚热带季风气候区的中部，地势狭长，南北气候差异较大。春季回暖较早，但天气易变，乍暖乍寒，雨量偏多，直至夏初；盛夏至中秋前晴热干燥；冬季阴冷但霜冻期短，暖冬气候明显。总体来看是春秋季短而夏冬季长：江西省的春季很短，只有一个半月到两个月不等，从冬天到夏天，几乎倏忽而至；夏季长达4个月到4个半月，而秋季两个月左右，随即进入近4个月的冬季。但是，江西省无论与同纬度的西部相比，还是与低纬度的广州、较高纬度的北京相比，四季持续时间皆较为均匀。

2. 气候类型复杂多样

江西省三面环山，中南部丘陵起伏，赣北有全国第一大淡水湖泊——鄱阳湖。由于下垫面性质的不同，因此形成复杂多样的气候类型。有以武夷山、井冈山、庐山等为代表的山地气候；有以鄱阳湖大水域为代表的水域小气候；有以赣江流域为代表的丘陵区域气候和盆地气候；还有森林小气候等。这些不同

下垫面所形成的小气候，对于区域资源开发利用具有重要影响。例如，庐山成为驰名中外的避暑胜地；吉泰盆地成为全省重要的商品粮基地等。

3. 年均气温高，夏热冬凉

江西省地处低纬地带，全年太阳照射的角度较大，北端夏至日正午太阳高度角可达 79°27′，冬至日仍达 36°33′；南端夏至日正午太阳高度角可达 89°27′，冬至日仍达 42°33′，太阳辐射热量较丰富，太阳辐射量的分布一般由北而南，逐渐增多，日照时数以 8~9 月为最多，2 月为最少。省内各地的日照时数大多在 1600 小时以上，湖口、鄱阳、乐平、景德镇一带平均在 2000 小时以上。江西省的年平均气温为 16~20℃，大致由南向北递减，由平原向山地递减，夏季长达 4~5 个月，7 月平均气温一般为 27~30℃；极端最高气温出现在北部和中部一带，多达 40℃以上（如 1953 年 8 月 15 日，修水曾达 44.9℃），九江、吉安均有“小火炉”之称。

4. 降水丰富但分配不均

江西省是我国一个多雨的省份，多年平均降水量在 1341~1939 毫米，属湿润气候区。季节分配不均是江西省降水的主要特点，每年 4~6 月基本上是雨季（见图 2-1），降水量占全年总量的 42%~53%，且多暴雨或连续性暴雨，全省尤其是五河下游和鄱阳湖地区经常发生洪涝灾害。至 7 月中旬入伏之时，雨季基本结束。在伏秋季节，常有沿海台风缓解江西旱情。但是 7 月中旬全省不少地区仍常常出现旱灾，有些年还会伏旱连着秋干，成灾面积大，严重的旱情对江西省的农业生产产生明显影响。

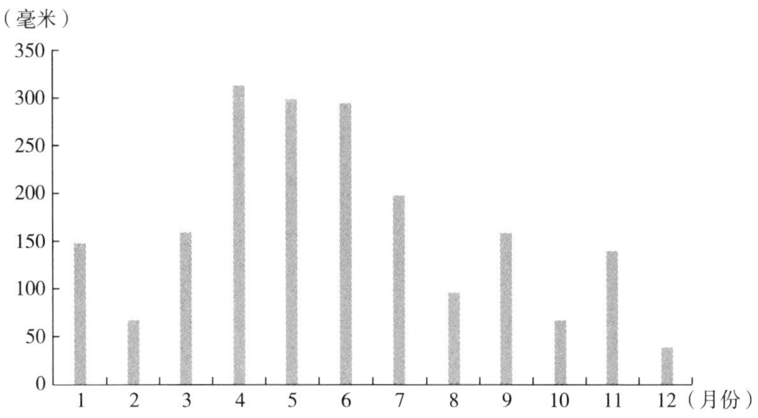

图 2-1　2016 年江西省逐月降水量变化

资料来源：根据《2016 年江西省气候公报》整理。

5. 气象灾害频繁

江西省地处亚热带湿润季风区，由于受季风的年际变化和季节强弱的差异影响，全省不同地区每年都有不同程度的气象灾害发生。其中主要的气象灾害有低温冷害、暴雨洪涝、干旱高温、台风等。低温冷害主要指发生在春季、夏初、秋末时节对作物生长产生影响的天气现象。每年秋末冬初至次年春分时节，由蒙古冷高压爆发出的强冷空气从西伯利亚经蒙古进入中国，入侵江西，出现大幅度降温天气，使江西省境内不少地区出现程度不同的冻害，对越冬农作物危害极大，尤其对全省柑橘生产的冻害更为严重。暴雨和洪涝的关系密切，每年的4~6月雨季期间，出现强度大、范围广和持续时间长的暴雨，大暴雨降水过程中，雨量大且集中，江河湖泊水位瞬时猛涨，短时间内难以排泄出去，必然发生洪涝灾害，极大地危害着工农业生产和人民生命财产安全。受降水、集水过程的影响，全省发生特大洪涝灾害往往是春、夏连汛。每年6月底至7月上旬前后，自南而北雨季结束，进入晴热少雨的干旱时期，全省几乎每年都会出现程度不同的伏、秋干旱。

第二节　主要自然资源

一、矿产资源

江西省为环西太平洋成矿带的组成部分。区内地层出露齐全，岩浆活动频繁，地质构造复杂，成矿条件优越，矿产资源丰富。江西省是我国主要的有色、稀有、稀土矿产基地之一，也是我国矿产资源配套程度较高的省份之一。

探明保有矿产储量居全国前10位的有75个矿种，其中居第一位的有铜、金、银、钽、铷、冶金用砂岩、滑石、粉石英、生化用白云岩、伴生硫、化肥用灰岩、铀、钍13种。已探明铜矿储量居全国第一位、钨矿稀有储量居全国第二位。另外，江西省拥有前景很好的贵金属矿产，例如，全省金矿保有储量居全国第一位，银矿探明储量列全国第一位。江西省稀土矿产品种齐全，已探明储量的重稀土总量居全国第一位，赣州也有“稀土王国”的美誉。此外，非金属矿产的潜在经济效益较好，且能源矿产中的铀、钍等放射性矿产的资源储量占全国的第一位。在江西省查明资源储量且有资源优势并在经济社会发展中占有重要地位的矿产有铜、钽、稀土、铀、钨、银和金，这七种矿产也因储量多、品位高、开采条件好等特点，被誉为江西省的“七朵金花”。

(1) 铜。已探明的铜储量占全国总储量的1/5，工业储量占全国储量的1/3。

德兴的斑岩铜矿，是江西省重要的铜矿，探明储量占全省总储量的 67.7%；伴生的金占全省总储量的 98%，伴生的银占 50%以上；伴生的硫达 2067.7 万吨，占全省总储量的 26.4%。江西省的铜矿储量大，埋藏浅，易采易选，开采时能同时回收多种伴生矿产，使一矿变多矿，在工业生产上占据极大优势，经济效益十分显著。目前，江西省已建成亚洲最大的铜矿和全国最大的铜冶炼基地。

（2）钨。江西省的钨矿主要为黑钨矿，已探明的黑钨储量在全国占第一位，但矿床分布不均，以赣南的矿床为最多。该类型矿床易采易选，并伴生有锡、钼、铋、铜、铍、铌、钽和稀土等多种矿产。

（3）稀土。江西省拥有罕见的花岗岩风化壳离子吸附型矿床，具有易开采、易提取、放射性比度低的优点，且品种齐全，特别是重稀土的储量很大，其中钇族稀土探明储量占全国第一位。矿床主要分布在赣州市。

（4）钽铌及其他金属矿。钽铌主要分布在赣中和赣东南地区；黑色金属类除铁矿储量可观外，尚有大型锰矿产地，质量优良；赣北地区钒矿规模大，开发条件优，资源前景好。江西省还发现有特大型银矿，特大型铅锌矿以及中型以上金矿、铅锌矿、锑矿等，有色金属矿产资源开发前景十分广阔。

另外，江西省的非金属矿产有 70 余种，大中型矿床 20 多处。其中，瓷土、熔剂灰岩等量大质优。还有粉石英、硅灰石、膨润土、滑石、花岗石、大理石、珍珠岩等多种矿产，其中，赣西粉石英矿面积大、储量丰、埋藏浅，矿体裸露，适宜于工业规模露天开采。

二、水资源

江西省境内水系发达，河流众多。全省有大小干支流 2400 余条，总长约 18400 千米，其中在省内长 30 千米以上者 282 条。大多河流汇聚到赣江、抚河、信江、饶河、修河五大干流，再汇入鄱阳湖后经湖口注入长江，形成一个完整的向心水系——鄱阳湖水系。鄱阳湖水系流域面积 16.22 万平方千米，约占全省面积的 97.2%，大体如古人所说，“山无旁走，水不外趋”。江西省绝大部分河流发源于省境周边东、南、西三面山地，河床落差较大，水力资源丰富。截至 2019 年底，全省共建成蓄水工程 23.31 余万处，各类水库 1.07 万座，总库容 327.9 亿立方米；泵站 1.99 万座，大型泵站 3 座，中型泵站 112 座；机电井 155 万眼，规模以上机电井 7372 眼；灌区 1156 处，大型灌区 18 处，中型灌区 294 处，有效灌溉面积 2036 千公顷，除涝面积 435 千公顷。江西省已基本形成了一个较为完整的蓄水、引水、提水、排水、防洪、灌溉、发电和水土保持的水利工程体系。2019 年江西省水资源总量如表 2-1 所示。

表 2-1　2019 年江西省水资源总量

地区	水资源总量（亿立方米）	年降水量		地表水资源量		地下水资源量（亿立方米）
		年降水深（毫米）	年降水量（亿立方米）	年径流深（毫米）	年径流量（亿立方米）	
全省	2015.61	1710.0	2854.79	1217.5	2032.67	482.42
南昌市	73.86	1368.4	101.30	945.4	69.99	15.53
景德镇市	56.19	1651.9	86.69	1070.7	56.19	13.47
萍乡市	65.00	2051.5	78.51	1698.5	65.00	10.08
九江市	121.91	1213.9	228.49	620.5	116.80	30.20
新余市	42.11	1746.2	55.25	1330.9	42.11	9.12
鹰潭市	53.42	1906.6	67.76	1499.4	53.29	12.69
赣州市	460.89	1743.7	686.67	1170.4	460.89	117.09
吉安市	347.29	1813.5	458.28	1374.3	347.29	74.85
宜春市	233.57	1606.3	299.90	1233.6	230.31	55.56
抚州市	293.02	1958.0	368.44	1557.1	293.00	67.61
上饶市	304.35	1858.2	423.50	1306.7	297.80	76.22

资料来源：根据《江西统计年鉴》（2020）整理。

赣江是江西省第一大河流，发源于石城县的石寮岽，赣江河流主干道至入湖口的吴城全长 766 千米，流域面积达 83500 平方千米，流域范围覆盖了赣州、吉安、萍乡、宜春、新余等市所辖的 44 个县（市、区）。以赣江下游的南昌外洲水文站实测值计算，赣江多年平均径流量为 687 亿立方米，水能蕴藏量约 360 万千瓦。抚河是江西省第二大河流，发源于武夷山脉西麓广昌县驿前乡的血木岭，抚河全长 312 千米，流域面积 15811 平方千米。据下游李家渡水文站实测值计算，抚河年均径流总量为 139.5 亿立方米，水能蕴藏量约 60 万千瓦。信江全长 313 千米，流域面积 17600 平方千米，年平均入（鄱阳）湖水量为 178.2 亿立方米，水能蕴藏量为 86 万千瓦。饶河全长 313 千米，流域面积 15456 平方千米。多年平均径流量为 107.6 亿立方米，水能蕴藏量约 38 万千瓦。修河又名修水，全长 405 千米，流域面积为 14700 平方千米，多年平均径流量为 123 亿立方米，水能蕴藏量约 25 万千瓦。

江西省水资源量虽然丰富，但时空分布不均，年际变化和年内不同季节变化幅度较大，在一定程度上也影响了水资源的开发利用。这主要表现为：水资源与热量资源分布不完全同期，在很大程度上影响了作物生长和生产潜力的发挥；4~7 月的径流占全年的 60%~70%，且多以暴雨形式出现，易酿成洪涝灾害；来水和用水不同步，7~9月为用水高峰季节，占全年用水的60%~70%，而来水只占全年的20%左右。

位于赣北的鄱阳湖，是全国最大的淡水湖泊。南北长173千米，平均宽16.9千米，湖岸线长1200千米，历史上最大丰水期面积5100平方千米，容积约300亿立方米；平水期约1023平方千米，容积17亿立方米；平均水深7.6米，最深处25.1米。鄱阳湖接纳五河，经调蓄注入长江的水量，超过黄河、海河与淮河水量的总和。

江西省除有丰富的雨水和地表水外，还有丰富的地下水，有集中开采价值的水量达68亿立方米。据地质勘探，鄱阳湖竟然是一个“湖上湖”，有点像“复式楼”构架的形状。在鄱阳湖的湖底下原来还潜藏着一个更大的“地下湖”，那是距今300万年以来陆续沉积的砂砾石含水层，最大厚度100多米，面积广达9000多平方千米，储存着200多亿立方米的“地下泉水”。锦江、袁河、修河等流域以及武功山南麓一带，都有大量的地下水，水质极好，没有污染，是所有矿泉中的上品，有重大的开采利用价值。

三、土壤资源

江西全省土壤分为13个土类、23个亚类、92个土属、251个土种，其中红壤分布最广，占全省土壤总面积的70.69%；水稻土次之，占全省土壤总面积的20.35%。

（1）红壤。江西省是一块“红土地”，这种说法不完全是红色革命历史的象征比喻，而恰恰是自然的造化。江西省地处中亚热带北缘，气候温暖。在高温高湿的气候条件下，地壳表面的岩石和矿物得以迅速分解、淋溶，铁、铅等氧化物相对积聚，大地的表层便形成了一种独具特色的土壤——红壤。中国的红壤主要分布在长江以南的丘陵、山地，约占国土面积的21%，而江西省则是全国红壤面积最大的省份。海拔20~800米的广袤丘陵岗地，大都是红壤。除湖区和河谷平原外，江西70%的土壤都是红红的颜色，是名副其实的“红土地”。在天然植被的覆盖下，红壤土层深厚，土质偏黏，呈酸性，适宜木材、毛竹、茶叶、果树、油柴、油桐、板栗等多种林农经济作物生长。

（2）黄壤。黄壤是在山地土壤垂直带谱中位于黄红壤亚类之上、暗黄棕壤亚类之下的土壤类型，一般分布于海拔800~1200米中低山区，占全省土壤总面积的2.77%，以赣州地区面积最大，其次是吉安、上饶等地区。自然植被以茂密的亚热带常绿阔叶林为主，伴有落叶阔叶混交林。

（3）黄棕壤。黄棕壤是在北亚热带生物气候条件下形成的地带性土壤。江西省的黄棕壤分布于山地垂直带谱的上部，一般处黄壤之上、山地草甸土之下，海拔高度 1100~1800 米。占全省土壤面积的 0.79%，以上饶面积最大，其次是宜春、赣州、吉安和九江等。植被为常绿阔叶与落叶阔叶混交林或针阔混交林，为江西省林业土壤资源，是用材林、水源涵养林地带。

（4）山地草甸土。山地草甸土是指森林线以内，在平缓山地顶部喜湿性草甸植被及草甸灌丛矮林下形成的一类半水成土。江西省山地草甸土一般位于黄壤或黄棕壤之上，海拔 1400~2200 米的中山顶部平缓或山坳处，占全省土壤总面积的 0.15%，以赣州面积最大，其次是九江和上饶。一般无高大乔木生长，植被以山地草甸为主，间有小灌木，植被覆盖度高。

（5）潮土。潮土是河流沉积物在地下水影响下，并经长期旱耕而形成的一类半水成土类。在江西，潮土广泛分布于各大小河流沿岸及鄱阳湖滨湖地区。占全省土壤总面积的 1.25%，以九江面积最大，其次是上饶、吉安和南昌。潮土所处自然环境水热充足，植被生长繁茂。

（6）紫色土。紫色土是紫色岩类风化物上发育的一类岩性土壤，广泛分布于全省的丘陵岗地，占全省土壤总面积的 1.35%，以赣州、抚州和吉安等所占比例最大。植被主要为灌木草地，灌木以白檀、乌饭树、黄荆、六月雪等为主，草本以芭茅、白芒、臭根子草、鸡眼草、野古草为主。紫色土的自然肥力较高，开垦熟化后的紫色土多为高产田地。

（7）石灰土。石灰土是指发育在碳酸盐含量大的母质（包括石灰岩、白云岩、钙质页岩等风化物）上的盐成土，占土壤总面积的 1.709%，主要分布在九江市辖各县，以及宜春、上饶、新余等的丘陵区，自然植被多为喜钙、耐钙性植物。

（8）水稻土。水稻土是一类在水耕植稻熟化下的特殊人工土壤，是江西省主要的耕作土壤，遍布全省各县、市，从海拔 15 米的平原地区至海拔 600 米左右的低山沟谷都有分布，以河湖平原面积最为集中，占全省土壤面积的 20.36%。

四、动物资源

江西省水域面积广阔，山地峻峭延绵，植被覆盖率较高，生态环境较为优越，特别是近年来环保措施的不断加强，丰富的动物资源日益得到有效保护。历年调查表明，全省现有脊椎动物 600 余种。其中：鱼类 170 余种，约占全国的 21.4%（淡水鱼）；两栖类 40 余种，约占全国的 20.4%；爬行类 70 余种，约占全国的 23.5%；鸟类 270 余种，约占全国的 23.2%；兽类 50 余种，约占全国的 13.3%。鱼类和鸟类种类较多，经济价值较大，成为开发利用和资源保护的重点。

（1）鱼类。鄱阳湖有140余种，占全省81%以上。鄱阳湖种类最多的为鲤科鱼类，共计70多种，约占鄱阳湖主要经济鱼类的55%，其中鲤鱼、鲫鱼几乎占整个鄱阳湖鱼产量的一半。产量较大的还有刀鲚（凤尾鱼）、黄颡（黄牙头）、鲇鱼和草、青、鲢、鳙四大家鱼等，银鱼则是鄱阳湖名产。五大河水系主要经济鱼类有鲤、鲇、乌鱼、吻鮰、江鼠、马口鱼、白甲鱼、鳅、鳝等。

（2）水禽及涉禽。以雁形目、图形目等鸟类为主。除少数为留鸟外，主要是候鸟。冬季鄱阳湖形成许多小湖和沼泽，盛产草根、鱼虾、水生昆虫幼虫和螺、蚬等软体动物，是候鸟的丰盛饲料，因而使鄱阳湖成为世界有名的候鸟越冬地之一。珍贵种类有小天鹅、大天鹅、鸳鸯等。还有不少世界性保护的珍禽。例如，白鹤。经国际鹤类基金会观鸟团1985年1月12日现场观察，白鹤总数达1350只，是世界上发现的最大鹤群。其他珍贵种类还有白枕鹤、白头鹤、灰鹤、白鹳、黑鹳、白鹭、黄咀白鹭、苍鹭和大鸨等。

（3）水生哺乳动物。在鄱阳湖常可见到列入《世界自然保护联盟濒危物种红色名录》的江豚（江猪），一般系由长江游入，与鲸同目。在九江和湖口还发现有世界最珍贵的淡水鲸类之一的白鳍豚。

（4）软体动物。鄱阳湖软体动物近60种，经济价值最高的为三角帆蚌和褶纹冠蚌，均可用以培育珍珠。

（5）浮游动物。有技角类6科18属、桡足类4科11属以及各种轮虫和众多原生动物。浮游生物（包括浮游动植物）是一切水生生物的饵料基础，其种群数量的丰盛与衰退决定水生昆虫、蚌类、鱼类、虾、蟹等所有水生动物数量的增加与消退。必须注意防止水质污染，以保证这些动物类群资源的稳定。

（6）毛皮兽。有50多种，其中数量较多的有黄鼬（黄鼠狼）、麂等。还有狼、狐、大灵猫、水獭、水鹿、猪獾、狗獾、鬣羚、黑麂、獐及少量的云豹和金钱豹。除这些种类外，江西还生活着少量猕猴、短尾猴、梅花鹿等。

（7）鸟类。有270多种。主要种类有环颈雉（野鸡）、白鹇、竹鸡、珠颈斑鸠、红嘴相思鸟、画眉、鹌鹑、八哥、暗绿绣眼鸟等，种类繁多且其中不乏大量的珍贵鸟类。农林益鸟有160多种，如啄木鸟、树鹨、伯劳、杜鹃、八哥、松鸦、红嘴兰鹊、喜鹊、乌鸦、鹊鸲、乌鸫、棕头鸦雀、寿带鸟、白脸山雀、树麻雀、金腰燕、家燕等，还有灭鼠能手，如各种猫头鹰和鸺类等。

（8）爬行类及两栖类。爬行类动物74种，其中蛇类55种。蛇类中毒蛇15种，主要有眼镜蛇、银环蛇、尖吻蝮（五步蛇）、日本蝮、竹叶青、烙铁头、白头蝰、绞花林蛇、福建丽纹蛇和中国水蛇等；无毒蛇40种，主要有滑鼠蛇、灰鼠蛇、乌梢蛇、翠青蛇、赤链蛇、游蛇、红点锦蛇、黑眉锦蛇、水蛇等。爬行类中还有鳖（甲鱼）、金龟、大头平胸龟、白条草蜥、铜石龙子、蓝尾石龙子、壁虎、脆蛇蜥等。在彭泽县沿江地方，曾发现过我国特有的扬子鳄。两栖类有肥螈、东方蝾螈、青蛙、金线蛙、泽蛙、虎纹蛙、沼蛙，以及个体可达 1 斤左右的棘胸蛙（石鸡），还有各种蟾蜍、雨蛙、树蛙、姬蛙等。江西省还有珍稀动物大鲵（娃娃鱼）。

江西省的珍稀动物种类繁多，鸟类、兽类、两栖类等各种类别的珍稀动物均可在江西省内找到，这不仅得益于江西省得天独厚的良好生态环境，也得益于当地人民对这片土地的珍惜与保护。江西省的国家一类保护动物有白鹤、黄腹角雉、白鹳、黑鹳、白鳍豚、扬子鳄、华南虎、梅花鹿、穿山甲、白头鹤、小灵猫等。江西省的国家二类保护动物有猕猴、短尾猴、黑熊、毛冠鹿、水鹿、斑林狸、白鹇、白眉山鹧鸪、中华鬣羚、斑头鸺鹠、食蟹獴、华南兔、红腿长吻松鼠、果子狸等。

五、植物资源

江西省植被资源极为丰富，全省种子植物有 4000 余种，蕨类植物约有 470 种，苔藓类植物有 100 种以上，低等植物中的大型真菌可达 500 余种，可食用者有 100 多种。全省已被直接利用和可能被直接利用、有开发前景和代表性的主要资源植物可分为 12 大类。

（1）用材植物。数量多的有毛竹、松、杉等 10 多种，还有珍贵的阿丁枫、观光木等，甚至还有白豆杉、华东黄杉等名贵品种。

（2）薪炭植物。有映山红、继木等 10 余种荒山木本植物，还有萁、蕨、芒等多种草本植物，大量栽培的有桉、刺槐和黑荆等。

（3）木本粮食植物。数量相当多的主要有苦槠、甜槠、构栲、鹿角栲、罗浮栲、栗、茅栗、白栎、短柄栎、栓皮栎、石栎和多穗石栎等。常见的有枣、柿、薜荔、野木瓜、豆腐柴等。

（4）食用野果和富含维生素类植物。大量分布的有山楂、山柿、杨梅、山莓、草莓、粗叶悬钩子、猕猴桃、乌饭树、米饭花和野葡萄等。可作果树嫁接的有野梨、海棠等。

（5）野菜和野生饲料植物。常见的有野大豆、假地兰、鸡眼草、胡枝子、葛藤、草木樨、车轴草、山绿豆、山合欢、马兰、鼠曲草、梨蒿、一年蓬、刺儿菜、蕨、紫萁、野苋、荠菜、独行菜、鱼腥草、糯米团、藜、平蹄、构树、车前、鸭蹼草、马齿苋等。水生植物有满江红、眼子菜、水葫芦、大瓢、水竹叶、浮萍、菱、芡实、水芹等。木本植物则有榆、椴等。

（6）芳香植物。开发前途较好的有深山含笑、乐昌含笑、紫花含笑、凹叶厚朴、观光木、木莲、建兰、惠兰、春兰、寒兰、多花兰等，大量分布的有山

苍子、山胡椒、狭叶山胡椒、山姜等，较少的有大叶樟、土肉桂、细叶香桂、香叶树、黄丹木姜子等。还有紫菜、白菜、枫香、马尾松、猕猴桃以及一些蔷薇属植物也较多。

（7）药用植物。全省药用植物有 1500 余种，常用的有 300 余种。盛产栀子、泽泻、石韦、香芋、南山楂、枳壳、枳实、钩藤、蔓荆子、土茯苓、薄荷、荆芥等。分布量大或较名贵的有贯众、野菊、半夏、天南星、桔梗、前胡、白果、黄连、龙胆、千里光、金银花、土茯苓、苦参、千层塔、厚朴、海金沙、梨荷枫、五加皮、花榈木、远志、金锦香、山蚂蟥、鹿蹄草、土党参、孩儿参、菟丝子、玉竹、百合、枸杞子、沙参、盘龙参、商陆、草珊瑚、五倍子等。

（8）鞣料植物。分布较广的有槠木、青冈、蚊母树、野柿、君迁子、杨梅、枫香、盐肤木等。还有大量种植的黑荆树，是优质栲胶原料。

（9）纤维植物。大量分布的有竹、芒、金茅、芦苇、狼尾草、牛背草、河八王、灯心草、龙须草、拟赤杨、芒花、椴等，民间造纸原料有毛冬青、铁冬青、长叶冻绿、小赤麻、猕猴桃和一些锦葵科植物。

（10）观赏植物。种类繁多。杜鹃花为特产，有 20 多个品种，花色黄、白、粉、红，枝干别致，可作大型盆景。各种兰科、草尾科、百合科植物，花大秀美。大量生长的金鸡菊、野菊、秋牡丹、黄花、黄花远志、金丝梅花朵十分醒目。玉兰、木莲、黄山木兰等多开单生大花，可成纯林；还有大量可赏花的葵科植物；竹柏、红豆杉、福建柏、苏铁、三尖杉、华东黄杉、刺柏、铁杉、银杏、虎皮楠、厚皮香、香果树、赤楠、大叶楠、井冈槠、大果马蹄荷、华幌伞枫、黄杨等因树形健美和叶片奇特而备受青睐。有观赏价值的竹类有黄竹、紫竹、斑竹、方竹、夹心竹、篌竹、人面竹、桂竹、井冈寒竹等。可作盆景的有极常见的继木、白马骨、黄栀子等。漫山的紫薇、云实、金樱子、多花蔷薇、石斑木等十分灿烂悦目。

（11）油脂植物。山茶类有 20 余种，如小果油茶、红花油茶、糙果油茶等。三年桐、千年桐、乌桕等工业油脂植物已广泛栽培，野生的有野茉莉、盐肤木、野漆树、拟赤杨、白乳木、山乌桕等，另有从美国引种的紫穗槐。种子含食用油的有竹柏、榧等。13 种山矾属植物含油脂，分布量大的有华山矾、老鼠矢等。榛、山核桃、野核桃等分布较少，但含油量高。

（12）净化环境和监测环境污染植物。樟树、夹竹桃、臭椿、女贞、构树、杉木、杜仲、皂荚、泡桐、栀子花、无花果、蚊母树、山楂、苍耳、南蛇藤、绣线菊、杜鹃、艾蒿、金荞麦等能降低空气中有毒成分的含量；水葫芦、香蒲等可减少水体污染；可监测空气污染的有唐昌蒲、鸭蹼草、牵牛花以及各类苔藓植物。

江西省珍稀、濒危树种有110种属于中国特有。水松、金钱松、柳杉、华东黄杉、木莲、玉兰等60余种属中国亚热带特有；江西杜鹃、井冈杜鹃、红花杜鹃、背绒杜鹃、江西山柳、江西槭、美毛含笑、柳叶腊梅、全缘红花油茶、井冈厚皮香、井冈猕猴桃、井冈葡萄、井冈绣线梅、寻乌藤竹、河边竹、厚皮毛竹16种属中国江西特有。这些品种约占全省珍稀树种的73.3%。

六、其他资源

（1）光热资源。江西全省光能资源较丰富，全年日照为1473~2078小时，日照百分率为33%~47%；大于10℃的时期有1090~1600小时。年均太阳总辐射能为每平方米4057~4794兆焦耳。全年大于10℃时期的总辐射能在赣南一般超过每平方米3600兆焦耳，赣西北和抚州少数山区为每平方米3240~3420兆焦耳，其余均在每平方米3420兆焦耳以上，对作物生长十分有利。

（2）风能资源。江西省有较明显的季风特征。冬季地面盛行偏北风，夏季偏南风。全省大部分地区年最多风向为偏北风，但由于地貌影响，部分地区年最多风向为偏南风或偏东风。全省以鄱阳湖区的风速最大，全省风速除庐山因海拔高等达5.2米/秒外，以星子县年平均风速3.8米/秒为全省之冠，为江西省风能发电提供了丰富的资源。

（3）地热资源。江西省地处粤闽高、中温热水带边缘，现有温泉百余处、热水钻孔20多处。最高温度达82℃（温泉）及88℃（钻孔）。以60℃以下为多，占总数的86%左右。温泉总流量平均每秒718.6升，热水钻孔总自流量平均每秒151.4升。温泉分布以赣南和赣中南为最密，约占总数的62.7%，热水孔也多集中于该区，占64%左右。主要分布区域为赣中赣南的遂川、上犹、全南、安远、石城等21个县市，赣东的临川、崇仁等9个县市，赣东北的德兴等4个县市，赣西北的星子、武宁、铜鼓、靖安等14个县市。

第三节　人口与劳动力资源

一、人口

1. 人口增长

1953年第一次全国人口普查显示江西省人口为1677万，1964年第二次全国人口普查显示江西省人口为2107万，1982年第三次全国人口普查显示江西省人口为3318万，1990年第四次全国人口普查显示江西省人口为3771万，2000年

第五次全国人口普查显示江西省人口为4140万，2010年第六次全国人口普查显示江西省人口为4457万人，2020年第七次全国人口普查显示江西省人口为4519万，江西人口总体呈现较快增长的态势。

2. 人口总量

2019年，全省年平均人口为4656.85万，人口出生率为12.59‰，人口死亡率为6.03‰，人口自然增长率为6.56‰，人口密度为279人/平方千米。2019年末，全省常住人口4666万，与2018年相比，全年净增人口18.56万，其中城镇人口数为2679.29万，乡村人口为1986.84万，城镇人口占总人口的57.42%，与2018年相比增长1.4个百分点。

3. 人口的年龄、性别构成

2019年末，全省0~14岁人口为947.69万，占常住人口的20.31%；15~64岁人口为3206.10万，占常住人口的68.71%；65岁及以上人口为512.34万，占常住人口的10.98%。男性人口2392.4万，占常住人口的51.3%；女性人口2273.6万人，占常住人口的48.7%，男女性别比为105.22（见图2-2）。

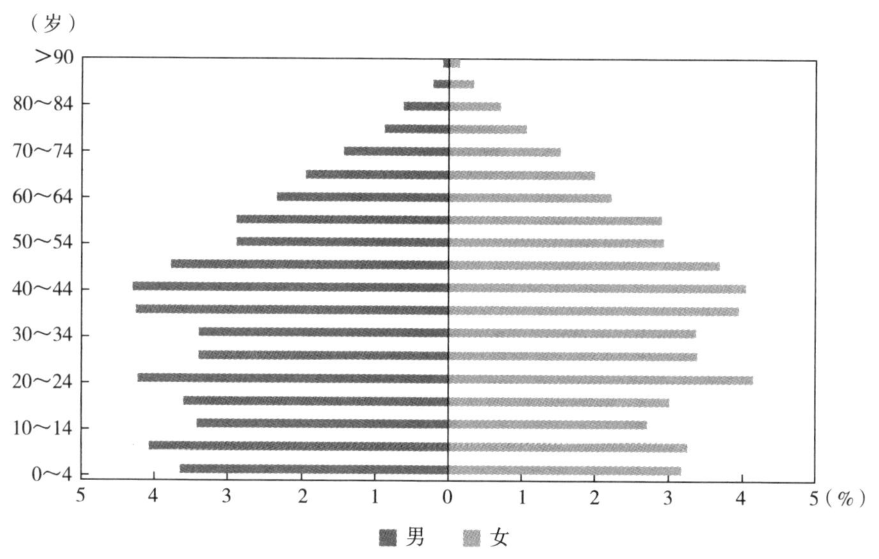

图2-2 2019年江西省人口年龄金字塔

资料来源：根据《江西统计年鉴》（2020）整理。

4. 人口的民族构成

江西省内共有55个民族。其中，汉族人口最多，占总人口的99%以上。少数民族中人口较多的有畲族、苗族、回族、藏族、哈萨克族、黎族、壮族、满族、瑶族、蒙古族、侗族、土家族、布依族、彝族等，其中人口最多的为畲族和苗族。此外，还有裕固族、锡伯族、乌孜别克族、维吾尔族、佤族、土族、塔塔尔族、塔吉克族、水族、撒拉族、羌族、普米族、怒族、纳西族、仫佬族、门巴族、毛南族、珞巴族、傈僳族、拉祜族、柯尔克孜族、景颇族、京族、基诺族、赫哲族、哈尼族、仡佬族、高山族、鄂温克族、俄罗斯族、鄂伦春族、独龙族、东乡族、德昂族、傣族、达斡尔族、朝鲜族、布朗族、白族、阿昌族等。少数民族中畲族聚居，主要分布在铅山太源畲族乡和贵溪樟坪畲族乡等地，以及永丰、泰和、吉安、兴国、武宁、德安、资溪、宜黄、乐安等市县的30多个畲族乡村；瑶族部分聚居，如全南瑶山、喇叭山等；其他各少数民族均为散居性质。

5. 人口的文化构成

全省6岁及以上人口的整体文化素质不断提高。不识字或很少识字的人口数由2010年占总人口的4.16%下降到2019年占总人口的3.25%，大专及以上的人口数由2010年占总人口的7.56%上升至2019年占总人口的10.82%。

二、劳动力

1. 劳动力资源

自2010年以来，江西省劳动力资源总数与社会就业人数均不断上升，劳动力资源总数占总人口数的比重呈扩大趋势，如表2-2所示。

表2-2 2019年江西省劳动力资源

年份	劳动力资源总数（万人）	社会就业人数（万人）	劳动力资源总数占人口数的比重（%）	劳动力资源利用率（%）
2010	3417.6	2498.8	76.6	73.1
2011	3480.5	2532.6	77.5	72.8
2012	3495.5	2556.0	77.6	73.1
2013	3524.7	2588.7	77.9	73.4
2014	3551.6	2603.3	78.2	73.3
2015	3577.6	2615.8	78.4	73.1
2016	3606.8	2637.6	78.5	73.1
2017	3624.2	2645.6	78.4	73.0
2018	3639.1	2636.1	78.3	72.4
2019	3655.0	2632.0	78.3	72.0

资料来源：根据《江西统计年鉴》（2020）整理。

2. 劳动力分布特点

江西省劳动力就业人员的产业分布，遵循以第二产业为主导，第三产业平稳发展，随着产业结构的不断调整，劳动力在产业间的转移日益频繁。南昌市、赣州市、上饶市等经济较发达的区域由于可以提供较多的就业机会，劳动力集聚较多。在第三产业法人单位中，赣州市从业人员最多，达 241.5 万，第二是上饶市 179.7 万人，第三是南昌市 153.5 万人，第四是宜春市 133.9 万人，第五是吉安市 117.8 万人。

3. 劳动力就业结构

遵循了一般产业结构演变规律，第一产业劳动力减少并向第二、第三产业转移，劳动力在产业间的分布逐渐趋向完善，但产业结构与就业结构不同步现象仍然存在。由于受自然资源和经济发展水平的影响，特别是随着市场经济的发展，江西省劳动力在城乡之间的流动日益频繁。全省农村富余劳动力有近 800 万人外出，其中在省内流动的有 250 万～260 万人。农村劳动力的转移带动了城镇从业人员持续增加，农村劳动力不断减少。江西省劳动力的空间转移、地区移动遵循了追求“收入”最大化和能在城市找到就业岗位的规律。

4. 未来劳动力发展趋势

如表 2-3 所示，据江西省统计局预测 2026 年之前，江西省 15～64 岁的劳动年龄人口数量处于上升阶段，自 2015 年的 3236.93 万人增至 2026 年的 3383.44 万人，以平均每年净增 13.32 万人的速度持续增加。此后开始缓慢减少，至 2050 年降为 3101.38 万人，比 2026 年下降 8.34%，平均每年减少 11.75 万人。随着人口老龄化进程加快，劳动力年龄结构也将不断老化。预计，2015～2050 年，15～24 岁年轻劳动人口从 743.96 万人减少至 570.01 万人，减少 173.95 万人，占全部 15～64 岁劳动适龄人口的比重将下降 4.6 个百分点；25～44 岁中青年劳动人口从 1481.45 万人减少至 1270.51 万人，占劳动适龄人口的比重将下降 4.81 个百分点；而 45～64 岁高龄劳动人口趋势相反，40 年间将增加 307.85 万人，占劳动适龄人口的比重上升 10.32 个百分点。人口老龄化伴随着人口出生率的下降，新增劳动力的增长速度也会降低，当劳动力新增数量低于退出数量时，劳动力市场上年轻劳动力的数量将越来越少，使得劳动力年龄结构呈现不断老化的趋势。

表 2-3　2020～2050 年江西省人口总量预测

年份	总人口（万人）	15～64 岁人数（万人）	15～64 岁人数占总人口的比重（%）
2020	4783.45	3297.55	68.94

续表

年份	总人口（万人）	15~64 岁人数（万人）	15~64 岁人数占总人口的比重（%）
2025	4881.20	3367.34	68.99
2030	4939.11	3362.02	68.07
2035	4965.69	3306.15	66.58
2040	4965.35	3200.28	64.45
2045	4938.59	3126.82	63.31
2050	4879.62	3101.38	63.56

资料来源：江西省统计局人口和就业统计处．江西劳动力分布及发展趋势研究［EB/OL］.（2015-09-23）. http：//tjj. jiangxi. gov. cn/art/2015/9/23/art38592_2345871. html.

第四节　社会历史基础

一、农业地位突出

考古学家在对江西省万年县仙人洞和吊桶环遗址进行考古发掘后，通过对植硅石和孢粉进行检测发现了1.2万年前的野生稻植硅石标本和9000~10000年前栽培稻植硅石标本，它们和差不多同时在湖南省道县玉蟾岩发现的公元前一万年前的稻谷遗存，是目前发现的世界上最早的水稻遗址之一。这表明，江西省很可能是世界水稻种植的起源地，是上古“农业革命”的主要发生区域之一。

秦汉、魏晋时期，江西被纳入中原的封建政治体系，与各地经济和文化联系日益增加，逐渐缩小了与长期是中国经济与文化中心的黄河流域的差距。在这期间，江西设县从最初6个增加到25个，并开始向外输出粮食。南宋时江西已号称“沃野垦辟”“富饶鱼米之乡”。从公元5世纪起，大量粮食沿长江东运，江西成为全国粮食的主要供应地之一。

（1）江西省农业资源丰富，生态优势明显。全省耕地面积4633.5万亩，淡水面积2500万亩。森林覆盖率高达63.1%，居全国前列。境内鄱阳湖是中国最大的淡水湖，全球最大的候鸟栖息地。江西省自古就是全国的“鱼米之乡，绿色之源”，大米质白如玉，鲜嫩爽口，柑橘、油茶、猕猴桃被誉为江西“三宝”，江西绿茶、赣南脐橙、南丰蜜橘、军山湖大闸蟹、广昌白莲、泰和乌鸡、崇仁麻鸡等久负盛名。

（2）江西省是一个农业人口多、农村地域大、农业比重相对较高的省份，粮、猪、油、菜、水产等主要农产品产量在全国占有重要地位。江西省每年外销粮食 100 亿斤、外调生猪 1000 万头、外调水产品 100 万吨以上，是长三角、珠三角和港澳等地重要的农产品供应基地。2011 年，江西省的耕地占全国耕地面积的 1.8%，粮食生产占全国粮食的 3.8%。粮食产量居全国第 12 位，其中稻谷产量居全国第 2 位，人均稻谷产量居全国第 1 位，始终保持全国主产省的地位，是中华人民共和国成立以来全国仅有的两个从未间断输出商品粮的省份之一，为保障全国粮食安全做出了积极贡献；肉类总产量居全国第 13 位，生猪出栏量居全国第 11 位；油料产量居全国第 10 位；蔬菜产量居全国第 20 位；柑橘产量居全国第 7 位，其中橙类产量居全国第 1 位；水产品总量居全国第 9 位，出口居内陆省份第 1 位；农民人均收入居全国第 14 位。江西省物产丰富，拥有一系列极具特色的地理标志产品，截至 2020 年底，共有 101 个农产品地理标志产品，但区域差异显著，南昌 4 个、九江 6 个、赣州 3 个、上饶 29 个、景德镇 2 个、新余 1 个、萍乡 3 个、宜春 14 个、抚州 31 个、吉安 8 个，如表 2-4 所示。在“2020 中国品牌价值评价信息发布”线上活动中，江西省赣南脐橙、南丰蜜橘、庐山云雾茶、赣南茶油、婺源绿茶、修水宁红茶、狗牯脑茶、高安腐竹、崇仁麻鸡、泰和乌鸡 10 个地理标志产品荣登区域品牌（地理标志产品）100 强。

表 2-4 江西省农产品地理标志产品

市	数量	产品名称
南昌	4	军山湖大闸蟹、生米藠头、安义瓦灰鸡、三江镇萝卜腌菜
九江	6	瑞昌山药、修水杭猪、彭泽鲫、修水宁红茶、庐山云雾茶、湖口螃蟹
赣州	3	宁都黄鸡、兴国灰鹅、兴国红鲤
上饶	29	弋阳大禾谷、德兴红花茶油、婺源绿茶、上饶白眉、广丰白耳黄鸡、广丰马家柚、三清山白茶、上饶山茶油、德兴覆盆子、铁山杨梅、上饶青丝豆、临湖大蒜、余干辣椒、怀玉山马铃薯、黄岗山玉绿、铅山河红茶、玉山黑猪、上饶蜂蜜、上饶早梨、余干鄱阳湖藜蒿、铅山红芽芋、三清山山茶油、德兴铁皮石斛、怀玉山三叶青、余干芡实、玉山香榧、广丰铁蹄牛、鄱阳大米、德兴葛
景德镇	2	乐平花猪、浮梁茶
萍乡	3	萍乡红鲤、武功山石斑鱼、萍乡两头乌猪
新余	1	新余蜜橘
宜春	14	奉新大米、上高紫皮大蒜、宜丰竹笋、上高蒙山猪、高安大米、奉新猕猴桃、宜春苎麻、宜丰蜂蜜、樟树花生、袁州茶油、宜春大米、铜鼓黄精、铜鼓宁红茶、宜丰盈科泉茶
吉安	8	三湖红橘、吉安红毛鸭、泰和乌鸡、井冈红米、井冈竹笋、登龙粉芋、峡江水牛、遂川狗牯脑茶

续表

市	数量	产品名称
抚州	31	崇仁麻鸡、南丰蜜橘、南城麻姑仙枣、黎川茶树菇、东乡绿壳蛋鸡、广昌白莲、南城淮山、临川虎奶菇、金溪蜜梨、乐安竹笋、洪门鳙鱼、广昌泽泻、抚州西瓜、洪门鸡蛋、黎川香榧、乐安花猪、临川金银花、东乡白花蛇舌草、抚州水蕹、麻姑茶、王桥花果芋、占圩红薯、黎川黎米、黎川草菇、东乡甘蔗、东乡萝卜、黎川白茶、资溪白茶、东乡葛、麻姑米、南丰甲鱼
鹰潭	0	—

资料来源：全国农产品地理标志查询系统（http：//www. anluyun. com）。

二、工业发展快速

1882 年，罗新昌机器厂在南昌章江门外瓷器街开业，这是江西第一家民族资本创办的工业企业。这家工厂主要从事碾米机、抽水机和柴油引擎的制造和修理，还可以制造小型的蒸汽机和抽水机，它的出现标志着江西民族资本主义工业的诞生。但与先进地区相比，江西省近代工业的起步晚了近 30 年。

中华人民共和国成立后，一批为国家工业所必需而过去又非常薄弱的基础工业建立起来，如机械、纺织、化学工业等，奠定了江西省工业化的初步基础。一些江西品牌蓬勃发展，创造了辉煌的历史，成为江西人美好的记忆，主要包括：中华人民共和国第一架飞机由洪都机械厂 1954 年 6 月完成并送交试飞；中华人民共和国第一架民用飞机由洪都机械厂 1957 年 12 月试制成功；中华人民共和国第一辆三轮摩托车由洪都机械厂 1957 年 12 月制造，并定名为“长江 750”；中华人民共和国第一辆轮式拖拉机由江西拖拉机厂 1958 年 4 月制造，命名为“八一”万能拖拉机，并在此基础上改造出“丰收”系列拖拉机；中华人民共和国第一枚海防导弹由洪都机械厂 1966 年研制成功。一度在全国出现所谓的“江西现象”。

进入“十三五”后，江西省以高端化、集约化、特色化为导向，实施战略性新兴产业倍增计划，围绕打造“领跑方阵”，推动电子信息和新型光电、生物医药、航空等产业爆发式增长，部分领域进入全球领先行列。围绕打造“新兴方阵”，推动节能环保、新能源、新材料、先进装备制造等产业跨越式发展，部分特色领域进入国内领先行列。围绕打造“潜力方阵”，推动新能源汽车、智能制造装备、集成电路等产业突破式增长，力争部分产品占据市场竞争制高点。目前，江西省已形成电子信息和新型光电产业、生物医药产业、节能环保产业、新能源产业、新材料产业、航空产业、先进装备制造产业和新能源汽车产业八大战略性新兴产业。

三、交通运输便利

交通运输是国民经济中的基础性、先导性、战略性产业，是重要的服务性行业，江西省各种交通运输方式快速发展，综合交通运输体系不断完善，总体上能适应经济社会发展要求。对江西省影响比较大的铁路线主要有京九线和沪昆高铁线，京九线与沪昆线在南昌市相交，形成以南昌市为中心的“十”字形主干铁路网。“十三五”期间，江西省基本形成合福、阜鹰汕、银福、京九、蒙吉泉5条纵向通道和沿江、岳（长）九衢、沪昆、衡吉温、韶赣厦5条横向通道；铁路总里程突破5000千米，其中高铁达到1500千米，快速铁路覆盖所有设区市和70%左右的县（市、区）。

江西省公路系统相当发达，省会城市南昌北往九江（昌九高速），南至赣州（赣粤高速），西至萍乡（沪昆高速），东连上饶至浙江、上海（梨温高速）的高速公路已建成通车。此外，九景高速（九江—景德镇）、景婺黄高速（景德镇—婺源—黄山）、武吉高速公路也已通车，经过铜鼓、宜丰可到吉安直至广东，沿沪昆、梨温、赣粤等高速可直接进江西省，达南昌市和庐山等地。6条国道呈两纵四横分布境内，分别是东西向的316国道（福州至兰州）、319国道（厦门至成都）、320国道（上海至云南瑞丽）、323国道（瑞金至云南澜沧）和南北向的105国道（北京至珠海）、206国道（烟台至汕头），其中105国道和206国道双双纵贯江西。

江西省北靠长江，自古以来水上航运发达。截至2015年，全省以赣江及鄱阳湖航线为水运主通道，联通抚、信、饶、修等101条主要通航河流，通航总里程为5716千米，其中，一级航道156千米（长江江西段），二级航道175千米，三级航道206千米，四级航道87千米，五级航道238千米，六级航道405千米，七级航道1160千米，等外航道3289千米。全省现有内河港口生产用码头泊位1841个，年吞吐量万吨以上的港口57个，基本形成了大中小结合、内外沟通的港口群体。在港口建设上，江西省把九江市、南昌市两个全国主要港口和赣江中游港口群作为建设重点。

江西省航空运输事业迅速发展，“十三五”期间，基本形成“一干八支”民用机场布局，旅客年吞吐量达到1600万人次，南昌昌北国际机场旅客年吞吐量突破1200万人次，建设20个左右通用机场，基本覆盖全省航空研发制造产业聚集区、5A级旅游景区、地面交通不便县（市）、重点林区和农产品主产区。

四、人文资源丰富

优越的区位、便利的交通，孕育了江西多彩的文化，江西是文化大省，不仅因为江西文化历史悠久、名人辈出，还因为江西文化内涵丰富、特色鲜明，在历史上留下了深刻印记，是“人杰地灵”的宝地。

1. 多样的文化

从古至今都十分著名的文化主要有：延绵的书院文化——江西是古代书院的起源地，唐代德安义门东佳书院和高安桂岩书院是中国设立最早的书院，宋代白鹿洞书院名列中国四大书院之首，明代江西拥有 238 所书院，占全国的 1/5，清代达 526 所。绚烂的陶瓷文化——江西是我国陶器文化最早发源地之一，万年仙人洞出土了中国最早的陶片，吴城遗址中发现了中国目前年代最早的原始瓷器和已粗备瓷器烧造条件的六座龙窑，景德镇更是举世闻名的“千年瓷都”。飘香的茶业文化——江西是历史上著名的产茶区，在中国茶叶和茶业文化史上，曾扮演过极其辉煌的角色。樟帮的药业文化——“药不到樟树不齐，药不过樟树不灵”，樟树镇在全国药材生产和流通中占有重要地位，是海内外公认的“药都”，在长期从事药材贸易的过程中，樟树药商逐渐形成了自己的帮系，称“樟帮”，与京帮、川帮并列为全国三大药帮。悠久的稻作文化——江西有着得天独厚的农业生产条件，尤其利于水稻生长，成为历史悠久的稻作之乡，江西是中国稻作农业的重要起源地之一。优质的造纸文化——江西山林资源丰富，又是传统的文化大省，纸的需求量大，故造纸业在全国处于领先地位，宋代以来，吉州、抚州、饶州的刻版印书业非常繁盛，至明清时期，金溪和婺源等地成为著名的刻书中心，有“临川才子金溪书”的说法。源远流长的矿冶文化——江西的冶铜业源远流长，商周时期就创造出灿烂的青铜文化，瑞昌铜岭铜矿遗址是目前我国发现的开采历史最早的矿冶遗址，德兴张潜的《浸铜要略》专著问世，更是对世界冶金史的杰出贡献。传统的风水文化——“世界风水在中国，中国风水在赣州，赣州风水在三僚”。江西风水文化的兴起，始于唐末杨筠松隐居赣州三僚村授徒传艺，其著有《撼龙经》《疑龙经》《青囊奥语》等流传于世，开创发展的风水地理“形法理论”，世称“形势派”“峦头派”或“江西派”，亦称赣派，被后世堪舆界尊为风水祖师。繁盛的宗教文化——江西宗教繁盛，是佛、道两教的开源播流之地，形成庞大的宗教派别。历史上就有“求官到长安，求佛到江西”的说法，佛教净土宗始于晋代庐山东林寺高僧慧远，禅宗五家七宗之中，三家五宗源于江西，有“不到江西，不能得禅宗之要”一说。遍布的商帮文化——江西商帮在历史上被称为“江右商帮”，是中国古代最早成形的商帮，纵横中华工业、金融、盐业、农业商品等市场 900 多年。在湖广地区更是流传着“无江西人不成市场”的说法。闻名的戏曲文化——明代汤显祖的“临川四梦”代表中国古典戏剧最高水平，被誉为“东方莎士比亚”，清代蒋士铨被称乾隆间第一曲家，江西因盛产茶叶在清中期逐渐形成采茶戏。除此之外，还有因地域分布与人口分布而形成的地方文化（如赣文化、临川文化、赣南客家文化等）与方言文化（如赣方言、客家方言、吴方言等）。到了近现代，江西最为著名的当数“红色文化”——第二次国内革命战争时期，中国共产党领导人民群众先后在江西建立了大片革命根据地，其中著名的有井冈山革命根据地、湘赣革命根据地、赣东北革命根据地（后发展为闽浙赣革命根据地），当时的中央革命根据地在赣南和闽西地区的21县，中华苏维埃共和国临时中央政府设在瑞金，故瑞金有“红都”之称，因革命而形成了江西特殊的革命文化。

2. 辈出的人才

号称“文章节义之邦”的江西，在宋代以前，所出人才并不突出，除陶渊明之外几乎举不出其他有分量的文化名人，但在北宋中后期迅速崛起并完全取代了河南作为文化中心的位置（单就诗家而言，唐时“唐诗大家胥出中州”，至宋时，则转而为“宋诗大家胥出江西了”，唐有“李杜韩白”，三位中州人一位蜀人；宋有“欧王苏黄”，三位江西人一位蜀人），并且一直保持到明代中前期。宋朝是华夏文化的造极之世，宋明时期又是中国学术文化史上的第二个诸子百家时代，江西文化人无疑是其中的主角。两宋时期，众多文化巨子从江右喷薄而出，叱咤风云，开宗立派，引领潮流，晏殊、欧阳修、李觏、曾巩、王安石、黄庭坚、陆九渊、杨万里、姜夔、文天祥等就是其中最杰出的代表，这一时期也无疑是江西人文辉煌灿烂、如日中天的极盛之期，并且为华夏文化之登峰造极起到了极大的推动作用，为中华文化的发展进程作出了无与伦比的巨大贡献。元代至明初，江西文人承宋代之余烈，在正统文化领域里，取得的成就和地位仍然首屈一指，之后也始终维持在比较高的水平上。元代以来，来自江西的著名文化名人有马端临、吴澄、虞集、罗钦顺、汤显祖、宋应星、魏禧、朱耷、蒋士铨、陈三立、文廷式、李瑞清、陈寅恪、萧公权、傅抱石等，这样一个在中国文化极盛之期取得最高成就的省份应该在中国文化史上拥有一席之地。

第二篇

经济与产业

第三章　经济发展概况

江西省的经济发展先后经历了几个重要的阶段。在计划经济时期、改革开放初期以及经济发展进入新常态阶段，江西省经济取得了长足的发展。江西省作为一个后发的工业化探索发展省份，其经济发展有自身的特点，并在不同阶段呈现出不同的经济发展特征。

第一节　经济发展历程

一、中华人民共和国成立之初至改革开放前（1949~1978年）经济发展

中华人民共和国成立之初，江西省委、省政府采取了一系列有效措施恢复国民经济，包括统一财政收支和物资调配，恢复和发展工商业，稳定市场物价等，1949~1952年全省经济得到迅速恢复和发展。与1949年相比，1952年全省实现农业总产值增长53.1%，年均增长率为15.3%；全省工业总产值增长了1.7倍，年均增长率达到了39.2%。

在“一五”计划时期（1952~1957年），全省经济在稳定协调的基础上有了很大的发展，工业化进程较快。这一时期，全省GDP年均增长6.2%，工业总产值年均增长率达到了16.5%，工业总产值在工农业总产值中的占比由1952年的27.4%提高到1957年的40.7%。南昌飞机制造公司等一批重点企业建成投产，鹰厦铁路建成通车，交通运输建设得到加强，这些为江西省工业发展奠定了基础。但这一时期，江西省GDP年均增长率低于全国约3个百分点，1957年全省人均GDP为全国的90%左右，比1952年还下降了5.3个百分点。

在“二五”计划时期（1958~1962年），江西省国民经济和全国一样遭受到了中华人民共和国成立以来的第一次发展挫折。与1957年相比，1962年全省GDP下降了3.6%。受到这一时期国家工业生产思想和三年困难时期的影响，这

期间江西省国民经济中工农业比例严重失调，工业生产在1961年、1962年连续两年大幅下降，农业生产发展连年受阻，主要农产品产量下滑明显。

在三年调整时期（1963~1965年），江西省委延续了国民经济“调整、巩固、充实、提高”的方针，加强农业建设，压缩基本建设固定资产投资，控制了重工业过快的增长，消费品生产得到了发展，国民经济的一些比例关系得到调整，经济发展逐渐趋于稳定。这一时期，全省GDP年均增长8.1%，轻工业产值年均增长17.8%，发展快于重工业6.5个百分点，主要轻工产品产量相比于1962年有了大幅增长，如棉纱增长0.8倍，棉布增长3.4倍，机制糖增长3.1倍。

在“三五”计划时期（1966~1970年）、“四五”计划时期（1971~1975年），江西省国民经济发展出现了几次较大波动，国民经济的一些比例关系再次严重失调。例如，工农业总产值中，农业总产值的占比由1965年的50.8%下降到1976年的48.6%，工业总产值中轻工业产值的占比由1965年的59.6%下降到1976年的47.0%。这期间，江西省农田基本建设发展较快，农业生产条件得到改善，全省主要农产品产量保持平稳增长，如粮食、生猪、甘蔗、茶叶等。这期间，江西省基本建设完成投资53亿元，一批重点工程相继建成投产，“五小”工业对当时的经济建设起到了积极的作用。1976年底开始，江西省经济秩序得到及时整顿，随着各种经济关系的调整，江西省国民经济得到了一定恢复。

从中华人民共和国成立之初到改革开放前这一时期，江西省的经济和社会有了较大发展，全省经济实力逐步增强。按当年价格计算，全省GDP由1949年的9.09亿元增加到1978年的87亿元，人均GDP也由69元增加到276元；按可比价格计算，全省GDP年均增长6.4%。

二、改革开放之初至2000年（1978~2000年）经济发展

党的十一届三中全会开辟了全面推动社会主义现代化建设的历史时期。江西省坚持以经济建设为中心，坚定不移地推进改革开放，进行了一系列伟大的探索和实践，江西省经济总量不断跨上新台阶，社会发展方兴未艾，人民生活显著改善。这一阶段，江西省经济发展的体制环境发生了重大变化，社会主义市场经济体制初步建立，特别是“九五”计划的顺利完成，推动江西经济建设进入了一个新的阶段。

从1978年底到江西省第八次党代会（1985年6月）之前，江西省基本处在改革开放的起步阶段，江西省不断调整经济布局和推行农业生产责任制。1979年5月江西省委依据全省的农业资源优势和农业在江西经济中的基础地位，以及农业产业结构调整和优化的迫切需要，做出了“画好山水画，写好田园诗”

的战略决策，一方面，将重点继续放在农业的全面发展上，另一方面，加快轻纺工业发展和交通、能源等薄弱环节建设，逐步实现农工商一体化，进而带动江西经济的全面发展。在党的十二大提出20世纪末翻两番战略目标和建设中国特色社会主义之后，江西省进一步结合开展的省情大调查和讨论，确立大农业的基础地位，坚持发挥资源优势，建设农林牧渔工全面发展的大农业，大力发展多种经营和乡镇企业，以提高经济效益为中心发展工业和消费品生产，着力发展食品、饲料、木材加工和地方建材四大行业。1984年4月，江西省六届人大二次会议对江西经济发展战略进行了认真研究，进一步明确了全省经济发展的战略构想：一是把农业放在首位，建立农林牧渔工全面发展的大农业，加快传统农业向现代农业的转化；二是围绕农业优势办工业，大力发展支农工业和农产品加工业，以工业的发展促进农业优势的发挥；三是大力加强能源、交通建设，在全省形成四通八达的交通网络；四是坚持对外开放，大力发展对外经济协作和技术交流；五是坚持经济和社会的协调发展。1979~1984年，江西省经济、社会、科技和文化等各项事业进步明显，国民经济呈现出前所未有的好形势，各项经济指标提前或超额完成省“六五”计划，乡镇企业和轻工业有了较大进步，全省初步形成了以南昌市为中心、南门北港、东煤西运、辐射四方的发展布局，以城市为重点的经济体制改革逐渐铺开，构成了城乡并举的改革态势。1984年全省工农业总产值比1978年增长了62.1%，多种经营产值占农业总产值的比重由1978年的24%提高到了36.8%，轻工业占整个工业的比重由1978年的43.9%提高到了47.6%。

1985年6月，江西省第八次党代会提出了“充分发挥资源优势，全面振兴江西经济”的战略，提出了调整产业结构的基本构想；也明确了积极开发有色金属和非金属矿藏，使江西省建设成为重要的有色工业基地和建材基地，使全省资源优势尽快转化为经济优势，建立开放型、多层次的商品经济体系和有江西特色的经济结构。1988年初，江西省委、省政府提出了“以放对放、以活对活”和“支持、跟进、接替”的方针，敞开南北两头、搞活中心城市、打开内陆山区、梯度开发推进，全面推进以发展多种经营、乡镇企业和农产品精深加工业为重点的农业开发总体战略；1988年末，江西省委、省政府提出了到2000年的经济和社会发展战略的基本构想，明确了建立合理的经济结构，重点发展农业、交通、能源和科技教育，提出加快现有工业改造、提高精深产品加工的比重、加强基础设施建设等战略步骤。随后1990年召开的江西省第九次党代会完善了江西经济发展战略构想，提出把江西经济大厦建立在现代农业的基础上，打好农业开发总体战，加强基础产业和基础设施建设，推进农业工业化。1991年初，江西省委、省政府进一步提出了20世纪90年代经济发展战略构想，即：

用5年左右的时间，打一场工业调整和提高的攻坚战。这一决策以调整工业结构、提高企业素质为主要内容，以国家产业政策为依据，依靠科技进步，加快技术改造，以实现全省工业持续稳定发展。1985~1991年，江西省经济建设和各项社会事业发展取得了长足的进步。1988年实现了GDP比1980年翻一番的目标，1991年GDP达到479.37亿元，三次产业结构为39.4：33.3：27.3，第三产业比重稳步提高，多种经营在农业总产值中的比重不断提高，“粮猪型”农业结构得到改变。

邓小平同志“南方谈话”和党的十四大的召开，标志着中国的现代化建设进入建立社会主义市场经济体制的阶段。1992年，随着全方位开放战略的提出和沿长江开放开发战略的实施，南昌市、九江市被列为对外开放城市。1992年底，江西省委、省政府决定建设“昌九”工业走廊，重点开发建设这一区域，努力将其建成江西省的新兴工业带和江西省的沿长江经济带；同时，把握国家修建南北大动脉“京九”铁路的机遇，努力改变江西省主要沿浙赣线的横向工业布局，逐步形成沿浙赣线横向和沿京九线纵向的十字交叉布局的经济发展空间结构。此后，江西省不断调整农业产业结构，加强农业的基础地位，并根据省情的发展变化，在1994年初提出了“立足农业、主攻工业”的战略构想，真正明确地提出了江西省工业化的目标，努力形成具有本地特色的工业经济。1995年江西省委、省政府明确了20世纪90年代全省产业结构调整的方向和重点，并在1996年大力实施工业发展领域的“双百双十工程”，加强能源、交通、通信等基础设施产业建设。之后，随着京九沿线工业布局的推进，依托昌九景三市，以昌九工业走廊为重点，逐渐形成了现代工业密集的沿长江经济带和环鄱阳湖经济带的发展格局。1992~2000年，江西省的改革开放和经济建设取得了重大成就，2000年全省GDP首次超过了2000亿元（现价），达到2003亿元，按可比价计算，年均增长10.1%，三次产业结构调整为24.2：35.0：40.8，并呈现出协调发展的态势。

从整体来看，1978~2000年，江西省经济获得了持续快速发展，经济实力不断增强，基础设施建设不断加强，社会发展不断进步，城乡居民收入水平有了大幅提高。2000年全省GDP为2003亿元，按可比价计算，1978~2000年，GDP年均增长率为9.4%，提前四年完成了比1980年翻两番的目标；2000年全省财政收入为171.7亿元，增长了13.0倍，年均增长12.7%。三次产业结构的调整与江西省突出农业的基础地位密切相关，由1978年的41.6：38.0：20.4调整为1990年的41.0：31.2：27.8；随着农业基础地位的加强，1995年三次产业结构调整为32.0：34.5：33.5，之后随着1996年明确了“立足农业、主攻工业”的战略构想，江西省2000年的三次产业结构调整为24.2：35.0：40.8。全省城镇居民人均可支配收入由1978年的305元增加到2000年的5103元，农民人均纯收入由141元增加到2135元，剔除物价因素后，1978~2000年年均增长率分别为5.7%和7.5%，人民生活水平逐步提高。

三、21世纪以来经济发展

进入21世纪以来，江西省委、省政府把江西省放在全国乃至全球发展的大格局中谋篇布局，制定发展战略，出台重大决策，江西省经济发展战略发生了重大调整。

“十五”期间，江西省积极实施大开放战略，以大开放促进大改革、大发展，以加快工业化为核心，以大开放为主战略，建设“三个基地、一个后花园”，在此基础上“对接长珠闽、融入全球化”，加快形成外向型经济发展的新格局。2001年8月，江西省委十届十三次全体（扩大）会议提出了江西省发展新路径的基本框架，第一次旗帜鲜明地提出“以大开放为主战略、以工业化为核心”的发展战略。其基本思想是：今后五年乃至相当长的一个时期，必须坚持以加快工业化为核心、以大开放为主战略、以体制创新和科技创新为强动力，大力推进农业产业化和农村工业化，加快推进城市化和城市工业现代化，不失时机地推进信息化，全面提升综合竞争力，实现经济和社会可持续发展。在这次全会上，也进一步明确了“十五”期间江西省的发展定位：“三个基地、一个后花园”，即把江西省建设成为沿海发达地区的产业梯度转移承接基地、优质农副产品加工供应基地、劳务输出基地和旅游休闲的“后花园”。这一战略定位是在正确分析省情及国内外经济发展态势、经过深入调查研究后作出的现实选择，在实践中凸显了江西省地处长珠闽腹地的区位优势及生态、资源、低成本优势。2001年12月，江西省第十一次党代会上提出了战略目标——实现江西在中部地区的崛起，并确定了全省经济发展的总目标：在今后五年内，人均国内生产总值在中部诸省位次前移并力争进入前列；到2010年，基本实现工业化。2002年，江西省政府出台了关于进一步加快民营经济发展，深化省属国有企业改革，加快工业园区建设，推进城市化进程的配套文件。2003年7月，在江西省委十一届四次全会上进一步明确了在坚持大开放主战略、坚持“三个基地、一个后花园”战略定位不动摇的同时，要积极“对接长珠闽，融入全球化”，全面提升江西省对外开放水平。2004年，江西省把统筹城乡发展放在突出位置来抓，出台了一系列政策扶持农业生产。2005年提出的“推动全民创业，促进富民兴赣”又为江西省经济社会发展注入了强大的内在动力。这一系列战略决策，使得“十五”期间江西省经济发展和改革开放取得了显著的成效，主要经济指标提前一年完成“十五”计划。江西省经济发展已跃出中部地区的谷底，呈现崛起的态势。2005 年，全省 GDP 首次超过 4000 亿元，达到 4056.8 亿元，按可比价格计算，“十五”期间年均增长率达到 11.6%，持续高于中部地区平均水平，三次产业结构调整为 2005 年的 17.9∶47.3∶34.8。“十五”期间，全省工业增加值、农业总产值年均增长率分别为 16.9%、4.8%，比“九五”时期分别提高了 6.3 个、1.1 个百分点。“十五”期间，全省财政总收入年均增长 19.6%，全省固定资产投资总额超过 7000 亿元，年均增长 33.5%，比“九五”时期平均增速提高 18 个百分点，成为拉动经济增长、增强发展后劲的强大动力；2005 年，全省城镇居民可支配收入、农民人均纯收入分别为 8620 元、3266 元，“十五”期间年均增长率分别为 11.0%、9.8%，分别比“九五”时期提高 2.4 个和 2.1 个百分点。2005 年，全省城市化率达 37%，比 2000 年提高了 9.31 个百分点，超过了 2000 年之前 20 年的上升幅度。

“十一五”期间，江西省抓住国际、国内沿海发达地区产业梯度转移的重大机遇，坚持绿色发展理念，融经济发展与生态保护为一体，以鄱阳湖生态经济区建设为龙头，以工业园区为主战场，大力发展开放型经济，开创了江西科学发展、进位赶超、绿色崛起的新局面。2009 年底国务院批准实施《鄱阳湖生态经济区规划》，成功推动了鄱阳湖生态经济区上升为国家战略。2010 年，全省 GDP 突破 9000 亿元，达到 9451.3 亿元，按可比价计算，年均增长 13.2%，是改革开放以来江西省年均增速最快的时期；三次产业结构由 2005 年的 17.9∶47.3∶34.8 调整为 2010 年的 12.8∶54.2∶33.0，“二三一”的产业格局得到进一步巩固和发展；规模以上工业增加值由 2005 年的 882.3 亿元增加到 2010 年的 3101.9 亿元，年均增长 22.2%，占 GDP 比重由 21.7%提高到 32.8%，工业主导地位继续增强。2010 年，全省财政总收入突破千亿大关，达 1226 亿元，是 2005 年的 2.9 倍，“十一五”期间年均增长 23.6%，也是改革开放以来年均增速最快的时期。“十一五”时期，全省投资总量持续攀升，五年累计投资总额达 26146 亿元，相当于改革开放以来至“十五”时期末投资总和的 2.5 倍；全社会固定资产投资增幅连续三年在全国排前 7 位，中部前 2 位。2010 年，全省城镇居民人均可支配收入达到 15481 元，农民人均纯收入达到 5789 元，比 2005 年分别净增 6861 元、2523 元。“十一五”时期，江西省城镇化加速迈进，2010 年全省城市化率达 44.1%，五年间提高了 7.0 个百分点，年均提高 1.4 个百分点。

“十二五”期间，江西省委、省政府积极面对经济下行压力的严峻挑战，坚持稳中求进、改革创新，把稳增长与调结构、促改革、惠民生结合起来，经济社会发展取得新的重大成就，特别是江西省委十三届七次全会以来，立足江西发展实际，提出并实施了“发展升级、小康提速、绿色崛起、实干兴赣”的十六字方针，初步探索出一条加快发展与转型升级相统一、经济发展与生态环境相协调的发展新路，总体实现了“十二五”规划确定的主要目标和任务。在此期间，江西省委、省政府经过多年的实践探索和调研，也逐步形成了“龙头昂起、两翼齐飞、苏区振兴、绿色崛起”的国土开发总体战略格局。“一带一路”和“长江经济带”提出后，江西省立足江西实际主动布局，推动江西实现大开发和大发展。2015 年 2 月，江西省提出了 33 条具体举措，拓宽陆上、海上、空中、数字四大通道。2015 年 5 月，江西省政府又出台了《江西省参与“一带一路”建设实施方案》，明确了江西对接“一带一路”的路线图。2015 年，全省地区生产总值达到 16723.8 亿元，居全国第 18 位，比 2010 年前移 1 位，按可比价格计算，“十二五”期间年均增长 10.5%；三次产业结构由 2010 年的 12.8∶54.2∶33.0 调整为 2015 年的 10.6∶50.8∶38.6，结构调整持续推进，优化升级步伐明显加快，服务业和战略性新兴产业成为拉动经济增长的新引擎，服务业比重提高了 5.6 个百分点。2015 年，江西省财政总收入突破 3000 亿元，年均增长 19.8%；全社会固定资产投资达到 16994 亿元，年均增长 20.0%。2015 年全省城镇居民人均可支配收入 26500 元，由全国第 22 位前移至第 15 位，年均增长 11.1%；农村居民人均可支配收入 11139 元，由全国第 14 位前移至第 12 位，年均增长 13.2%。“十二五”时期，江西省坚持城乡统筹，有序推进新型城镇化健康发展，2015 年全省常住人口城镇化率达到 51.6%，累计提高 7.5 个百分点，实现了城镇人口超过农村人口的历史性突破。

“十二五”时期，江西省区域发展格局进一步完善。全面对接“一带一路”和长江经济带，赣南等原中央苏区振兴发展和罗霄山集中连片特困地区发展成功上升为国家区域发展战略，鄱阳湖生态经济区建设顺利推进，昌九一体化步伐明显加快，赣东赣西协调发展，“龙头昂起、两翼齐飞、苏区振兴、绿色崛起”的区域发展战略格局基本形成，生产力布局更趋合理，区域经济发展更加活跃，在全国区域发展格局中的地位和作用进一步提升。

“十三五”时期，江西省坚持“创新引领、改革攻坚、开放提升、绿色崛起、担当实干、兴赣富民”，实施高质量跨越式发展首要战略和全面开放战略，主动对接融入“一带一路”，把江西建设成为“一带一路”内陆腹地重要支点和内陆双向开放示范区，综合实力实现新跨越。2020 年江西省 GDP 达到 2.57 万亿元，提前两年实现比 2010 年翻一番，全国排名上升到第 15 位，比“十二五”末提升 3 位；人均 GDP 按可比价超过 8000 美元，达到中等偏上收入国家（地区）水平（世界银行标准）。三次产业比例优化为 8.7∶43.2∶48.1，高新技术产业增加值占规模以上工业增加值比重较“十二五”末提高 10 个百分点以上，数字经济增加值占地区生产总值比重达 30%左右。粮食主产区地位进一步巩固，全国绿色有机农产品示范基地试点省建设取得明显成效。生态文明试验区建设成效显著，成功争取全境纳入国家首批生态文明试验区建设，深入实施长江经济带“共抓大保护”攻坚行动。城乡面貌发生深刻变化。以人为核心的新型城镇化加快推进，城市功能和品质明显提升。

“十三五”期间，江西省区域发展更加协调，“一圈引领、两轴驱动、三区协同”区域发展格局加快构建，大南昌都市圈建设积极推进，国家级赣江新区成功获批并加快建设。沪昆、京九高铁经济带加快培育，产业园区加速向高铁沿线集聚；赣南等原中央苏区实现跨越式发展，赣东北开放合作、赣西转型升级迈出坚实步伐。

第二节　经济发展的主要特征

江西省作为我国中部地区一个发展相对靠后的省份，从经济增长上来看，一直保持着较高的增长速度，虽然近年来增长速度有所放缓，但与全国和中部其他省份相比，仍保持着一个相对高的增长速度；消费支出与资本形成对经济增长的贡献为主，出口发展相对缓慢，江西省经济对外开放程度偏低。由于江西省内各地市自然与经济发展条件的差异，全省范围内区域经济发展差异较为明显。

一、总体特征

（一）经济增长

2016 年，江西省地区生产总值为 18499.00 亿元，按可比价格计算，较 2015 年增长 9.0%，其中，第一产业生产总值 1904.53 亿元，较上年增长 4.1%；第二产业生产总值 8829.54 亿元，较上年增长 8.5%；第三产业生产总值 7764.93 亿元，较上年增长 11.1%。

“十二五”期间，按可比价格计算，江西省 GDP 年均增长率为 10.5%，占全国 GDP 的比重有了小幅的提高，且各年的 GDP 增长速度均高于全国增长速度 2 个百分点以上。2015 年江西省 GDP 总量位居全国第 18 位，比 2010 年前移 1 位。在“十二五”期间，江西省人均 GDP 现价保持年均 11.6%的增长速度。但与全国水平相比，江西省历年人均 GDP 均明显低于全国人均 GDP 水平，如在“十二五”时期，人均 GDP 仅相当于全国人均 GDP 的 73%~76%，且整体呈先上升后下降态势，具体见表 3-1。

表 3-1　江西省典型年份 GDP 与人均 GDP

年份	GDP（亿元）		GDP 增长率（%）		人均 GDP（元）	
	总量	占全国的比重（%）	江西省	与全国相比（±）	江西省	相当于全国（%）
1978	87. 00	2. 36	13. 3	1. 6	276	71. 7
1990	428. 62	2. 27	4. 5	0. 6	1134	68. 2
1995	1169. 73	1. 91	6. 8	-4. 2	2896	59. 7
2000	2003. 07	2. 00	8. 0	-0. 5	4851	61. 1
2005	4056. 76	2. 17	12. 9	1. 5	9440	66. 6
2010	9451. 26	2. 36	14. 0	3. 4	21253	71. 0
2011	11702. 82	2. 47	12. 4	2. 9	26150	74. 5
2012	12948. 88	2. 50	11. 0	3. 1	28800	75. 1
2013	14338. 50	2. 52	10. 1	2. 3	31930	76. 3
2014	15714. 63	2. 47	9. 7	2. 4	34674	74. 6
2015	16723. 78	2. 44	9. 1	2. 2	36724	73. 7
2016	18499. 00	2. 49	9	2. 3	40400	75. 1
2017	20006. 31	2. 45	8. 8	1. 9	43424	74. 0
2018	21984. 78	2. 44	8. 7	2. 1	47434	73. 5
2019	24757. 50	2. 50	7. 9	1. 8	53164	75. 1

注：2005 年、2010~2019 年数据均为对应年份统计年鉴的数据，未采用后面年份统计年鉴中的数据。下同。

资料来源：根据《江西统计年鉴》（2001、2006、2011~2020）、《中国统计年鉴》（2001、2006、2011~2020）整理。

2016~2019 年，江西省人均 GDP 继续保持较快增长速度，比全国增长速度高 1. 8~2. 3 个百分点。2019 年江西省人均 GDP 达到 53164 元，且江西省人均 GDP 与全国人均 GDP 之比，从 2015 年的 73. 7%上升到 2019 年的 75. 1%，提高了 1. 4 个百分点。

表 3-2 反映了江西省不同时期 GDP 增长与三次产业增长的总体情况。“九五”时期，农业在江西省经济发展中的基础地位得到加强，第一产业保持了较高的增长速度，年均增长速度为 6. 8%，且略高于第二产业的年均增长速度。从“十五”开始，江西省确立了以加快工业化为核心的发展战略，第二产业增长速度明显提高。在“十五”时期、“十一五”时期、“十二五”时期，江西省第二产业的年均增长速度分别为 18. 2%、17. 1%、12. 2%，且在三次产业增长中均保持在第一位；同时，第一产业的增长速度基本保持稳定并略有下降，第三产业也保持了较高的增长速度。不同时期三次产业增长速度的变化，促进了江西省

三次产业结构的不断调整和优化。尽管 2020 年江西省经济发展受到短期经济冲击的明显影响，“十三五”时期，江西省 GDP 年均增长率仍达到了 7.6%。

表 3-2 江西省不同时期 GDP 年均增长率与三产业年均增长率 单位：%

时段	GDP 年均增长率	第一产业年均增长率	第二产业年均增长率	第三产业年均增长率
“八五”时期（1991~1995 年）	13.6	5.0	23.4	13.7
“九五”时期（1996~2000 年）	9.8	6.8	6.7	10.4
“十五”时期（2001~2005 年）	11.6	5.1	18.2	8.6
“十一五”时期（2006~2010 年）	13.2	5.0	17.1	10.4
“十二五”时期（2011~2015 年）	10.5	4.4	12.2	9.6
“十三五”时期（2016~2020 年）	7.6	—	—	—

注：因统计口径变化，“八五”时期、“九五”时期第一、第二、第三产业的年均增长率分别用 1995 年、2000 年的增长率代替。

资料来源：根据《江西统计年鉴》（2001、2006、2011~2021）整理。

（二）投资

2019 年，江西省全社会固定资产投资突破 2.67 万亿元，较 2018 年增长 9.3%。从表 3-3 来看，2005~2015 年，当年全社会固定资产投资由 2005 年的 2169.0 亿元增加到 2015 年的 17388.1 亿元，增长了 7.02 倍。从江西省各时期的投资情况来看，2010 年是 2005 年的 3.30 倍、2015 年是 2010 年的 2.43 倍；整体而言，2010 年以来，江西省全社会固定资产投资的历年增长速度有所下降，2011~2015 年每年的增长速度均在 15.0% 以上，2016~2019 年这四年的增长速度分别为 13.3%、12.1%、10.8%、9.3%。

具体到各产业的投资来看，2019 年江西省第一产业全社会固定资产投资约 546.3 亿元，占全部固定资产投资的比例为 2.0%；第二产业投资约为 14726.1 亿元，占比为 55.1%；第三产业投资约为 11473.9 亿元，占比为 42.9%。2010~2019 年，第一产业投资占比基本保持在 2%~3%，且呈现出先微弱下降后基本保持稳定的态势；第二产业投资占比均保持在 50% 以上，且基本呈现出波动下降后稳定上升的态势；第三产业投资占比则基本呈现出先上升后下降的态势。“十一五”期间，江西省确立了以工业园区为主战场的发展思路，随着第二产业投资的迅速增加，到 2010 年第三产业投资占比下降到 39.9%，在“十二五”期间，结合“发展升级、小康提速”的发展方针，江西省第三产业投资占比又提高到了 45.3%。2016~2019 年，江西省第三产业投资占比整体保持下降态势，2019 年占比较 2015 年占比下降了 2.4 个百分点；第二产业投资占比持续上升，2019 年占比较 2015 年占比上升了 3.1 个百分点。

表 3-3 江西省全社会固定资产投资及三次产业构成情况

年份	2000	2005	2010	2011	2012	2013	2014	2015	2016	2017	2018	2019
全社会固定资产投资（亿元）	548.2	2169.0	7164.6	8737.6	10774.2	12850.2	15079.3	17388.1	19694.2	22085.3	24470.6	26746.3
第一产业（亿元）	—	71.9	218.9	204.2	313.5	312.1	359.4	475.0	483.0	574.7	669.0	546.3
占比（%）	—	3.3	3.0	2.6	2.9	2.4	2.4	2.7	2.5	2.6	2.7	2.0
第二产业（亿元）	—	787.3	4088.0	4987.7	6002.6	7201.4	7976.2	9040.4	10328.5	11811.9	13324.9	14726.1
占比（%）	—	36.3	57.1	57.3	55.7	56.1	52.9	52.0	52.4	53.5	54.5	55.1
第三产业（亿元）	—	1309.8	2857.8	3545.7	4458.1	5336.7	6743.7	7872.7	8882.7	9698.8	10476.7	11473.9
占比（%）	—	60.4	39.9	40.1	41.4	41.5	44.7	45.3	44.5	43.9	42.8	42.9

注：2000 年数据未区分三次产业情况，2010 年、2011 年数据未采用当年统计年鉴数据，而是选用了后续年份统计年鉴上的更新数据，以保持历年数据的一致性。由于 2019 年、2020 年统计年鉴上仅有 2018 年、2019 年的全社会固定资产投资的增长率数据和区分三次产业情况的增长率数据，故此 2018 年、2019 年数据为推算而得的数据。

资料来源：根据《江西统计年鉴》（2006、2011~2020）整理。

（三）对外贸易

进入 21 世纪以来，江西省先后确立了以大开放为主战略、大力发展开放型经济的发展战略或发展思路，外向型经济发展稳步推进。

根据表 3-4，2000~2019 年，江西省当年实际利用外资保持持续增长的态势，2019 年达到 135.8 亿美元，是 2005 年的 5.60 倍、2000 年的 59.04 倍；从各时期的当年实际利用外资增长情况来看，2010 年是 2005 年的 2.11 倍、2015 年是 2010 年的 1.86 倍、2019 年是 2015 年的 1.44 倍。

表 3-4　2000~2019 年江西省对外贸易发展情况　单位：亿美元，%

年份	2000	2005	2010	2011	2012	2013	2014	2015	2016	2017	2018	2019
实际利用外资总额	2.3	24.2	51.0	60.6	68.2	75.5	84.5	94.7	104.4	114.6	125.7	135.8
进出口总额	16.2	40.6	216.0	314.7	334.1	367.5	427.3	424.0	400.3	443.4	481.9	508.8
汇率（美元/RMB）	8.28	8.07	6.62	6.30	6.29	6.10	6.14	6.23	6.64	6.75	6.61	6.90
外贸依存度	6.7	8.2	15.4	17.3	16.2	15.9	16.6	15.6	14.2	15.1	14.4	14.2
全国外贸依存度	39.6	63.2	49.3	48.8	45.7	43.9	41.6	35.6	32.7	33.5	33.7	31.8

资料来源：根据《江西统计年鉴》（2001、2006、2011~2020）、《中国统计年鉴》（2001、2006、2011、2017~2020）整理。

2000~2019 年，江西省海关进出口年度总额呈现出先迅速上升后有所下降进而稳步增加的态势，2014 年达到了 427.3 亿美元，在 2015 年出现了小幅下降后，2016 年出现了较明显的下降，2015 年、2016 年分别比上年下降了 0.1%、5.6%，2017 年开始，江西省进出口年度总额连创新高，2017 年、2018 年、2019 年分别比上年增长了 10.8%、8.7%、5.6%。从各时期的进出口年度总额情况来看，2010 年是 2005 年的 5.32 倍、2015 年是 2010 年的 1.96 倍、2019 年是 2015 年的 1.20 倍。

从外贸依存度来看，尽管江西省的外贸依存度从 2000 年的 6.7% 提高到 2010 年的 15.4%，但在整个“十二五”期间，外贸依存度几乎没有明显的变化。整体而言，江西省外贸依存度相对偏低，且 2016~2019 年江西省外贸依存度较“十二五”期间有小幅下降，2019 年仅为 14.2%，且比 2015 年下降了 1.4 个百分点。2000~2019 年，江西省外向型经济整体发展情况明显低于全国平均水平，2015 年、2019 年江西省外贸依存度分别比全国外贸依存度降低了 20.0 个百分点和 17.6 个百分点。

（四）消费和资本形成对经济增长的贡献

根据表 3-5 可以看出，2000~2019 年消费和投资对江西省经济增长的贡献情况。江西省作为一个内陆开放型省份，其货物和服务净流出对 GDP 增长的贡献相对偏低，在“十二五”期间，对经济增长的拉动几乎为零或者为负向拉动，且 2016~2019 年的情况基本类似。2000 年，江西省经济发展水平偏低，最终消费支出对经济增长的贡献高达 97.4%；“十一五”时期随着江西省工业的快速发展，最终消费支出对经济增长的贡献下降到 50%上下，并随着经济发展在“十二五”时期呈现出贡献率总体上提高的态势，2015 年最终消费支出对江西省经济增长的贡献率达到 59.2%，但在 2016~2019 年最终消费支出对江西省经济增长的贡献率基本保持在 54.4%~57.3%。“十五”后期，资本形成对江西省经济增长的贡献率呈现了快速的大幅度上升，并且在“十一五”“十二五”时期呈现出一定的波动特征，但基本保持在 40%~50%的贡献区间，尽管 2015 年资本形成对江西省经济增长的贡献率降低到 41.5%，但 2016~2018 年资本形成对江西省经济增长的贡献率均保持在 48.0%以上。

表 3-5　2000~2019 年江西省消费和资本形成对经济增长的贡献情况

单位：%

年份	GDP 增长率	最终消费支出		资本形成总额		货物和服务净流出	
		贡献率	拉动	贡献率	拉动	贡献率	拉动
2000	8.0	97.4	7.8	1.9	0.1	0.7	0.1
2005	12.9	48.8	6.3	48.0	6.2	3.1	0.4
2010	14.0	52.5	7.3	38.4	5.4	9.1	1.3
2011	12.4	48.2	6.0	51.1	6.3	0.8	0.1
2012	11.0	58.3	6.4	42.2	4.6	-0.5	-0.1
2013	10.1	51.7	5.2	51.2	5.2	-2.9	-0.3
2014	9.7	55.1	5.3	51.2	5.0	-6.4	-0.6
2015	9.1	59.2	5.4	41.5	3.8	-0.8	-0.1
2016	9.0	57.3	5.2	52.3	4.7	-9.6	-0.9
2017	8.8	55.8	4.9	48.0	4.2	-3.7	-0.3
2018	8.7	54.4	4.7	51.6	4.5	-6.0	-0.5
2019	8.0	55.6	4.4	43.3	3.5	1.1	0.1

资料来源：根据《江西统计年鉴》（2020）整理。

二、区域发展差异

江西省的区域发展差异仍然比较明显。2015 年，南昌市 GDP 达到 4000 亿元，赣州市、九江市均超过了 1900 亿元，而萍乡市、新余市、景德镇市、鹰潭市均未超过千亿元；2019 年，南昌市 GDP 达到 5596.2 亿元，赣州市、九江市均超过了3000亿元，分别为3474.3亿元、3121.1亿元。从不同时期GDP增长速度来看，各地市在不同时期的经济增长呈现出了一定的差异性；“十五”时期，南昌市、赣州市、新余市、鹰潭市、萍乡市、宜春市、上饶市七市的GDP年均增长率高于全省平均水平；“十一五”时期，九江市、景德镇市、鹰潭市、吉安市、抚州市五市的GDP年均增长率高于全省平均水平；“十二五”时期，南昌市、九江市、吉安市、新余市、鹰潭市、宜春市、上饶市七市的GDP年均增长率高于全省平均水平。具体见表3-6。

表3-6 2000~2019年部分年份江西省各地市GDP与不同时期的增长率

单位：亿元，%

年份	2000	2005	2010	2015	2019	2001~2005年年均增长率	2006~2010年年均增长率	2011~2015年年均增长率
全省	2003.1	4056.8	9451.3	16723.8	24757.5	11.6	13.2	10.5
南昌市	435.1	1007.7	2207.1	4000.0	5596.2	13.0	12.0	10.7
景德镇市	95.3	193.1	461.5	772.1	926.1	10.8	13.4	9.2
萍乡市	99.6	228.1	520.4	912.4	930.0	12.8	12.7	10.0
九江市	213.1	428.9	1032.1	1902.7	3121.1	10.7	13.6	11.0
新余市	64.9	177.3	631.2	946.8	971.6	20.6	6.0	17.4
鹰潭市	54.0	123.5	344.9	639.3	941.3	12.8	16.1	11.1
赣州市	266.2	500.1	1119.7	1973.9	3474.3	12.4	8.5	10.5
吉安市	155.6	303.1	720.5	1328.5	2085.4	10.2	13.4	11.0
宜春市	191.0	372.2	870.0	1621.0	2687.6	13.2	9.4	11.1
抚州市	124.1	262.0	630.0	1105.1	1510.9	11.5	13.6	10.0
上饶市	173.4	388.1	901.0	1650.8	2513.1	13.0	9.1	11.0

注：2000年、2005年、2010年、2015年各地市GDP之和不等于全省GDP数值。不同时期各地市GDP年均增长率均根据全省各时期的可比价格计算而得。

资料来源：根据《江西统计年鉴》（2001、2006、2011、2016、2020）整理。

从人均GDP水平来看（见表3-7），2019年，全省人均GDP为53164元，南昌市、新余市人均GDP分别为100415元、81642元，分别位居全省第一、第二，鹰潭市、九江市、景德镇市三地市的人均GDP也均高于全省平均水平，其他六个地市均低于全省平均水平，且上饶市、抚州市、赣州市的人均GDP分别仅为全省平均水平的69.3%、70.1%、75.2%。

表 3-7 2000~2019 年江西省部分年份各地市人均 GDP 变化情况

单位：元，%

年份	2000		2005		2010		2015		2019	
	人均 GDP	占比	人均 GDP	占比	人均 GDP	占比	人均 GDP	占比	人均 GDP	占比
全省	4851	100	9440	100	21253	100	36724	100	53164	100
南昌市	10028	206.7	22390	237.2	43961	206.8	75879	206.6	100415	188.9
景德镇市	6435	132.7	12596	133.4	29155	137.2	47216	128.6	55228	103.9
萍乡市	5654	116.5	12559	133.0	28106	132.2	48133	131.1	48007	90.3
九江市	4748	97.9	9231	97.8	21686	102.0	39505	107.6	63584	119.6
新余市	6016	124.0	15935	168.8	55492	261.1	81354	221.5	81642	153.6
鹰潭市	5181	106.8	11452	121.3	30769	144.8	55568	151.3	79883	150.3
赣州市	3390	69.9	6134	65.0	13397	63.0	23148	63.0	39968	75.2
吉安市	3441	70.9	6477	68.6	14969	70.4	27168	74.0	42060	79.1
宜春市	3714	76.6	6995	74.1	16075	75.6	29457	80.2	48182	90.6
抚州市	3387	69.8	6894	73.0	16083	75.7	27735	75.5	37272	70.1
上饶市	2835	58.4	6130	64.9	13729	64.6	24633	67.1	36839	69.3

注：表中数值均为当年现价数据。

资料来源：根据《江西统计年鉴》(2001、2006、2011、2016、2020) 整理。

从表 3-7 列出的代表性年份人均 GDP 的变化情况来看，南昌市、新余市、鹰潭市、景德镇市四个地市各年人均 GDP 均高于同期全省平均水平；九江市人均 GDP 水平与全省平均水平相比总体上逐步提高，并从 2010 年开始超过了全省平均水平，而萍乡市从之前超过全省平均水平变成了低于全省平均水平（2019 年为全省平均水平的 90.3%，较 2015 年下降了 40.8 个百分点）；赣州市、吉安市、宜春市、抚州市、上饶市 5 地市各年人均 GDP 均低于同期全省平均水平。2000 年、2005 年、2010 年、2015 年数据显示，赣州市人均 GDP 水平与全省平均水平相比，总体上呈现下降态势，且基本上位居全省倒数前三位；从 2016 年开始，赣州市人均 GDP 相对水平有所提升，从 2015 年相当于全省平均水平的 63.0%提升到 2019 年的 75.2%，排名也上升了 2 位，排在全省倒数第三位。五个代表性年份数据显示，吉安市、宜春市人均 GDP 水平与全省平均水平相比均呈现出先下降后明显提高的态势。对于上饶市而言，与同期全省平均水平相比，其人均 GDP 相对水平基本呈现出缓慢提高的态势，但提升的幅度比较小；其 2015 年的人均 GDP 相对水平仅比 2010 年提高 2.5 个百分点，2019 年也仅比 2015 年提高 2.2 个百分点，使得上饶市的排名从之前的全省倒数第二位下降到 2019 年的倒数第一位。对于抚州市而言，其人均 GDP 水平与全省平均水平相比，2000~2010 年基本呈现出缓慢提高的态势，但从 2010 年、2015 年的水平来看，抚州市的人均 GDP 相对水平几乎没有变化，而到了 2019 年其人均 GDP 水平仅相当于全省平均水平的 70.1%，出现了明显的下降，其在全省的排名也从 2010 年的倒数第五位下降到 2019 年的倒数第二位。

江西省内的城市群建设之前一直处在相对不明确的阶段，南昌市作为中心城市的带动作用稍显不足。在确立大南昌城市群发展战略后，南昌市经济获得了快速的发展，其中心城市的作用也有了一定的提升。南昌市 GDP 占全省 GDP 的比重由 2010 年的 23.35%略微提高到 2015 年的 23.92%，仅仅提高了 0.57 个百分点，而 2016 年南昌市 GDP 占全省 GDP 的比重略有下降，仅为 23.79%，与 2015 年相比下降了 0.13 个百分点。尽管 2017 年南昌市 GDP 占全省 GDP 的比重上升到 24.01%，但 2018 年又下降到了 23.99%，2019 年更是下降到了 22.60% 且与 2015 年相比下降了 1.32 个百分点。可以看出，南昌市作为江西省首位中心城市，其城市首位度不高、城市支撑能力有待提高，未来需要进一步拓展南昌市城市发展空间。

“十一五”时期，江西省重点建设三大经济区：赣东北经济区、赣中南经济区、赣西经济区。赣东北经济区是以南昌市为中心，以九江市、景德镇市、鹰潭市、上饶市为主要支撑的区域。赣中南经济区是以赣州市为中心，吉安市和抚州市为重要增长极的区域。赣西经济区是包括萍乡市、宜春市、新余市在内的组团式发展区域。“十二五”时期，原赣东北地区又分为赣北地区（南昌市、九江市）和赣东北地区（景德镇市、鹰潭市、上饶市）。从省内三大经济区来看，江西省区域经济发展整体呈“赣东北重、赣中南弱、赣西轻”的不平衡发展态势。江西生产力整体布局以京九线和沪昆线为主轴呈斜“十”字形展开，京九铁路纵贯南北，沪昆铁路横穿东西。江西省 11 个地级市中有 10 个在这两条主轴线上。受到经济发展空间布局的影响，2000~2019 年江西省人口和经济总量整体上维持着“赣东北重、赣中南弱、赣西轻”的发展态势。具体见表 3-8。

表 3-8 江西省三大经济区 GDP 占比与人口占比变化情况 单位：%

地区	占全省 GDP 的比重					占全省人口的比重				
	2000 年	2005 年	2010 年	2015 年	2019 年	2000 年	2005 年	2010 年	2015 年	2019 年
赣东北经济区	51.86	53.74	52.41	53.20	52.90	42.55	42.10	42.77	43.01	43.33
赣中南经济区	29.15	26.74	26.17	26.15	28.56	37.95	38.71	38.35	38.20	37.99
赣西经济区	18.99	19.52	21.42	20.65	18.54	19.50	19.19	18.88	18.79	18.68

注：计算 GDP 占比情况时，采用各地市当年 GDP 之和作为当年全省 GDP 总量。

资料来源：根据《江西统计年鉴》（2001、2006、2011、2016、2020）整理。

2000 年，赣东北经济区、赣中南经济区、赣西经济区的 GDP 总量分别占到全省 GDP 总量的 51.86%、29.15%、18.99%。三大经济区的人口总量分别占到全省总人口的 42.55%、37.95%、19.50%。2010 年，赣东北经济区、赣中南经济区、赣西经济区的 GDP 总量分别占到全省 GDP 总量的 52.41%、26.17%、21.42%；与 2000 年相比，赣东北经济区的 GDP 占全省的比重略微上升了 0.55 个百分点，赣中南经济区 GDP 占比大幅下降了 2.98 个百分点，赣西经济区 GDP 占比显著增加了 2.43 个百分点。2010 年，三大经济区的人口总量占全省的比重分别为 42.77%、38.35%、18.88%；与 2000 年相比，三大经济区的人口占全省的比重变化不大，赣东北经济区、赣中南经济区分别增加了 0.22 个百分点和 0.40 个百分点，赣西经济区下降了 0.62 个百分点。2015 年，赣东北经济区、赣中南经济区、赣西经济区的 GDP 总量分别占到全省 GDP 总量的 53.20%、26.15%、20.65%；与 2010 年相比，赣东北经济区的 GDP 占全省的比重增加了 0.79 个百分点，赣中南经济区受到原中央苏区政策支持的影响，使得其 GDP 占全省的比重保持相对稳定，仅下降了 0.02 个百分点，而赣西经济区主要受到产业转型的影响，其 GDP 占全省的比重则下降了 0.77 个百分点。2015 年，三大经济区的人口总量占全省的比重分别为 43.01%、38.20%、18.79%，与 2010 年相比，赣东北经济区人口占全省的比重增加了 0.24 个百分点，赣中南经济区、赣西经济区分别下降了 0.15 个百分点和 0.09 个百分点。从 2000~2015 年的变化情况来看，江西省区域经济“赣东北重、赣中南弱、赣西轻”的不平衡情况并没有什么大的改变，而且这种不平衡反而有所加强，2000~2010 年赣中南经济区 GDP 占比下降明显，2011~2015 年赣中南经济区 GDP 占比基本保持稳定，赣东北经济区 GDP 占比有所增加且赣西经济区 GDP 占比则有所下降。从三大经济区 GDP 占比变化情况来看，相较于 2015 年，2016~2019 年江西省区域经济“赣东北重、赣中南弱、赣西轻”的不平衡情况有了明显改变，赣中南经济区经济发展实力有所增强，赣西经济区经济发展实力进一步下降；赣东北经济区 GDP 占全省 GDP 比重略微下降了 0.30 个百分点，赣中南经济区 GDP 占比显著增加了 2.41 个百分点，而赣西经济区 GDP 占比大幅下降了 2.11 个百分点。从人口占比变化情况来看，相较于 2015 年，2016~2019 年三大经济区的占比基本保持稳定，赣东北经济区占比小幅上升了 0.32 个百分点，赣中南经济区占比小幅下降了 0.21 个百分点、赣西经济区占比小幅下降了 0.11 个百分点。

第三节　产业结构变化

进入 21 世纪以来，在“工业立省”的发展战略确定之后，江西省三次产业结构不断优化，逐渐改变了过去第一产业特别是农业比重相对偏高的情况，工业得到了迅速的发展，并在 21 世纪以来全国产业大范围实现区域转移的背景下，积极承接来自沿海地区的劳动密集型产业和一些中低端制造业，并积极发展高新技术产业，第二产业实现了快速发展，也带动了第三产业的迅速发展，改变了 2000 年之前存在的典型的三次产业结构虚高度化的情形。随着江西省三次产业结构的不断调整，其对江西经济发展的支撑能力也在不断增强。

一、三次产业结构变化

（一）三次产业的产值结构变化

图 3-1 反映了 2000~2019 年江西省三次产业产值占全省 GDP 的比重变化情况。

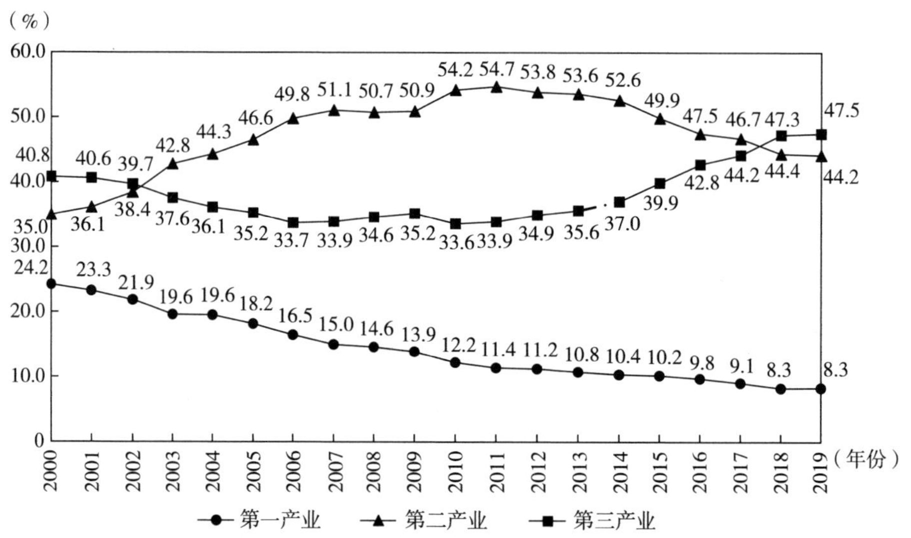

图 3-1　2000~2019 年江西省三次产业的 GDP 占比变化

资料来源：根据《江西统计年鉴》（2020）整理。

从三次产业的产值结构变化过程来看，江西省产业结构变化比较符合产业结构优化的标准，主要变化情况如下：

（1）第一产业占 GDP 比重在逐年下降。从 2000 年的 24.2%逐渐下降至 2019 年的 8.3%，19 年间累计下降了 15.9 个百分点。

（2）第二产业占 GDP 比重变化总体呈倒“U”形态势。从 2000 年的 35.0%增长到 2011 年的 54.7%，然后下降至 2019 年的 44.2%。但在这个过程中又包含

了两个次一级的倒“U”形，即从2000年的35.0%上升至2007年的51.1%，然后下降至2008年的50.7%；然后再上升至2011年的54.7%，最后再下降至2019年的44.2%。

（3）第三产业占GDP比重变化总体呈“U”形态势。与第二产业相反，第三产业从2000年的40.8%下降到2010年的33.6%，然后上升至2019年的47.5%。但在这个过程中又包含了两个次一级的“U”形，即从2000年的40.8%下降至2006年的33.7%，然后上升至2009年的35.2%；然后再下降至2010年的33.6%，最后再持续上升至2019年的47.5%。就2016年与2000年相较而言，第二产业的GDP占比略有上升。就2016年与2000年相较而言，第三产业的GDP占比上升了，从40.8%上升至42.8%。

（4）江西省三次产业结构得到了不断优化。2000~2019年，江西省三次产业结构由“三二一”结构先演变为“二三一”结构，再演变为“三二一”结构。2000年，江西省人均GDP仅为4851元，而三次产业结构表现为“三二一”结构，这是在经济发展水平比较低的情况下三次产业结构呈现出的虚高度化情形。2001年江西省明确了“工业立省”的发展战略，第二产业占GDP的比重开始迅速增加，到2003年这一比重达到了42.8%，且2000~2003年提高了7.8个百分点，与此同时2000~2003年江西省第三产业占GDP比重和第一产业占GDP比重分别下降了3.2个百分点和4.6个百分点，三次产业结构由“三二一”结构演变为“二三一”结构。2003~2017年，江西省三次产业结构保持了“二三一”的结构，且第二产业占比与第三产业占比之差基本呈现出先扩大后逐渐缩小的态势；随着2011年之后第二产业占比的持续下降和2010年之后第三产业占比的持续上升，到2017年江西省第二产业占比仅比第三产业占比高出2.5个百分点。2018年，江西省人均GDP达到了47434元，第三产业占比已经上升到三次产业占比的第一位，达到了47.3%，而且第二产业占比下降到44.4%，三次产业结构演变为“三二一”的结构，江西省产业结构得到不断优化。

此外，江西省三次产业产值结构与全国三次产业产值结构相比仍存在较大差距（见图3-2），总体上落后于全国三次产业结构水平，具体表现如下：

（1）江西省第一产业占GDP比重一直高于全国水平。这反映出江西省是农业大省，同时也是经济不太发达的省份。因为农业的附加值相比于第二产业和第三产业而言，是比较低的。

（2）江西省第二产业占GDP比重先低于全国水平后高于全国水平。2000~2005年，江西省第二产业占GDP比重一直低于全国水平；从2006年开始，江西省第二产业占GDP比重一直高于全国水平，且在2011年之后第二产业占GDP比重呈现出与全国水平同步下降的态势。

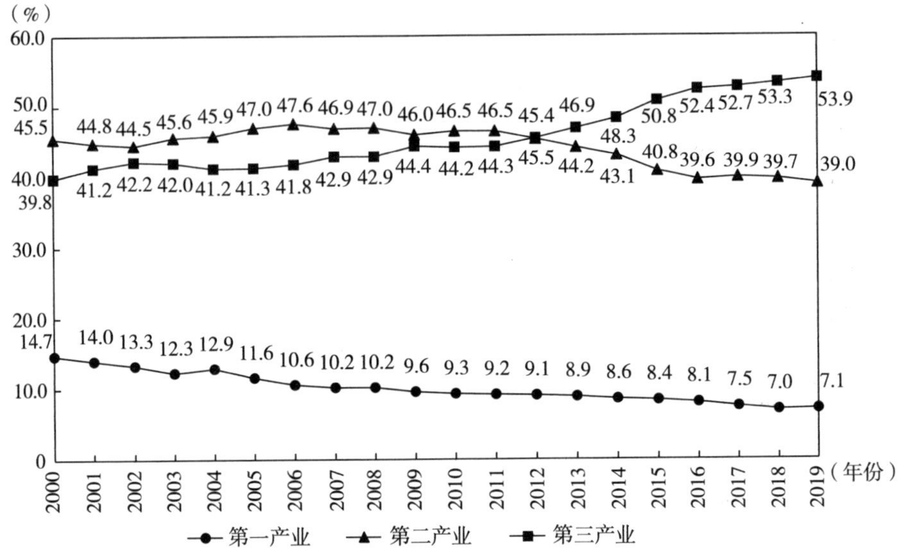

图 3-2　2000~2019 年全国三次产业的 GDP 占比变化

资料来源：根据《中国统计年鉴》（2020）整理。

（3）江西省第三产业占 GDP 比重基本上低于全国水平。除 2000 年之外，江西省第三产业占 GDP 比重均低于全国水平，且与全国第三产业占 GDP 比重基本呈现出持续增加的趋势相比较而言，2000~2019 年江西省第三产业占 GDP 比重呈现出“U”形变化趋势，2010 年之后江西省第三产业占 GDP 比重才开始与全国同步上升。

（二）劳动力三次产业结构变化分析

图 3-3 反映了 2000~2019 年江西省三次产业的就业人数占比及其结构的变化，即江西省劳动力三次产业结构变化情况。

从图 3-3 中可以看出，2000~2019 年江西省劳动力三次产业结构的变化基本表明了在此期间江西省三次产业结构得到不断优化，具体表现如下：

（1）第一产业的就业人数占比持续下降。第一产业的就业人数占总就业人数比重从 2000 年的 46.6%下降至 2019 年的 26.6%，19 年间累计下降了 20.0 个百分点，这与第一产业产值占 GDP 比重的下降情况非常相似。

（2）第二产业的就业人数占比总体呈现出稳步上升的趋势。第二产业的就业人数占总就业人数比重从 2000 年的 24.4%下降至 2002 年的 22.7%；2002~2019 年，除 2016 年微降之外这一比重保持着持续上升的态势，2019 年第二产业的就业人数占比提高到了 33.0%。尽管到 2019 年为止，江西省第二产业的就业人数占比尚未出现下降的态势，但从图 3-3 可以看到，2013 年以来，第二产业

的就业人数占比上升幅度有了明显的减缓，2013~2019 年，这一比重增加了 1.2 个百分点，2018 年、2019 年分别只增加了 0.2 个百分点、0.1 个百分点。未来，随着江西省经济的发展和人均 GDP 的提高，江西省第二产业的就业人数占比将呈现下降情形，从而与劳动力三次产业结构演进优化的趋势呈现出一致性。

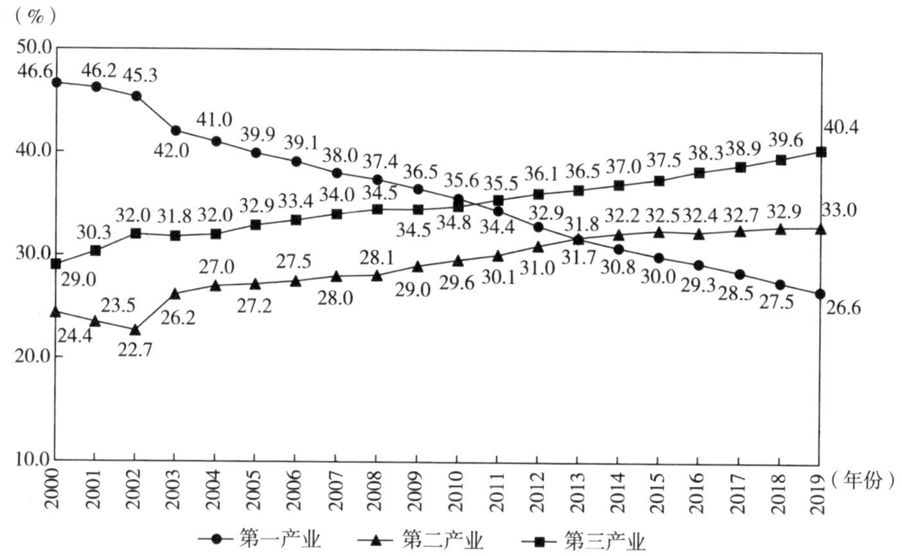

图 3-3 2000~2019 年江西省三次产业的就业人数占比变化

资料来源：根据《江西统计年鉴》(2020) 整理。

（3）第三产业的就业人数占比总体保持稳步上升的趋势。第三产业的就业人数占总就业人数比重从 2000 年的 29.0%逐渐上升至 2019 年的 40.4%，19 年间累计上升了 11.4 个百分点，这种变化与劳动力三次产业结构演进规律比较吻合，反映出江西省劳动力三次产业结构得到不断优化。

此外，图 3-4 反映了 2000~2019 年全国劳动力三次产业结构演变情况。与全国情况相比，江西省劳动力三次产业结构优化情况总体上稍显落后，且大约在 2014 年之后江西省劳动力三次产业结构明显落后于全国水平，具体表现如下：

（1）江西省第一产业就业人数占比在 2013 年开始大于全国水平。在 2013 年之前，江西省第一产业就业人数占比一直低于全国水平，从 2013 年开始高于全国水平。这反映出江西省和全国的第一产业就业人数占比虽然都在不断下降，但江西省下降的速度慢于全国。2015~2019 年，江西省第一产业就业人数占比比全国第一产业就业人数占比高出 1.4~1.7 个百分点。

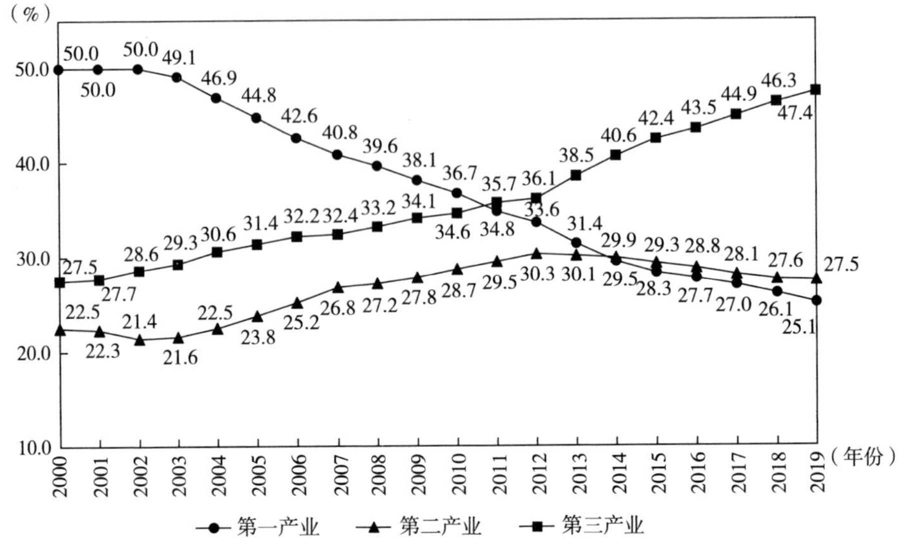

图 3-4 2000~2019 年全国三次产业的就业人数占比变化

资料来源：根据《中国统计年鉴》(2020) 整理。

(2) 江西省第二产业就业人数占比一直高于全国水平。2002~2013 年，全国第二产业就业人数占比保持稳定上升的态势，这与江西省的变化情况基本一致；而在之后的 2013~2019 年，全国第二产业就业人数占比呈现出缓慢的持续下降态势，与此同时，江西省第二产业的就业人数占比仍然基本保持持续上升的态势。2014~2019 年，江西省第二产业就业人数占比超出全国水平的百分比不断提高，到 2019 年超出了 5.5 个百分点。这种比较结果，与江西省经济发展水平落后于全国总体水平密切相关，全国第二产业就业人数占比已经开始持续下降，而截至 2019 年江西省第二产业就业人数占比尚未出现下降态势，这表明江西省劳动力三次产业结构优化明显落后于全国水平。

(3) 江西省第三产业就业人数占比 2011 年开始小于全国水平。2000~2010 年，江西省第三产业就业人数占比一直高于全国水平，这与 2000 年前后江西省三次产业产值结构呈现出的虚高度化存在密切关联。尽管 2001 年江西省确立了“工业立省”战略，但由于当时江西省工业化仍处于初期向中期迈进的阶段，使得 2000~2010 年江西省第三产业就业人数占比一直高于全国水平。随着江西省工业化进程的不断加快，江西省第二产业就业人数占比不断提高；但相比较而言，江西省第三产业就业人数占比上升的幅度小于同期全国第三产业就业人数占比上升的幅度，到 2011 年江西省第三产业就业人数占比开始低于全国水平；之后的 2013~2019 年，江西省第三产业就业人数占比与全国水平的差距不断拉

大，到 2019 年已经低于全国水平 7.0 个百分点，这表明江西省劳动力三次产业结构优化已经明显落后于全国水平。

（三）三次产业结构的效率变化

可以采用三次产业的劳动生产率（以下简称劳均 GDP）指标，大致反映出江西省三次产业结构的效率变化情况，如图 3-5 所示。

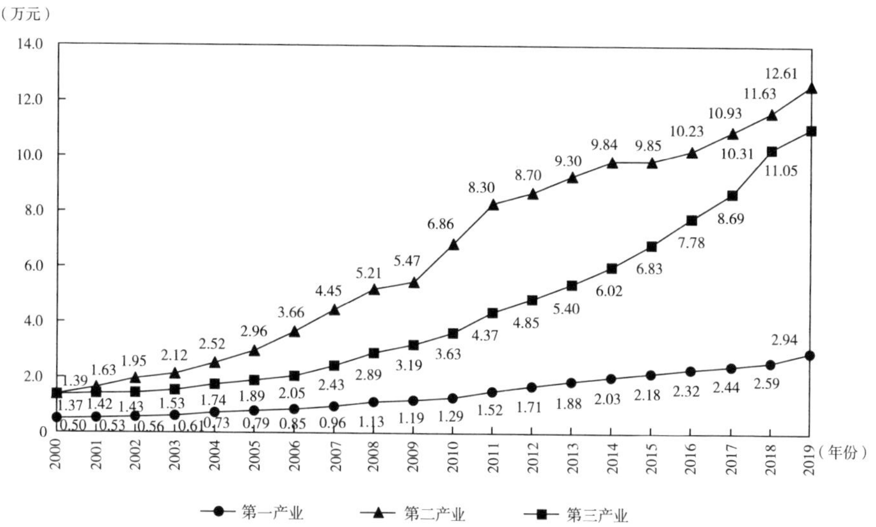

图 3-5　2000~2019 年江西省三次产业的劳均 GDP 变化

资料来源：根据《江西统计年鉴》（2020）整理。

根据图 3-5，可以看出：江西省三次产业的劳均 GDP 在 2000~2019 年都有不同程度的上升。总体而言，第二产业的劳均 GDP 上升幅度最大，从 2000 年的 1.39 万元上升至 2019 年的 12.61 万元；第三产业的劳均 GDP 上升幅度次之，从 2000 年的 1.37 万元上升至 2019 年的 11.05 万元；而第一产业的劳均 GDP 上升幅度最小，仅从 2000 年的 0.50 万元上升至 2019 年的 2.94 万元。此外，2000~2011 年，江西省第二产业的劳均 GDP 上升幅度快于第三产业的劳均 GDP 上升幅度；之后的 2012~2019 年除个别年份之外，江西省第二产业的劳均 GDP 上升幅度整体上慢于第三产业的劳均 GDP 上升幅度。这种变化与江西省第二产业占 GDP 比重变化总体呈倒“U”形态势、第三产业占 GDP 比重变化总体呈“U”形态势密切相关。

与全国水平相比较，尽管江西省第二产业和第三产业的劳均 GDP 相对水平整体上有所提高，但与全国水平存在明显的差距，如图 3-6 所示。

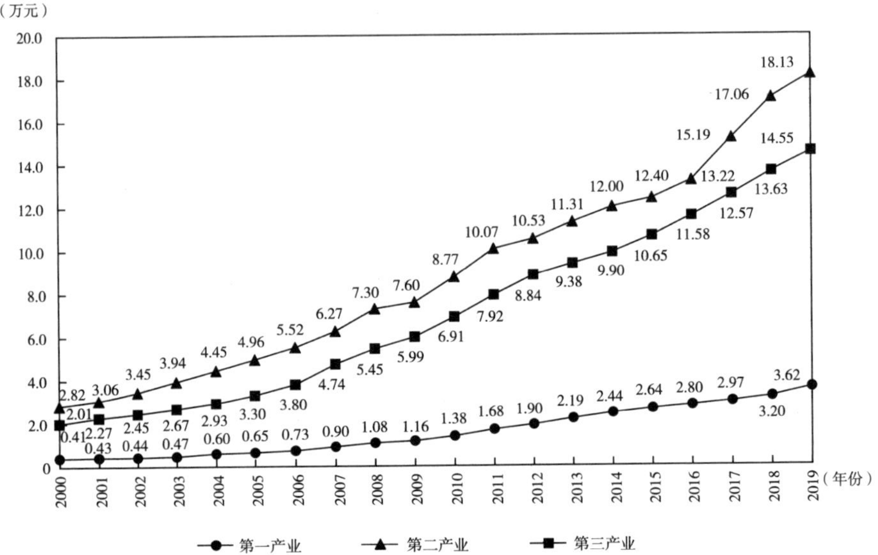

图 3-6　2000~2019 年全国三次产业的劳均 GDP 变化

资料来源：根据《中国统计年鉴》（2020）整理。

2000~2019 年，不管是对历年的劳均 GDP 水平而言还是整体增幅而言，江西省第二产业的劳均 GDP 水平和第三产业的劳均 GDP 水平均明显低于全国水平；而且除了 2000~2009 年江西省第一产业的劳均 GDP 高于全国水平之外，2010~2019 年江西省第一产业的劳均 GDP 也低于全国水平。与同时期的全国水平相比较，江西省第一产业的劳均 GDP 水平从 2000 年相当于全国水平的 122% 上升到 2003 年的 130%，然后持续下降到 2009 年的 104%，之后继续下降到 2019 年的 81%；江西省第二产业的劳均 GDP 水平从 2000 年相当于全国水平的 49%整体稳定地上升到 2014 年的 83%，而在之后的 2015~2019 年却下降到 2019 年的 70%；江西省第三产业的劳均 GDP 水平从 2000 年相当于全国水平的 68%总体下降到 2007 年的 50%，而在之后的 2008~2019 年稳定回升到 2013 年的 58%，进而持续提升到 2019 年的 76%。

二、三次产业的内部结构变化

（一）第一产业内部结构变化

总体而言，2000~2019 年，江西省第一产业内的农业、林业、牧业和渔业分别占农林牧渔业总产值的比重及其结构变化不大；除 2019 年之外，牧业占比总体上有所下降，而其他产业占比略有上升。农业占比在 2000~2019 年先减少，

到2008年进入一个平台区，在42%左右，2015年又跳出此平台，2015~2018年的占比与2000年占比基本相当且整体略高一些。林业占比最初从2000年的7.8%波动上升，到2018年达到10.1%，之后的2019年有所下降。牧业占比2000~2008年在29.9%~32.6%波动上升，但从2008年开始，除2011年之外，其比重整体呈现出波动下降的态势，到2018年下降到21.3%，但在2019年回升到25.5%。而渔业占比总体来说有所提高，从2000年的13.5%上升至2014年的14.9%，其后的2015~2018年除2016年之外基本保持稳定，2018年达到15.1%，但2019年回落到了13.7%。总的来说，江西省第一产业内部的农业占比存在明显的波动，林业占比有所提高，牧业占比总体下降，渔业占比稳中有升（见图3-7）。

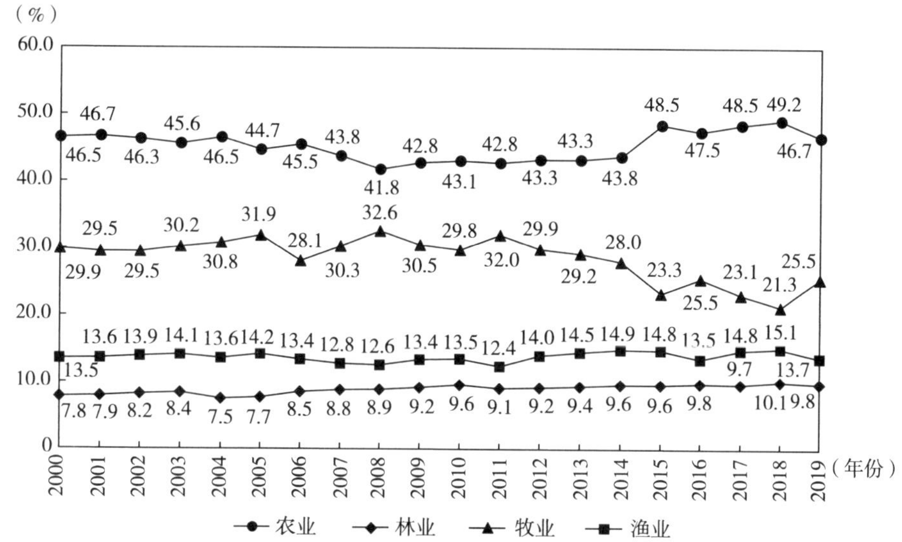

图3-7　2000~2019年江西省第一产业内部结构变化

资料来源：根据《江西统计年鉴》（2020）整理。

（二）第二产业内部结构变化

图3-8反映了2000~2019年期间江西省第二产业内部结构及其变化情况。

总体而言，2000~2019年期间，江西省第二产业内部结构有所优化，主要体现在制造业占第二产业GDP的比重大幅上升和建筑业占第二产业GDP的比重大幅下降，采矿业占第二产业GDP的比重整体上略有下降，电力、热力、燃气及水生产和供应业占第二产业GDP的比重整体上明显下降。具体而言，制造业所占比重呈现出先下降后上升的态势，且一直占据最大的比重，从2000年的

51.5%小幅下降至2003年的47.5%，之后基本上呈现出稳定上升的态势，2018年所占比重达到81.6%，2019年微弱下降至81.4%。建筑业所占比重则呈现出先上升后下降的态势，其绝对值仅次于制造业，但所占比重下降明显，从2000年的36.9%先持续上升至2003年的43.3%，之后基本上呈现出不断下降的态势，2018年仅为13.1%，2019年小幅回升到13.8%。采矿业所占比重比较小且整体上略有下降，先从2000年的3.2%上升至2007年的5.7%，之后基本上不断下降，到2019年仅为2.2%。电力、热力、燃气及水生产和供应业所占比重基本呈现出波动下降的态势，从2000年的8.4%下降至2019年的2.6%。

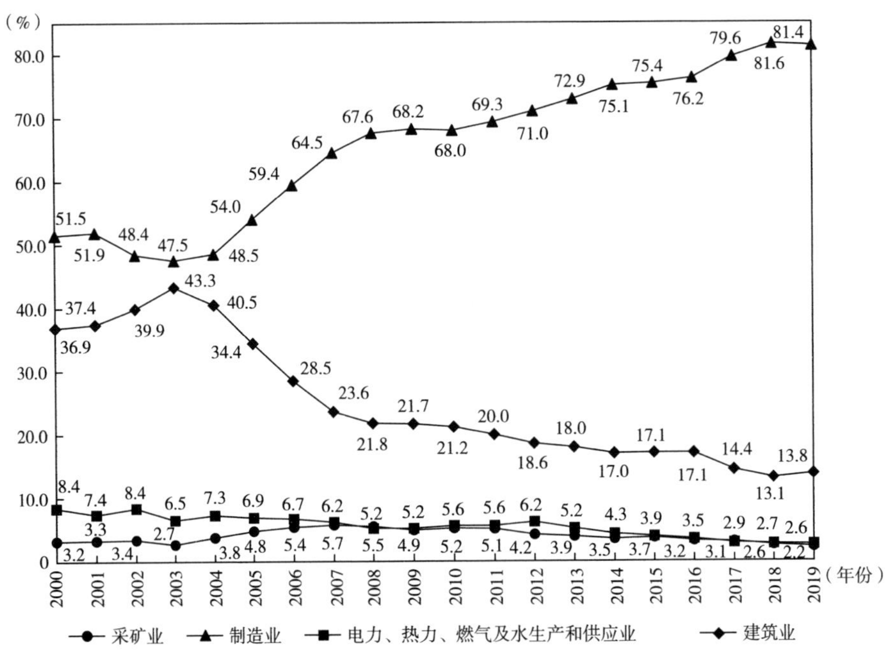

图3-8　2000~2019年江西省第二产业内部结构变化

资料来源：根据《江西统计年鉴》（2020）整理。

（三）第三产业内部结构变化

图3-9反映了2000~2019年江西省第三产业内部结构及其变化情况。

总体而言，2000~2019年，江西省第三产业内部结构有所优化。具体而言，传统服务业（包括交通运输、仓储和邮政业，批发零售和住宿餐饮业）占第三产业GDP的比重总体上有明显的下降，共下降了15.2个百分点；先从2000年的46.1%小幅上升至2003年的48.2%，之后则基本上呈现出稳定下降的态势，从2003年的48.2%下降至2019年的30.9%，2013~2019年下降了17.3个百分

点。金融业占第三产业 GDP 的比重则呈现出先下降后上升的态势，总体上小幅上升了 1.8 个百分点；先从 2000 年的 11.4%持续下降至 2005 年、2006 年的 5.0%，下降了 6.4 个百分点，之后的 2006~2019 年呈现出持续上升的态势，从 2006 年的 5.0%上升至 2019 年的 13.2%，上升了 8.2 个百分点。其他服务业占第三产业 GDP 的比重呈现出波动上升的态势，总体上增加了 13.4 个百分点，先从 2000 年的 42.5%持续上升至 2008 年的 53.5%，之后持续回落至 2014 年的 49.7%，然后再持续上升至 2019 年的 55.9%。

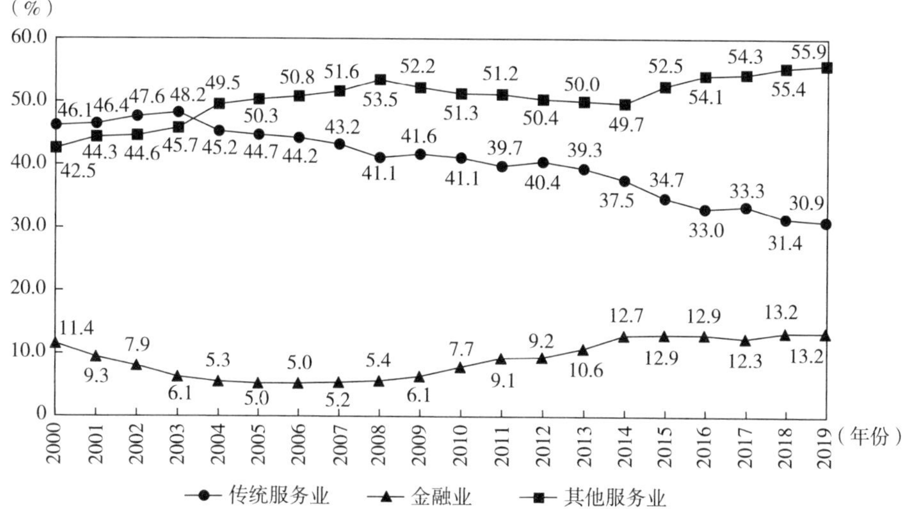

图 3-9　2000~2019 年江西省第三产业内部结构变化

资料来源：根据《江西统计年鉴》（2020）整理。

第四章　产业发展与产业集群

进入 21 世纪以来，在“工业立省”发展战略的指引下，江西省加快工业园区建设与发展步伐，绿色食品产业、有色金属产业、纺织服装业、电子信息产业、光伏产业、新能源产业等产业初步具有一定的发展优势，为江西经济社会发展奠定了良好的产业发展基础；同时，江西省努力加强了工业园区和产业集群发展规划，积极承接产业转移，确立了一些代表性产业集群发展，并初步形成产业空间布局的基本格局，为江西省经济的持续发展打下了坚实的产业基础。

第一节　主导产业发展情况

一、主导产业选择的方法与指标

（一）区域主导产业的选择方法

区域主导产业选择方法可分为传统型选择方法和创新型选择方法。传统型方法是先构建主导产业选择基准指标体系，然后直接运用多元统计分析方法测算数据，接着得分、排名、选出主导产业，如因子分析法、灰色关联分析法、主成分分析法和数据包络分析（Data Envelopment Analysis，DEA）法等；创新型方法是将主导产业的特点与模型应用特点融合，如将模糊优选模型与一般评价模型结合，或利用投入产出分析表，计算每个产业感应系数和影响系数，最后将感应系数及影响系数较大的产业作为主导产业等。有的则分为参数模型方法和非参数数据包络方法，前者包括层次分析法、主成分分析法、偏离±份额法等，后者即 DEA 法。

（二）区域主导产业的选择指标

反映产业增长潜力的指标有需求收入弹性系数和增加值规模。反映产业关联度的指标有感应度系数（又称前向联系系数）、影响力系数（又称后向联系系数）和产业辐射力系数。反映技术进步及科技含量的指标有全要素生产率和技

术进步贡献率，此外，还有科技经费比率、新产品销售收入比率、科技人员比率来反映科技方面的投入及发展情况。反映动态比较优势的指标有区位熵。反映产业吸纳劳动就业人员情况的指标有百元增加值对应从业人员。此外，产业经济效益和增长质量方面有市场占有率、利税增长率，分别反映某产业在全国同类产业中所占的份额及经济效益；对外开放程度方面有出口规模和出口依存度，反映某产业对外开放程度和出口依赖程度；可持续发展方面有能源消耗产值率和三废治理系数，反映某产业的节约能源程度和污染程度。

（三）江西省主导产业选择

鉴于主导产业的选择方法众多，指标各异，考虑到数据的可获得性，在此，选用较为常用的区位熵指标来遴选江西省的主导产业。

区位熵的计算公式如下：

$$LQ_{ij}=\frac{q_{ij}/q_j}{q_i/q}。$$

其中，LQ_{ij} 为 j 地区 i 产业的区位熵，q_{ij} 为 j 地区 i 产业的相关指标（例如，增加值、主营业务收入、就业人数等），q_j 为 j 地区所有产业的相关指标，q_i 为全国范围内 i 产业的相关指标，q 为全国所有产业的相关指标。

部分行业在 2012 年之前和之后的名称略有不同，因而，在结果中给出不同的部分，而省略相同的部分。从 2010~2016 年江西省各工业行业的主营业务收入的区位熵情况（见表 4-1）来看，只有有色金属矿采选业，非金属矿采选业，纺织服装、鞋、帽制造业（纺织服装、服饰业），皮革、毛皮、羽毛（绒）及其制品业，印刷业和记录媒介的复制（印刷和记录媒介复制业），文教体育用品制造业（文教、工美、体育和娱乐用品制造业），医药制造业，非金属矿物制品业，有色金属冶炼及压延加工业和电气机械及器材制造业的区位熵一直大于 1，故而列为主导产业。

表 4-1　江西省规模以上工业行业的区位熵（2010~2016 年）

行业	2010 年	2011 年	2012 年	2013 年	2014 年	2015 年	2016 年
煤炭开采和洗选业	0.41	0.29	0.25	0.22	0.22	0.23	0.17
黑色金属矿采选业	1.05	0.94	0.91	0.79	0.80	0.97	1.01
有色金属矿采选业	2.41	2.66	2.64	2.41	2.37	2.16	2.23
非金属矿采选业	1.79	1.26	1.13	1.36	1.55	1.65	1.92
农副食品加工业	0.94	0.87	0.92	0.92	0.97	1.01	1.02
食品制造业	1.06	0.89	0.93	0.90	0.88	0.84	0.81

续表

<table>
<tr><th colspan="2">行业</th><th>2010 年</th><th>2011 年</th><th>2012 年</th><th>2013 年</th><th>2014 年</th><th>2015 年</th><th>2016 年</th></tr>
<tr><td colspan="2">饮料制造业（酒、饮料和精制茶制造业）</td><td>0.70</td><td>0.62</td><td>0.67</td><td>0.67</td><td>0.69</td><td>0.64</td><td>0.59</td></tr>
<tr><td colspan="2">烟草制品业</td><td>0.82</td><td>0.74</td><td>0.75</td><td>0.72</td><td>0.72</td><td>0.72</td><td>0.68</td></tr>
<tr><td colspan="2">纺织业</td><td>0.91</td><td>0.92</td><td>0.81</td><td>0.84</td><td>0.94</td><td>0.96</td><td>0.96</td></tr>
<tr><td colspan="2">纺织服装、鞋、帽制造业（纺织服装、服饰业）</td><td>1.32</td><td>1.39</td><td>1.81</td><td>1.96</td><td>2.12</td><td>2.08</td><td>1.96</td></tr>
<tr><td colspan="2">皮革、毛皮、羽毛（绒）及其制品业</td><td>1.15</td><td>1.21</td><td>1.24</td><td>1.29</td><td>1.32</td><td>1.29</td><td>1.31</td></tr>
<tr><td colspan="2">木材加工及木、竹、藤、棕、草制品业</td><td>1.48</td><td>1.29</td><td>1.31</td><td>1.16</td><td>1.07</td><td>0.99</td><td>0.96</td></tr>
<tr><td colspan="2">家具制造业</td><td>0.84</td><td>0.76</td><td>0.85</td><td>0.78</td><td>0.88</td><td>1.01</td><td>1.23</td></tr>
<tr><td colspan="2">造纸及纸制品业</td><td>0.81</td><td>0.81</td><td>0.87</td><td>0.78</td><td>0.82</td><td>0.82</td><td>0.82</td></tr>
<tr><td colspan="2">印刷和记录媒介复制业（印刷业和记录媒介的复制）</td><td>1.27</td><td>1.15</td><td>1.16</td><td>1.73</td><td>1.60</td><td>1.51</td><td>1.37</td></tr>
<tr><td colspan="2">文教体育用品制造业（文教、工美、体育和娱乐用品制造业）</td><td>1.13</td><td>1.25</td><td>1.15</td><td>1.38</td><td>1.14</td><td>1.16</td><td>1.20</td></tr>
<tr><td colspan="2">石油加工、炼焦及核燃料加工业</td><td>0.61</td><td>0.53</td><td>0.54</td><td>0.52</td><td>0.48</td><td>0.48</td><td>0.52</td></tr>
<tr><td colspan="2">化学原料及化学制品制造业</td><td>1.11</td><td>1.24</td><td>1.16</td><td>0.98</td><td>0.97</td><td>0.95</td><td>0.94</td></tr>
<tr><td colspan="2">医药制造业</td><td>1.95</td><td>1.86</td><td>1.83</td><td>1.64</td><td>1.58</td><td>1.51</td><td>1.44</td></tr>
<tr><td colspan="2">化学纤维制造业</td><td>0.38</td><td>0.39</td><td>0.41</td><td>0.40</td><td>0.39</td><td>0.41</td><td>0.37</td></tr>
<tr><td>橡胶制品业</td><td rowspan="2">（橡胶和塑料制品业）</td><td>0.54</td><td>0.50</td><td rowspan="2">0.70</td><td rowspan="2">0.68</td><td rowspan="2">0.70</td><td rowspan="2">0.72</td><td rowspan="2">0.76</td></tr>
<tr><td>塑料制品业</td><td>0.70</td><td>0.76</td></tr>
<tr><td colspan="2">非金属矿物制品业</td><td>1.66</td><td>1.56</td><td>1.61</td><td>1.56</td><td>1.56</td><td>1.54</td><td>1.55</td></tr>
<tr><td colspan="2">黑色金属冶炼及压延加工业</td><td>0.90</td><td>0.91</td><td>0.73</td><td>0.70</td><td>0.69</td><td>0.68</td><td>0.70</td></tr>
<tr><td colspan="2">有色金属冶炼及压延加工业</td><td>4.67</td><td>4.79</td><td>4.78</td><td>4.63</td><td>4.34</td><td>4.05</td><td>3.90</td></tr>
<tr><td colspan="2">金属制品业</td><td>0.64</td><td>0.63</td><td>0.59</td><td>0.61</td><td>0.66</td><td>0.65</td><td>0.67</td></tr>
<tr><td colspan="2">通用设备制造业</td><td>0.35</td><td>0.45</td><td>0.46</td><td>0.51</td><td>0.50</td><td>0.54</td><td>0.56</td></tr>
<tr><td colspan="2">专用设备制造业</td><td>0.40</td><td>0.39</td><td>0.44</td><td>0.46</td><td>0.47</td><td>0.49</td><td>0.48</td></tr>
<tr><td rowspan="2">交通运输设备制造业</td><td>（汽车制造业）</td><td rowspan="2">0.65</td><td rowspan="2">0.65</td><td>0.58</td><td>0.57</td><td>0.58</td><td>0.57</td><td>0.58</td></tr>
<tr><td>（铁路、船舶、航空航天和其他运输设备制造业）</td><td>0.68</td><td>0.69</td><td>0.30</td><td>0.23</td><td>0.24</td></tr>
<tr><td colspan="2">电气机械及器材制造业</td><td>1.24</td><td>1.06</td><td>1.10</td><td>1.26</td><td>1.28</td><td>1.34</td><td>1.36</td></tr>
</table>

续表

行业	2010年	2011年	2012年	2013年	2014年	2015年	2016年
通信设备、计算机及其他电子设备制造业	0.34	0.41	0.43	0.45	0.49	0.50	0.58
仪器仪表及文化、办公用机械制造业（仪器仪表制造业）	0.50	0.59	0.51	0.44	0.44	0.50	0.53
废弃资源和废旧材料回收加工业（废弃资源综合利用业）	0.69	0.79	0.78	0.93	1.20	1.27	1.30
电力、热力的生产和供应业	0.83	0.79	0.72	0.73	6.79	0.64	0.52
燃气生产和供应业	0.44	0.48	0.53	0.53	4.96	0.59	0.64
水的生产和供应业	0.93	1.08	1.02	1.01	1.02	1.00	1.00

注：行业名称中括号内的表达为2012年之后的行业分类表达。

资料来源：根据《中国统计年鉴》（2011~2017）和《江西统计年鉴》（2011~2017）整理。

总体而言，根据表4-2，江西省第一产业内的农业、林业、渔业基于增加值计算的区位熵均有增长，牧业有微弱的下降。江西省第一产业中的农业在2000~2016年的区位熵均小于1。牧业的区位熵从2000年的0.91下降到2009年的0.86，2010年略微上升至0.92，但2015年有明显的下降，2016年有小幅度的上升。因此，农业和牧业都不列为主导产业；林业和渔业的区位熵均大于1，故列为主导产业。

表4-2　2000~2016年江西省第一产业各产业的区位熵

年份	农业	林业	牧业	渔业	年份	农业	林业	牧业	渔业
2000	0.75	1.88	0.91	1.12	2009	0.78	2.14	0.86	1.32
2001	0.76	1.98	0.87	1.13	2010	0.76	2.34	0.92	1.36
2002	0.74	1.90	0.84	1.12	2011	0.78	2.16	0.94	1.25
2003	0.79	1.75	0.82	1.16	2012	0.78	2.17	0.91	1.34
2004	0.85	1.87	0.84	1.25	2013	0.77	2.12	0.92	1.36
2005	0.79	1.86	0.83	1.23	2014	0.77	2.08	0.92	1.37
2006	0.78	1.95	0.86	1.24	2015	0.85	2.09	0.77	1.35
2007	0.81	2.11	0.85	1.31	2016	0.86	2.13	0.85	1.26
2008	0.81	2.17	0.86	1.31					

资料来源：根据《中国统计年鉴》（2011~2017）和《江西统计年鉴》（2011~2017）整理。

二、江西省主导产业现状

（一）有色金属矿采选业

（1）资产份额不断增加。从2010~2016年的全国与江西省的有色金属矿采选业的资产情况（见表4-3）来看，2010年江西省有色金属矿采选业的资产为135.26亿元，到2016年资产增加为293.05亿元，其间2013年增长速度有所减缓，2014~2016年又以较高速度持续增长，年均增长率高于同期全国水平；同时，江西省有色金属矿采选业资产占全国的比重也在不断提升，由2010年的4.39%增长为2016年的4.98%，总体呈波动上升态势。

表4-3 全国与江西省的有色金属矿采选业的资产情况

单位：亿元，%

年份	全国	江西省	全国增长率	江西省增长率	江西省占全国的比重
2010	3083.47	135.26	—	—	4.39
2011	3557.85	183.16	15.38	35.41	5.15
2012	4158.91	211.92	16.89	15.70	5.10
2013	4620.55	224.25	11.10	5.82	4.85
2014	5313.01	248.66	14.99	10.88	4.68
2015	5829.68	274.20	9.72	10.27	4.70
2016	5884.61	293.05	0.94	6.87	4.98

资料来源：根据《中国统计年鉴》（2011~2017）和《江西统计年鉴》（2011~2017）整理。

（2）负债增长逐渐放缓。江西省有色金属矿采选业的负债增长率呈波动下降态势，2011年全国的负债增长率为16.66%，江西省的负债增长率为37.95%，远高于同期全国水平，2013年江西省有色金属矿采选业负债出现负增长，其增长率达-14.27%，2016年其负债增长率为6.71%，与2010年相比，下降幅度较大，负债情况有明显改善（见表4-4、表4-5）。

表4-4 全国与江西省的有色金属矿采选业的负债情况

单位：亿元，%

年份	全国	江西省	全国增长率	江西省增长率	江西省占全国的比重
2010	1445.01	58.40	—	—	4.04
2011	1685.82	80.55	16.66	37.95	4.78
2012	1997.97	113.39	18.52	40.77	5.68
2013	2293.95	97.21	14.81	-14.27	4.24
2014	2698.52	113.95	17.64	17.21	4.22

续表

年份	全国	江西省	全国增长率	江西省增长率	江西省占全国的比重
2015	3055.33	128.63	13.22	12.89	4.21
2016	3140.91	137.27	2.80	6.71	4.37

资料来源：根据《中国统计年鉴》（2011~2017）和《江西统计年鉴》（2011~2017）整理。

表 4-5　全国与江西省的有色金属矿采选业的资产的负债占比情况　单位：%

年份	2010	2011	2012	2013	2014	2015	2016
全国	46.86	47.38	48.04	49.65	50.79	52.41	53.37
江西省	43.17	43.98	53.51	43.35	45.82	46.91	46.84

资料来源：根据《中国统计年鉴》（2011~2017）和《江西统计年鉴》（2011~2017）整理。

（3）在全国的利润占比不断提升。江西省有色金属矿采选业的利润 2010 年为 18.66 亿元，同期全国相应产业的利润为 572.05 亿元，占比为 3.26%。2012 年略有下降，后又呈不断上升态势。2016 年江西省有色金属矿采选业的利润达 27.64 亿元，同期全国相应产业的利润为 458.75 亿元，占比为 6.03%，增长显著（见表 4-6）。

表 4-6　全国与江西省的有色金属矿采选业的利润情况

单位：亿元，%

年份	全国	江西省	全国增长率	江西省增长率	江西省占全国的比重
2010	572.05	18.66	—	—	3.26
2011	815.07	40.67	42.48	117.92	4.99
2012	787.24	35.50	-3.41	-12.73	4.51
2013	627.97	30.12	-20.23	-15.15	4.80
2014	582.46	30.11	-7.25	-0.04	5.17
2015	450.82	23.68	-22.60	-21.35	5.25
2016	458.75	27.64	1.76	16.75	6.03

资料来源：根据《中国统计年鉴》（2011~2017）和《江西统计年鉴》（2011~2017）整理。

（4）从业人员数量有所减少。江西省有色金属矿采选业 2010 年从业人员数为 3.29 万人，到 2012 年增长为 3.78 万人，增长率为 9.80%。从 2013 年开始从业人员数量出现负增长，到 2016 年从业人员数量减少为 3.47 万人，增长率为 -1.74%。同期全国相应产业的从业人员数量也由 2010 年的 55.40 万人减少至 2016 年的 44.45 万人，下降速度比江西省略快（见表 4-7）。

表 4-7 全国与江西省的有色金属矿采选业的从业人员情况

单位：万人，%

年份	全国	江西省	全国增长率	江西省增长率	江西省占全国的比重
2010	55.40	3.29	—	—	5.93
2011	53.37	3.44	-3.66	4.70	6.45
2012	—	3.78	—	9.80	—
2013	—	3.69	—	-2.35	—
2014	53.86	3.62	—	-2.01	6.72
2015	49.90	3.53	-7.34	-2.35	7.08
2016	44.45	3.47	-10.92	-1.74	7.81

注：2012 年、2013 年全国数据有缺失。

资料来源：根据《中国统计年鉴》（2011~2017）和《江西统计年鉴》（2011~2017）整理。

（二）非金属矿采选业

（1）资产保持较快增长。江西省非金属矿采选业 2010 年资产为 50.37 亿元，2016 年资产为 220.95 亿元，2010~2016 年增长率最高为 97.31%。同期全国相应产业资产分别为 1882.30 亿元和 3995.55 亿元，2010~2016 年增长率最高为 25.07%，江西省平均增长率要高于全国水平，资产保持较快增长速度。同时，江西省非金属矿采选业占全国的比重也有较大幅提升（见表 4-8）。

表 4-8 全国与江西省的非金属矿采选业的资产情况 单位：亿元，%

年份	全国	江西省	全国增长率	江西省增长率	江西省占全国的比重
2010	1882.30	50.37	—	—	2.68
2011	2120.85	46.94	12.67	-6.81	2.21
2012	2623.15	56.23	23.68	19.79	2.14
2013	2971.35	110.95	13.27	97.31	3.73
2014	3716.12	136.23	25.07	22.79	3.67
2015	4110.94	195.27	10.62	43.33	4.75
2016	3995.55	220.95	-2.81	13.15	5.53

资料来源：根据《中国统计年鉴》（2011~2017）和《江西统计年鉴》（2011~2017）整理。

（2）负债占比明显下降。江西省非金属矿采选业 2010 年负债为 18.83 亿元，2016 年负债为 70.12 亿元，同期全国相应产业负债分别为 868.74 亿元和 1881.99 亿元。资产负债占比由 2010 年的 37.39%发展为 2016 年的 31.74%，负债占比明显下降，负债情况有显著改善（见表 4-9、表 4-10）。

表 4-9　全国与江西省的非金属矿采选业的负债情况　单位：亿元，%

年份	全国	江西省	全国增长率	江西省增长率	江西省占全国的比重
2010	868.74	18.83	—	—	2.17
2011	958.14	16.41	10.29	-12.86	1.71
2012	1235.91	21.61	28.99	31.66	1.75
2013	1417.43	41.78	14.69	93.37	2.95
2014	1726.03	46.85	21.77	12.14	2.71
2015	1903.75	68.07	10.30	45.30	3.58
2016	1881.99	70.12	-1.14	3.01	3.73

资料来源：根据《中国统计年鉴》（2011~2017）和《江西统计年鉴》（2011~2017）整理。

表 4-10　全国与江西省的非金属矿采选业的资产的负债占比情况　单位：%

年份	2010	2011	2012	2013	2014	2015	2016
江西省	37.39	34.96	38.42	37.65	34.39	34.86	31.74
全国	46.15	45.18	47.12	47.7	46.45	46.31	47.10

资料来源：根据《中国统计年鉴》（2011~2017）和《江西统计年鉴》（2011~2017）整理。

（3）产业利润大幅提升。江西省非金属矿采选业利润 2010 年为 7.65 亿元，到 2016 年增长为 29.22 亿元，其利润增长率从 2011 年的 3.51%提升为 2016 年的 23.76%，最高增长率达 101.90%，同期内全国相应产业的利润增长率最高为 29.69%，江西省平均增长速度远高于全国平均长平，产业利润增长迅速（见表 4-11）。

表 4-11　全国与江西省的非金属矿采选业的利润情况　单位：亿元，%

年份	全国	江西省	全国增长率	江西省增长率	江西省占全国的比重
2010	276.16	7.65	—	—	2.77
2011	358.14	7.91	29.69	3.51	2.21
2012	384.75	7.71	7.43	-2.56	2.00
2013	389.88	15.57	1.33	101.90	3.99
2014	413.42	20.26	6.04	30.15	4.90
2015	422.24	23.61	2.13	16.49	5.59
2016	405.70	29.22	-3.92	23.76	7.20

资料来源：根据《中国统计年鉴》（2011~2017）和《江西统计年鉴》（2011~2017）整理。

（4）从业人员数量有一定增长。江西省非金属矿采选业从业人员数量2010年为1.50万人，到2016年增长为2.12万人，同期全国相应产业的从业人员数量分别为56.54万人和53.12万人，江西省占全国的比重由2.65%提升为3.99%，产业从业人员数量有一定增长（见表4-12）。

表4-12　全国与江西省的非金属矿采选业的从业人员情况

单位：万人，%

年份	全国	江西省	全国增长率	江西省增长率	江西省占全国的比重
2010	56.54	1.50	—	—	2.65
2011	53.53	1.15	-5.32	-23.40	2.14
2012	—	1.17	—	2.34	—
2013	—	1.57	—	33.46	—
2014	58.19	1.86	—	18.85	3.20
2015	57.06	1.94	-1.95	4.39	3.41
2016	53.12	2.12	-6.91	8.94	3.99

注：2012年、2013年全国数据有缺失。
资料来源：根据《中国统计年鉴》（2011~2017）和《江西统计年鉴》（2011~2017）整理。

（三）纺织服装、服饰业

（1）资产在全国占比不断提高。江西省纺织服装、服饰业资产2010年为113.99亿元，同期全国相应产业资产为7026.08亿元，占全国的比重为1.62%。到2016年江西省纺织服装、服饰业资产达590.93亿元，同期全国相应产业资产为13748.08亿元，占全国的比重为4.30%。资产份额有较大增长，占全国的比重有显著提高（见表4-13）。

表4-13　全国与江西省的纺织服装、服饰业的资产情况

单位：亿元，%

年份	全国	江西省	全国增长率	江西省增长率	江西省占全国的比重
2010	7026.08	113.99	—	—	1.62
2011	7468.30	108.62	6.29	-4.70	1.45
2012	9985.24	190.01	33.70	74.92	1.90
2013	11020.61	263.11	10.37	38.48	2.39
2014	12282.08	418.96	11.45	59.23	3.41
2015	13043.73	551.67	6.20	31.68	4.23
2016	13748.08	590.93	5.40	7.12	4.30

资料来源：根据《中国统计年鉴》（2011~2017）和《江西统计年鉴》（2011~2017）整理。

（2）负债增长率长期居高。江西省纺织服装、服饰业 2010 年负债为 44.87 亿元，同期全国相应产业负债为 3590.59 亿元，占全国比重为 1.25%。到 2016 年江西省纺织服装、服饰业负债增长为 188.71 亿元，同期全国相应产业负债为 6334.57 亿元，占全国比重为 2.98%。其间江西省最高增长率达 54.59%，远高于全国增长速度（见表 4-14、表 4-15）。

表 4-14　全国与江西省的纺织服装、服饰业的负债情况

单位：亿元，%

年份	全国	江西省	全国增长率	江西省增长率	江西省占全国的比重
2010	3590.59	44.87	—	—	1.25
2011	3924.54	42.85	9.30	-4.50	1.09
2012	5137.83	66.24	30.92	54.59	1.29
2013	5565.54	94.09	8.32	42.05	1.69
2014	5880.70	121.96	5.66	29.63	2.07
2015	6137.11	161.73	4.36	32.60	2.64
2016	6334.57	188.71	3.22	16.69	2.98

资料来源：根据《中国统计年鉴》（2011~2017）和《江西统计年鉴》（2011~2017）整理。

表 4-15　全国与江西省的纺织服装、服饰业的资产的负债占比情况

单位：%

年份	2010	2011	2012	2013	2014	2015	2016
江西省	39.36	39.44	34.86	35.76	29.11	29.32	31.93
全国	51.10	52.55	51.45	50.5	47.88	47.05	46.08

资料来源：根据《中国统计年鉴》（2011~2017）和《江西统计年鉴》（2011~2017）整理。

（3）利润变化波动较大。江西省纺织服装、服饰业 2010 年利润为 18.08 亿元，2016 年利润为 56.49 亿元，期间最高增长率达 75.24%，最低为-43.59%，产业利润变化存在较大幅度的波动。同时，江西省纺织服装、服饰业利润占全国的比重在不同年份也存在较大差异（见表 4-16）。

表 4-16　全国与江西省的纺织服装、服饰业的利润情况

单位：亿元，%

年份	全国	江西省	全国增长率	江西省增长率	江西省占全国的比重
2010	851.91	18.08	—	—	2.12
2011	951.98	27.82	11.75	53.83	2.92
2012	1143.69	48.74	20.14	75.24	4.26

续表

年份	全国	江西省	全国增长率	江西省增长率	江西省占全国的比重
2013	1141.09	66.45	-0.23	36.32	5.82
2014	1335.86	88.07	17.07	32.54	6.59
2015	1363.03	100.15	2.03	13.71	7.35
2016	1428.29	56.49	4.79	-43.59	3.95

资料来源：根据《中国统计年鉴》（2011~2017）和《江西统计年鉴》（2011~2017）整理。

（4）从业人员数量有一定增加。江西省纺织服装、服饰业从业人员数量2010年为9.96万人，同期全国相应产业的从业人员数量为447.00万人，占全国的比重为2.23%。到2016年，其从业人员数量增长为13.60万人，同期全国相应产业的从业人员数量为430.49万人，占全国的比重为3.16%。江西省纺织服装、服饰业从业人员数量有一定增加，但各年份增长幅度存在一定差异（见表4-17）。

表4-17　全国与江西省的纺织服装、服饰业的从业人员情况

单位：万人，%

年份	全国	江西省	全国增长率	江西省增长率	江西省占全国的比重
2010	447.00	9.96	—	—	2.23
2011	382.41	9.34	-14.45	-6.16	2.44
2012	—	13.44	—	43.89	—
2013	—	15.15	—	12.69	—
2014	462.23	19.04	—	25.70	4.12
2015	449.49	19.87	-2.76	4.34	4.42
2016	430.49	13.60	-4.23	-31.57	3.16

注：2012年、2013年全国数据有缺失。

资料来源：根据《中国统计年鉴》（2011~2017）和《江西统计年鉴》（2011~2017）整理。

（四）皮革、毛皮、羽毛（绒）及其制品业

（1）资产金额显著增加。江西省皮革、毛皮、羽毛（绒）及其制品业2010年资产金额为57.34亿元，到2016年资产金额增长为254.26亿元，其间增长率最高达63.00%。同时期内全国相应产业资产增长率最高为31.42%，江西省皮革、毛皮、羽毛（绒）及其制品业资产平均增长率远高于全国平均水平（见表4-18）。

表 4-18　全国与江西省的皮革、毛皮、羽毛（绒）及其制品业的资产情况

单位：亿元，%

年份	全国	江西省	全国增长率	江西省增长率	江西省占全国的比重
2010	3907.44	57.34	—	—	1.47
2011	4260.10	61.63	9.03	7.49	1.45
2012	5598.74	100.46	31.42	63.00	1.79
2013	6094.77	131.24	8.86	30.63	2.15
2014	7013.90	167.03	15.08	27.27	2.38
2015	7323.85	214.75	4.42	28.57	2.93
2016	7396.26	254.26	0.99	18.40	3.44

资料来源：根据《中国统计年鉴》（2011~2017）和《江西统计年鉴》（2011~2017）整理。

（2）产业负债占全国比重逐年攀升。江西省皮革、毛皮、羽毛（绒）及其制品业负债2010年为18.65亿元，同期全国相应产业的负债为1987.83亿元，占全国比重为0.94%。自2011年开始占全国的比重逐年提升，到2016年其负债为84.21亿元，同期全国相应产业的负债为3327.29亿元，占全国的比重为2.53%（见表4-19、表4-20）。

表 4-19　全国与江西省的皮革、毛皮、羽毛（绒）及其制品业的负债情况

单位：亿元，%

年份	全国	江西省	全国增长率	江西省增长率	江西省占全国的比重
2010	1987.83	18.65	—	—	0.94
2011	2041.51	18.79	2.70	0.73	0.92
2012	2709.28	32.06	32.71	70.68	1.18
2013	2923.89	42.14	7.92	31.42	1.44
2014	3246.00	54.44	11.02	29.20	1.68
2015	3305.80	73.85	1.84	35.65	2.23
2016	3327.29	84.21	0.65	14.03	2.53

资料来源：根据《中国统计年鉴》（2011~2017）和《江西统计年鉴》（2011~2017）整理。

表 4-20　全国与江西省的皮革、毛皮、羽毛（绒）及其制品业的资产的负债占比情况

单位：%

年份	2010	2011	2012	2013	2014	2015	2016
江西省	32.52	30.48	31.91	32.11	32.59	34.39	33.12
全国	50.87	47.92	48.39	47.97	46.28	45.14	44.99

资料来源：根据《中国统计年鉴》（2011~2017）和《江西统计年鉴》（2011~2017）整理。

(3) 利润占全国比重明显提高。江西省皮革、毛皮、羽毛(绒)及其制品业利润2010年为13.69亿元,同期全国相应产业的利润为611.45亿元,占全国比重为2.24%。2011~2015年产业利润增长率最高达56.77%,同时期内全国相应产业的利润增长率最高仅为16.89%,江西省皮革、毛皮、羽毛(绒)及其制品业利润增长率远高于全国,占全国的比重也明显提高(见表4-21)。

表4-21 全国与江西省的皮革、毛皮、羽毛(绒)及其制品业的利润情况

单位:亿元,%

年份	全国	江西省	全国增长率	江西省增长率	江西省占全国的比重
2010	611.45	13.69	—	—	2.24
2011	714.70	18.35	16.89	34.01	2.57
2012	822.05	28.76	15.02	56.77	3.50
2013	818.67	37.57	-0.41	30.61	4.59
2014	949.57	47.87	15.99	27.43	5.04
2015	980.80	53.19	3.29	11.10	5.42
2016	988.07	—	0.74	—	—

注:2016年江西省数据有缺失。

资料来源:根据《中国统计年鉴》(2011~2017)和《江西统计年鉴》(2011~2017)整理。

(4) 从业人员数量的全国占比不断提高。江西省的皮革、毛皮、羽毛(绒)及其制品业的从业人员数量占全国的比重从2010年的3.38%上升至2015年的4.67%,且一直处于上升趋势中(见表4-22)。

表4-22 全国与江西省的皮革、毛皮、羽毛(绒)及其制品业的从业人员情况

单位:万人,%

年份	全国	江西省	全国增长率	江西省增长率	江西省占全国的比重
2010	276.37	9.34	—	—	3.38
2011	259.75	9.49	-6.01	1.64	3.65
2012	—	11.78	—	24.13	—
2013	—	11.82	—	0.34	—
2014	303.94	12.89	—	9.06	4.24
2015	293.94	13.71	-3.29	6.37	4.67
2016	274.64	—	-6.57	—	—

注:2012年、2013年全国数据有缺失,2016年江西省数据有缺失。

资料来源:根据《中国统计年鉴》(2011~2017)和《江西统计年鉴》(2011~2017)整理。

（五）木材加工及木、竹、藤、棕、草制品业

（1）资产保持较快增长。江西省木材加工及木、竹、藤、棕、草制品业资产2010年为101.31亿元，到2016年增长为237.49亿元，同期全国相应产业资产金额分别为3541.83亿元和6498.02亿元。2010~2016年，全国木材加工及木、竹、藤、棕、草制品业资产增长率最高为17.42%，江西省相应产业资产增长率最高为38.74%，平均增长水平远高于全国（见表4-23）。

表4-23　全国与江西省的木材加工及木、竹、藤、棕、草制品业的资产情况

单位：亿元，%

年份	全国	江西省	全国增长率	江西省增长率	江西省占全国的比重
2010	3541.83	101.31	—	—	2.86
2011	3797.46	95.73	7.22	-5.51	2.52
2012	4441.30	115.59	16.95	20.75	2.60
2013	5110.50	160.37	15.07	38.74	3.14
2014	6000.77	168.77	17.42	5.24	2.81
2015	6416.39	204.06	6.93	20.91	3.18
2016	6498.02	237.49	1.27	16.38	3.65

资料来源：根据《中国统计年鉴》（2011~2017）和《江西统计年鉴》（2011~2017）整理。

（2）资产负债占比明显下降。江西省木材加工及木、竹、藤、棕、草制品业2010年负债额为41.41亿元，资产负债占比为40.88%。到2016年江西省木材加工及木、竹、藤、棕、草制品业负债额为82.26亿元，资产负债占比为34.64%，资产负债占比下降较为显著（见表4-24、表4-25）。

表4-24　全国与江西省的木材加工及木、竹、藤、棕、草制品业的负债情况

单位：亿元，%

年份	全国	江西省	全国增长率	江西省增长率	江西省占全国的比重
2010	1642.72	41.41	—	—	2.52
2011	1724.32	38.44	4.97	-7.17	2.23
2012	2002.10	45.51	16.11	18.38	2.27
2013	2235.55	71.26	11.66	56.59	3.19
2014	2552.02	63.77	14.16	-10.52	2.50
2015	2701.13	76.75	5.84	20.36	2.84
2016	2632.30	82.26	-2.55	7.18	3.13

资料来源：根据《中国统计年鉴》（2011~2017）和《江西统计年鉴》（2011~2017）整理。

表 4-25　全国与江西省的木材加工及木、竹、藤、棕、草制品业的资产的负债占比情况

单位：%

年份	2010	2011	2012	2013	2014	2015	2016
江西省	40.88	40.16	39.37	44.44	37.78	37.61	34.64
全国	46.38	45.41	45.08	43.74	42.53	42.10	40.51

资料来源：根据《中国统计年鉴》（2011~2017）和《江西统计年鉴》（2011~2017）整理。

（3）产业利润显著提升。江西省木材加工及木、竹、藤、棕、草制品业2010年利润金额为14.18亿元，同期全国相应产业的利润为515.27亿元，占全国的比重为2.75%。到2016年江西省木材加工及木、竹、藤、棕、草制品业利润增长为35.22亿元，同期全国相应产业的利润为905.18亿元，占全国的比重为3.89%。产业利润金额和占全国的比重均有较大幅度的增长（见表4-26）。

表 4-26　全国与江西省的木材加工及木、竹、藤、棕、草制品业的利润情况

单位：亿元，%

年份	全国	江西省	全国增长率	江西省增长率	江西省占全国的比重
2010	515.27	14.18	—	—	2.75
2011	643.39	16.69	24.86	17.76	2.59
2012	740.15	22.13	15.04	32.59	2.99
2013	810.74	28.13	9.54	27.11	3.47
2014	875.08	30.68	7.94	9.07	3.51
2015	874.09	30.74	-0.11	0.17	3.52
2016	905.18	35.22	3.56	14.58	3.89

资料来源：根据《中国统计年鉴》（2011~2017）和《江西统计年鉴》（2011~2017）整理。

（4）从业人员数量有一定减少。江西省木材加工及木、竹、藤、棕、草制品业2010年从业人员为5.00万人，同期全国相应产业从业人员为142.29万人，占全国的比重为3.51%。到2016年江西省木材加工及木、竹、藤、棕、草制品业从业人员数量为4.33万人，同期全国相应产业从业人员为139.33万人，占全国的比重为3.11%，从业人员数量和占全国的比重均有一定程度的下降（见表4-27）。

表 4-27　全国与江西省的木材加工及木、竹、藤、棕、草制品业的从业人员情况

单位：万人，%

年份	全国	江西省	全国增长率	江西省增长率	江西省占全国的比重
2010	142.29	5.00	—	—	3.51

续表

年份	全国	江西省	全国增长率	江西省增长率	江西省占全国的比重
2011	128.68	4.22	-9.56	-15.54	3.28
2012	—	4.40	—	4.32	—
2013	—	4.17	—	-5.21	—
2014	142.30	4.43	—	6.25	3.11
2015	140.78	4.37	-1.07	-1.42	3.10
2016	139.33	4.33	-1.03	-0.96	3.11

注：2012 年、2013 年全国数据有缺失。

资料来源：根据《中国统计年鉴》（2011~2017）和《江西统计年鉴》（2011~2017）整理。

（六）印刷业和记录媒介的复制

（1）资产占全国的比重不断提高。江西省印刷业和记录媒介的复制 2010 年资产为 57.34 亿元，同期全国相应产业的资产为 3216.39 亿元，占全国的比重为 1.78%。到 2016 年江西省印刷业和记录媒介的复制的资产增长为 232.51 亿元，同期全国相应产业的资产为 5941.04 亿元，占全国的比重为 3.91%，资产增长较为明显（见表 4-28）。

表 4-28　全国与江西省的印刷业和记录媒介的复制的资产情况

单位：亿元，%

年份	全国	江西省	全国增长率	江西省增长率	江西省占全国的比重
2010	3216.39	57.34	—	—	1.78
2011	3147.31	60.49	-2.15	5.49	1.92
2012	3780.74	78.95	20.13	30.51	2.09
2013	4306.46	125.53	13.91	59.00	2.91
2014	5133.43	152.51	19.20	21.50	2.97
2015	5529.08	203.76	7.71	33.60	3.69
2016	5941.04	232.51	7.45	14.11	3.91

资料来源：根据《中国统计年鉴》（2011~2017）和《江西统计年鉴》（2011~2017）整理。

（2）负债增长率较高。江西省印刷业和记录媒介的复制 2010 年负债为 19.13 亿元，同期全国相应产业的负债为 1536.35 亿元。到 2016 年江西省印刷业和记录媒介的复制的负债为 67.10 亿元，同期全国相应产业的负债为 2553.04 亿元。2010~2016 年，江西省印刷业和记录媒介的复制负债增长率最高为 87.63%，全国相应产业的负债增长率最高为 21.15%，江西省平均增长率远高于全国水平（见表4-29、表4-30）。

表4-29　全国与江西省的印刷业和记录媒介的复制的负债情况

单位：亿元，%

年份	全国	江西省	全国增长率	江西省增长率	江西省占全国的比重
2010	1536.35	19.13	—	—	1.25
2011	1499.55	17.97	-2.40	-6.07	1.20
2012	1816.65	20.78	21.15	15.59	1.14
2013	2034.24	38.98	11.98	87.63	1.92
2014	2341.32	37.55	15.10	-3.67	1.60
2015	2408.40	53.98	2.87	43.75	2.24
2016	2553.04	67.10	6.01	24.31	2.63

资料来源：根据《中国统计年鉴》（2011~2017）和《江西统计年鉴》（2011~2017）整理。

表4-30　全国与江西省的印刷业和记录媒介的复制的资产的负债占比情况

单位：%

年份	2010	2011	2012	2013	2014	2015	2016
江西省	33.37	29.71	26.32	31.05	24.62	26.49	28.86
全国	47.77	47.65	48.05	47.24	45.61	43.56	42.97

资料来源：根据《中国统计年鉴》（2011~2017）和《江西统计年鉴》（2011~2017）整理。

（3）利润增长速度较快。江西省印刷业和记录媒介的复制2010年利润额为8.41亿元，同期全国相应产业的利润额为309.20亿元。到2016年，江西省印刷业和记录媒介的复制利润增长为28.49亿元，同期全国相应产业的利润额为575.22亿元，增长速度高于全国整体水平（见表4-31）。

表4-31　全国与江西省的印刷业和记录媒介的复制的利润情况

单位：亿元，%

年份	全国	江西省	全国增长率	江西省增长率	江西省占全国的比重
2010	309.20	8.41	—	—	2.72
2011	349.78	9.44	13.12	12.24	2.70
2012	397.85	12.38	13.74	31.14	3.11
2013	420.08	21.46	5.59	73.31	5.11
2014	550.58	24.00	31.07	11.81	4.36

续表

年份	全国	江西省	全国增长率	江西省增长率	江西省占全国的比重
2015	577.97	24.76	4.97	3.19	4.28
2016	575.22	28.49	-0.48	15.06	4.95

资料来源：根据《中国统计年鉴》（2011~2017）和《江西统计年鉴》（2011~2017）整理。

（4）从业人员数量显著增加。江西省印刷业和记录媒介的复制 2010 年从业人员数量为 1.36 万人，同期全国相应产业的从业人员数量为 85.06 万人，占全国的比重为 1.60%。到 2016 年，江西省印刷业和记录媒介的复制从业人员数量增加为 2.95 万人，同期全国相应产业的从业人员数量为 98.71 万人，占全国的比重为 2.99%，从业人员数量显著增加（见表 4-32）。

表 4-32　全国与江西省的印刷业和记录媒介的复制的从业人员情况

单位：万人，%

年份	全国	江西省	全国增长率	江西省增长率	江西省占全国的比重
2010	85.06	1.36	—	—	1.60
2011	70.98	1.22	-16.55	-10.40	1.72
2012	—	1.48	—	21.55	—
2013	—	2.45	—	64.94	—
2014	95.91	2.62	—	7.09	2.73
2015	98.07	2.68	2.26	2.31	2.73
2016	98.71	2.95	0.65	10.22	2.99

注：2012 年、2013 年全国数据有缺失。

资料来源：根据《中国统计年鉴》（2011~2017）和《江西统计年鉴》（2011~2017）整理。

（七）文教、工美、体育和娱乐用品制造业

（1）资产总额快速增长。江西省的文教、工美、体育和娱乐用品制造业的资产总额 2010 年为 23.60 亿元，到 2016 年达到 270.49 亿元，逐年增长。同时江西省的资产占全国的比重也波动上涨。除 2014 年略有下降，其他年份均保持上涨态势，到 2016 年江西省的占比达到 3.03%（见表 4-33）。

表 4-33　全国与江西省的文教、工美、体育和娱乐用品制造业的资产情况

单位：亿元，%

年份	全国	江西省	全国增长率	江西省增长率	江西省占全国的比重
2010	1829.93	23.60	—	—	1.29

续表

年份	全国	江西省	全国增长率	江西省增长率	江西省占全国的比重
2011	1790.52	28.73	-2.15	21.75	1.60
2012	5086.82	94.17	184.10	227.74	1.85
2013	5916.07	146.02	16.30	55.07	2.47
2014	7681.91	153.31	29.85	4.99	2.00
2015	8361.22	227.53	8.84	48.41	2.72
2016	8932.02	270.49	6.83	18.88	3.03

资料来源：根据《中国统计年鉴》（2011~2017）和《江西统计年鉴》（2011~2017）整理。

（2）负债增长率较高。江西省的文教、工美、体育和娱乐用品制造业的负债总额自2010年的8.42亿元波动上涨到2016年的89.47亿元，其增长率除2014年出现负增长，其他年份均保持较高的正向增长率，并且2015年与2016年的增长率远高于同期的全国同行业负债增长率（见表4-34、表4-35）。

表4-34　全国与江西省的文教、工美、体育和娱乐用品制造业的负债情况

单位：亿元，%

年份	全国	江西省	全国增长率	江西省增长率	江西省占全国的比重
2010	935.69	8.42	—	—	0.90
2011	916.23	9.14	-2.08	8.59	1.00
2012	2716.83	36.29	196.52	297.11	1.34
2013	3132.84	49.20	15.31	35.56	1.57
2014	4111.96	47.58	31.25	-3.28	1.16
2015	4294.83	74.04	4.45	55.59	1.72
2016	4464.81	89.47	3.96	20.85	2.00

资料来源：根据《中国统计年鉴》（2011~2017）和《江西统计年鉴》（2011~2017）整理。

表4-35　全国与江西省的文教、工美、体育和娱乐用品制造业的资产的负债占比情况

单位：%

年份	2010	2011	2012	2013	2014	2015	2016
江西省	35.66	31.81	38.54	33.69	31.04	32.54	33.08
全国	51.13	51.17	53.41	52.95	53.53	51.37	49.99

资料来源：根据《中国统计年鉴》（2011~2017）和《江西统计年鉴》（2011~2017）整理。

（3）利润总额增长迅速。江西省的文教、工美、体育和娱乐用品制造业的

利润总额由2010年的3.33亿元增长到2016年的52.45亿元，增长49.12亿元，同时，江西省的利润总额占全国的比重也呈波动上升的趋势，2010年为2.01%，2016年达到5.15%（见表4-36）。

表4-36　全国与江西省的文教、工美、体育和娱乐用品制造业的利润情况

单位：亿元，%

年份	全国	江西省	全国增长率	江西省增长率	江西省占全国的比重
2010	165.71	3.33	—	—	2.01
2011	175.93	4.17	6.17	25.12	2.37
2012	592.65	22.05	236.87	428.83	3.72
2013	631.20	39.02	6.50	76.94	6.18
2014	845.51	42.62	33.95	9.23	5.04
2015	927.82	46.78	9.73	9.75	5.04
2016	1018.76	52.45	9.80	12.13	5.15

资料来源：根据《中国统计年鉴》（2011~2017）和《江西统计年鉴》（2011~2017）整理。

（4）从业人员总数持续增长。2010年从业人员总数为2.74万人，2016年达到6.98万人，增长率波动上升，由2011年的负增长到2016年的7.52%。同时江西省从业人员数量占全国的比重也呈波动上升的态势（见表4-37）。

表4-37　全国与江西省的文教、工美、体育和娱乐用品制造业的从业人员情况

单位：万人，%

年份	全国	江西省	全国增长率	江西省增长率	江西省占全国的比重
2010	128.11	2.74	—	—	2.14
2011	110.32	2.17	-13.89	-20.88	1.96
2012	—	5.62	—	159.23	—
2013	—	5.97	—	6.17	—
2014	227.84	6.05	—	1.35	2.65
2015	234.49	6.49	2.92	7.30	2.77
2016	232.22	6.98	-0.97	7.52	3.00

注：2012年、2013年全国数据有缺失。

资料来源：根据《中国统计年鉴》（2011~2017）和《江西统计年鉴》（2011~2017）整理。

（八）医药制造业

（1）资产总额增长迅速。江西省的医药制造业资产总额由2010年的269.11

亿元增加到 2016 年的 898.84 亿元，其增长速度在 2016 年达到新高 47.40%，远高于同期全国的同行业资产增长率。江西省的资产总额占全国的比重稳中有升，2016 年占比达到 3.12%（见表 4-38）。

表 4-38　全国与江西省的医药制造业的资产情况　　单位：亿元，%

年份	全国	江西省	全国增长率	江西省增长率	江西省占全国的比重
2010	11116.40	269.11	—	—	2.42
2011	13220.51	304.27	18.93	13.07	2.30
2012	15768.51	359.51	19.27	18.16	2.28
2013	18479.89	412.60	17.19	14.77	2.23
2014	21739.42	503.10	17.64	21.94	2.31
2015	25071.09	609.81	15.33	21.21	2.43
2016	28789.11	898.84	14.83	47.40	3.12

资料来源：根据《中国统计年鉴》（2011~2017）和《江西统计年鉴》（2011~2017）整理。

（2）负债总额逐年增加。江西省的医药制造业的负债总额 2010 年为 124.81 亿元，2016 年为 301.30 亿元，逐年增长，其增长率也呈波动上升态势，除 2014 年负债增长率出现明显下降，其他年份的增长率都比较高，尤其 2015 年与 2016 年，负债增长率都高于 20%（见表 4-39、表 4-40）。

表 4-39　全国与江西省的医药制造业的负债情况　　单位：亿元，%

年份	全国	江西省	全国增长率	江西省增长率	江西省占全国的比重
2010	4890.74	124.81	—	—	2.55
2011	5667.56	135.43	15.88	8.51	2.39
2012	6902.83	161.37	21.80	19.15	2.34
2013	8107.45	188.09	17.45	16.56	2.32
2014	9437.87	201.88	16.41	7.33	2.14
2015	10399.81	245.20	10.19	21.46	2.36
2016	11604.91	301.30	11.59	22.88	2.60

资料来源：根据《中国统计年鉴》（2011~2017）和《江西统计年鉴》（2011~2017）整理。

表 4-40　全国与江西省的医药制造业的资产的负债占比情况　　单位：%

年份	2010	2011	2012	2013	2014	2015	2016
江西省	46.38	44.51	44.89	45.59	40.13	40.21	33.52
全国	44.00	42.87	43.78	43.87	43.41	41.48	40.31

资料来源：根据《中国统计年鉴》（2011~2017）和《江西统计年鉴》（2011~2017）整理。

（3）产业利润增长迅速。江西省的医药制造业的利润由 2010 年的 29.34 亿元增长到 2016 年的 105.10 亿元，增长迅速，虽然增长率在下降，但同时期占全国的比重基本保持上升状态，2010 年的占比为 2.20%，2016 年的占比为 3.37%（见表 4-41）。

表 4-41　全国与江西省的医药制造业的利润情况　　单位：亿元，%

年份	全国	江西省	全国增长率	江西省增长率	江西省占全国的比重
2010	1331.09	29.34	—	—	2.20
2011	1606.02	39.72	20.65	35.39	2.47
2012	1865.89	56.10	16.18	41.26	3.01
2013	2071.67	63.32	11.03	12.87	3.06
2014	2382.47	81.35	15.00	28.47	3.41
2015	2717.35	92.59	14.06	13.81	3.41
2016	3114.99	105.10	14.63	13.51	3.37

资料来源：根据《中国统计年鉴》（2011~2017）和《江西统计年鉴》（2011~2017）整理。

（4）从业人员数量增长。江西省的医药制造业的从业人员 2010 年为 7.53 万人，除 2011 年略有下降，其他年份从业人员数量都比上一年有所增加，2016 年的从业人员数量达到 10.36 万人，同时期在全国所占的比重基本维持在 4%左右（见表 4-42）。

表 4-42　全国与江西省的医药制造业的从业人员情况　单位：万人，%

年份	全国	江西省	全国增长率	江西省增长率	江西省占全国的比重
2010	173.17	7.53	—	—	4.35
2011	178.60	7.45	3.14	-1.14	4.17
2012	—	8.11	—	8.94	—
2013	—	8.20	—	1.06	—
2014	222.38	8.94	—	9.03	4.02
2015	230.48	9.46	3.64	5.82	4.10
2016	235.92	10.36	2.36	9.54	4.39

注：2012 年、2013 年全国数据有缺失。
资料来源：根据《中国统计年鉴》（2011~2017）和《江西统计年鉴》（2011~2017）整理。

（九）非金属矿物制品业

（1）资产总额平稳增长。江西省的非金属矿物制品业的资产总额由 2010 年的683.27亿元逐年增长到2016年的1911.36亿元，增长率自2011年的13.18%增长到2015年的26.77%，2016年略有下降，但资产总额仍为正向增长。同时，江西省的资产总额占全国的比重呈波动上升状态，2010年的占比为2.67%，2016年的占比为3.76%，整体比重呈增长趋势（见表4-43）。

表4-43　全国与江西省的非金属矿物制品业的资产情况

单位：亿元，%

年份	全国	江西省	全国增长率	江西省增长率	江西省占全国的比重
2010	25567.37	683.27	—	—	2.67
2011	29888.96	773.36	16.90	13.18	2.59
2012	35407.84	913.69	18.46	18.15	2.58
2013	40190.50	1101.41	13.51	20.55	2.74
2014	46575.62	1360.27	15.89	23.50	2.92
2015	49076.71	1724.40	5.37	26.77	3.51
2016	50865.83	1911.36	3.65	10.84	3.76

资料来源：根据《中国统计年鉴》（2011~2017）和《江西统计年鉴》（2011~2017）整理。

（2）负债总额逐年增加。江西省的非金属矿物制品业负债2010年为344.47亿元，到2016年逐年增加到815.37亿元，2012~2016年江西省的负债增长率都要高于同期全国同行业的资产负债增长率，所以江西省的非金属矿物制品业的负债还未得到有效控制（见表4-44、表4-45）。

表4-44　全国与江西省的非金属矿物制品业的负债情况

单位：亿元，%

年份	全国	江西省	全国增长率	江西省增长率	江西省占全国的比重
2010	13901.45	344.47	—	—	2.48
2011	16153.60	362.93	16.20	5.36	2.25
2012	19406.20	432.41	20.14	19.14	2.23
2013	21708.12	525.68	11.86	21.57	2.42
2014	24935.00	616.23	14.86	17.23	2.47
2015	25725.10	747.21	3.17	21.25	2.90
2016	25923.82	815.37	0.77	9.12	3.15

资料来源：根据《中国统计年鉴》（2011~2017）和《江西统计年鉴》（2011~2017）整理。

表 4-45　全国与江西省的非金属矿物制品业的资产的负债占比情况

单位：%

年份	2010	2011	2012	2013	2014	2015	2016
江西省	50.41	46.93	47.33	47.73	45.3	43.33	42.66
全国	54.37	54.05	54.81	54.01	53.54	52.42	50.97

资料来源：根据《中国统计年鉴》（2011~2017）和《江西统计年鉴》（2011~2017）整理。

（3）产业利润增长迅速。江西省的非金属矿物制品业利润 2010 年为 98.76 亿元，除 2015 年较 2014 年略有下降，其他年份的利润均呈增长态势，2016 年江西省的利润增长到 268.79 亿元。同期，江西省的非金属矿物制品业的利润占全国的比重也在稳步上升，2010 年占比为 3.45%，2016 年增长到 6.33%（见表 4-46）。

表 4-46　全国与江西省的非金属矿物制品业的利润情况

单位：亿元，%

年份	全国	江西省	全国增长率	江西省增长率	江西省占全国的比重
2010	2858.59	98.76	—	—	3.45
2011	3587.25	143.80	25.49	45.61	4.01
2012	3438.24	169.42	-4.15	17.81	4.93
2013	3756.83	211.63	9.27	24.92	5.63
2014	4130.53	238.70	9.95	12.79	5.78
2015	3789.36	237.54	-8.26	-0.48	6.27
2016	4243.65	268.79	11.99	13.16	6.33

资料来源：根据《中国统计年鉴》（2011~2017）和《江西统计年鉴》（2011~2017）整理。

（4）从业人员数量逐年增加。江西省的非金属矿物制品业从业人员 2010 年为 18.17 万人，到 2016 年增加到 25.15 万人。同时，江西省的从业人员占全国的比重也在上升，2010 年的比重为 3.34%，2016 年的占比增长到 4.36%（见表 4-47）。

表 4-47　全国与江西省的非金属矿物制品业的从业人员情况

单位：万人，%

年份	全国	江西省	全国增长率	江西省增长率	江西省占全国的比重
2010	544.61	18.17	—	—	3.34
2011	517.03	16.52	-5.06	-9.09	3.19

续表

年份	全国	江西省	全国增长率	江西省增长率	江西省占全国的比重
2012	—	20.01	—	21.15	—
2013	—	20.84	—	4.15	—
2014	595.20	23.67	—	13.59	3.98
2015	589.86	24.25	-0.90	2.44	4.11
2016	577.23	25.15	-2.14	3.71	4.36

注：2012 年、2013 年全国数据有缺失。

资料来源：根据《中国统计年鉴》（2011~2017）和《江西统计年鉴》（2011~2017）整理。

（十）有色金属冶炼及压延加工业

（1）资产份额逐年增长。江西省的有色金属冶炼及压延加工业的资产逐年增长，但增速下降，从 2011 年的 35.29%下降到 2016 年的 1.50%。江西省的有色金属冶炼及压延加工业资产占全国的比重越来越大，2010 年为 5.96%，2015 年增长到 7.79%，2016 年为 7.49%，略有下降，波动增长（见表 4-48）。

表 4-48　全国与江西省的有色金属冶炼及压延加工业的资产情况

单位：亿元，%

年份	全国	江西省	全国增长率	江西省增长率	江西省占全国的比重
2010	20298.13	1209.95	—	—	5.96
2011	23710.49	1636.95	16.81	35.29	6.90
2012	28109.66	1988.93	18.55	21.50	7.08
2013	31863.76	2331.29	13.36	17.21	7.32
2014	36187.30	2677.43	13.57	14.85	7.40
2015	37996.29	2961.55	5.00	10.61	7.79
2016	40157.03	3005.97	5.69	1.50	7.49

资料来源：根据《中国统计年鉴》（2011~2017）和《江西统计年鉴》（2011~2017）整理。

（2）负债增长率显著下降。江西省的有色金属冶炼及压延加工业负债增长率 2011 年为 44.14%，2016 年增长率为-4.23%，呈逐年下降的态势，并在 2016 年出现负增长，负债情况得到显著改进。全国同产业 2011 年负债增长率为 19.35%，2016 年的负债增长率为 3.48%，江西的负债增长率下降速度远快于同期全国负债增长率的下降速度（见表 4-49、表 4-50）。

表 4-49　全国与江西省的有色金属冶炼及压延加工业的负债情况

单位：亿元，%

年份	全国	江西省	全国增长率	江西省增长率	江西省占全国的比重
2010	12362. 53	598. 07	—	—	4. 84
2011	14754. 79	862. 05	19. 35	44. 14	5. 84
2012	17690. 76	1070. 57	19. 90	24. 19	6. 05
2013	20240. 20	1200. 47	14. 41	12. 13	5. 93
2014	23061. 39	1436. 12	13. 94	19. 63	6. 23
2015	24594. 53	1556. 36	6. 65	8. 37	6. 33
2016	25449. 77	1490. 56	3. 48	-4. 23	5. 86

资料来源：根据《中国统计年鉴》（2011~2017）和《江西统计年鉴》（2011~2017）整理。

表 4-50　全国与江西省的有色金属冶炼及压延加工业的资产的负债占比情况

单位：%

年份	2010	2011	2012	2013	2014	2015	2016
江西省	49. 43	52. 66	53. 83	51. 49	53. 64	52. 55	49. 59
全国	60. 90	62. 23	62. 93	63. 52	63. 73	64. 73	63. 38

资料来源：根据《中国统计年鉴》（2011~2017）和《江西统计年鉴》（2011~2017）整理。

（3）利润增长波动较大。江西省的有色金属冶炼及压延加工业利润 2010 年为 148. 84 亿元，2012 年和 2015 年的利润增长率与前一年相比出现负增长，其他年份都为正向增长。江西省的有色金属冶炼及压延加工业利润占全国的比重总体也在增加。2010 年江西省的利润占全国比重为 9. 18%，2013 年的占比达到近几年的最大值，为 17. 75%，2016 年占全国的比重为 13. 54%，高于 2010 年的占比（见表 4-51）。

表 4-51　全国与江西省的有色金属冶炼及压延加工业的利润情况

单位：亿元，%

年份	全国	江西省	全国增长率	江西省增长率	江西省占全国的比重
2010	1620. 62	148. 84	—	—	9. 18
2011	2067. 38	223. 74	27. 57	50. 32	10. 82
2012	1759. 89	200. 40	-14. 87	-10. 43	11. 39
2013	1445. 44	256. 62	-17. 87	28. 05	17. 75
2014	1656. 54	273. 80	14. 60	6. 69	16. 53

续表

年份	全国	江西省	全国增长率	江西省增长率	江西省占全国的比重
2015	1459.53	239.79	-11.89	-12.42	16.43
2016	1991.69	269.73	36.46	12.48	13.54

资料来源：根据《中国统计年鉴》（2011~2017）和《江西统计年鉴》（2011~2017）整理。

（4）从业人员数量总体增加。江西省的有色金属冶炼及压延加工业的从业人员的增长率虽呈现先增后减的趋势，但基本保持正向增长，其从业人员数量由2010年的11.56万人增加到2016年的15.47万人，总体数量增加。同期全国相应产业的从业人员增长率出现负增长，由2011年的0.54%发展为2016年的-3.45%，增长速度要远低于江西省的增长速度（见表4-52）。

表4-52　全国与江西省的有色金属冶炼及压延加工业的从业人员情况

单位：万人，%

年份	全国	江西省	全国增长率	江西省增长率	江西省占全国的比重
2010	191.59	11.56	—	—	6.03
2011	192.62	11.85	0.54	2.50	6.15
2012	—	13.00	—	9.71	—
2013	—	13.94	—	7.26	—
2014	208.93	15.70	—	12.60	7.51
2015	202.42	15.47	-3.12	-1.43	7.64
2016	195.44	15.47	-3.45	0.01	7.92

注：2012年、2013年全国数据有缺失。

资料来源：根据《中国统计年鉴》（2011~2017）和《江西统计年鉴》（2011~2017）整理。

（十一）电气机械及器材制造业

（1）资产份额增长迅速。江西省的电气机械及器材制造业的资产由2010年的764.16亿元增长到2016年的1673.72亿元，增加了909.56亿元。江西省的增长率也由2011年的-27.34%负增长逐年增加到2015年的41.90%，增长迅速，并在2016年保持资产份额的增加。江西省的电气机械及器材制造业资产占全国的比重自2011年逐年上升（见表4-53）。

表4-53　全国与江西省的电气机械及器材制造业的资产情况

单位：亿元，%

年份	全国	江西省	全国增长率	江西省增长率	江西省占全国的比重
2010	31717.94	764.16	—	—	2.41

续表

年份	全国	江西省	全国增长率	江西省增长率	江西省占全国的比重
2011	37583.86	555.27	18.49	-27.34	1.48
2012	42317.44	678.01	12.59	22.10	1.60
2013	46375.08	839.46	9.59	23.81	1.81
2014	52333.16	1036.65	12.85	23.49	1.98
2015	57153.76	1471.02	9.21	41.90	2.57
2016	63139.09	1673.72	10.47	13.78	2.65

资料来源：根据《中国统计年鉴》（2011~2017）和《江西统计年鉴》（2011~2017）整理。

（2）负债增长率有所下降。江西省的电气机械及器材制造业的负债增长率总体波动较大，江西省2011年电气机械及器材制造业的增长率为-39.77%，远低于同期全国19.75%的增长率。2016年江西省的负债增长率为10.12%，较前4年有明显的下降，负债情况得到显著改善（见表4-54、表4-55）。

表4-54　全国与江西省的电气机械及器材制造业的负债情况

单位：亿元，%

年份	全国	江西省	全国增长率	江西省增长率	江西省占全国的比重
2010	18289.64	481.61	—	—	2.63
2011	21901.16	290.07	19.75	-39.77	1.32
2012	24540.18	351.44	12.05	21.16	1.43
2013	26757.26	426.73	9.03	21.42	1.59
2014	30138.57	520.73	12.64	22.03	1.73
2015	32322.06	720.70	7.24	38.40	2.23
2016	35099.69	793.61	8.59	10.12	2.26

资料来源：根据《中国统计年鉴》（2011~2017）和《江西统计年鉴》（2011~2017）整理。

表4-55　全国与江西省的电气机械及器材制造业的资产的负债占比情况

单位：%

年份	2010	2011	2012	2013	2014	2015	2016
江西省	63.03	52.24	51.83	50.83	50.23	48.99	47.42
全国	57.66	58.27	57.99	57.7	57.59	56.55	55.59

资料来源：根据《中国统计年鉴》（2011~2017）和《江西统计年鉴》（2011~2017）整理。

（3）利润收入增长迅速。江西省的电气机械及器材制造业的利润2010年为

84.73 亿元，2011 年略有下降，此后逐年增长，增长率在 2013 年达到最大值，为 74.69%，远高于同期全国的 0.94%的利润增长率。江西省的利润占全国的比重总体呈增长态势，由 2010 年的 2.72%增长到 2016 年的 4.40%，比 2010 年增加 1.68%（见表 4-56）。

表 4-56 全国与江西省的电气机械及器材制造业的利润情况

单位：亿元，%

年份	全国	江西省	全国增长率	江西省增长率	江西省占全国的比重
2010	3116.20	84.73	—	—	2.72
2011	3310.13	76.40	6.22	-9.83	2.31
2012	3419.72	84.82	3.31	11.01	2.48
2013	3451.73	148.17	0.94	74.69	4.29
2014	4162.98	172.14	20.61	16.18	4.14
2015	4524.31	192.89	8.68	12.05	4.26
2016	5150.27	226.53	13.84	17.44	4.40

资料来源：根据《中国统计年鉴》（2011~2017）和《江西统计年鉴》（2011~2017）整理。

（4）从业人员数量明显增加。江西省电气机械及器材制造业的从业人员 2010 年为 12.90 万人，2011 年出现负增长，略有下降，为 12.39 万人，此后逐年增加，2016 年为 23.38 万人，增长率呈先增后降的趋势，但明显高于同期的全国增长率。江西省占全国的比重也呈增长趋势，由 2010 年的 2.13%增长到 2016 年的 3.76%（见表 4-57）。

表 4-57 全国与江西省的电气机械及器材制造业的从业人员情况

单位：万人，%

年份	全国	江西省	全国增长率	江西省增长率	江西省占全国的比重
2010	604.30	12.90	—	—	2.13
2011	599.61	12.39	-0.78	-3.98	2.07
2012	—	13.89	—	12.13	—
2013	—	17.52	—	26.15	—
2014	637.82	20.07	—	14.54	3.15
2015	629.87	22.19	-1.25	10.56	3.52
2016	621.94	23.38	-1.26	5.38	3.76

注：2012 年、2013 年全国数据有缺失。

资料来源：根据《中国统计年鉴》（2011~2017）和《江西统计年鉴》（2011~2017）整理。

第二节　战略性新兴产业

《国务院关于加快培育和发展战略性新兴产业的决定》中对战略性新兴产业的定义是：以重大技术突破和重大发展需求为基础，对经济社会全局和长远发展具有重大引领带动作用，知识技术密集、物质资源消耗少、成长潜力大、综合效益好的产业。并且，立足我国国情和科技、产业基础，提出重点培育和发展节能环保、新一代信息技术、生物、高端装备制造、新能源、新材料、新能源汽车等产业。

一、十大战略性新兴产业发展规划

2009 年，为应对国际金融危机的影响，落实党中央、国务院保增长、扩内需、调结构的总体要求，根据《江西省人民政府关于科技创新“六个一”工程的实施意见》精神，制定《江西省人民政府关于印发江西省十大战略性新兴产业发展规划的通知》，加快推动江西省光伏、风能核能、新能源汽车及动力电池、航空制造、半导体照明、金属新材料、非金属新材料、生物、绿色食品、文化及创意十大战略性新兴产业发展。2011 年，按照《江西省中长期科学和技术发展规划纲要（2006—2020 年）》、鄱阳湖生态经济区建设和科技创新“六个一”工程的总体要求，江西省科技厅印发了江西省十大战略性新兴产业科技创新规划的通知，加快推动江西省光伏、风能核能、新能源汽车及动力电池、航空制造、半导体照明、金属新材料、非金属新材料、生物、绿色食品、文化及创意十大战略性新兴产业的发展。2014 年 4 月 29 日，江西省发改委公布新的《江西省十大战略性新兴产业发展规划（2013—2017 年）》，提出到 2017 年的长远发展目标：十大产业实现销售收入 22565 亿元，打造一批千亿级产业集群。这新的十大产业是节能环保、新能源、新材料、生物和新医药、新一代信息技术、航空产业、先进装备制造、锂电及电动汽车、文化暨创意、绿色食品。调整后的江西省十大战略性新兴产业，把过去十大战略性新兴产业中的光伏、风能核能两大产业归纳进了“新能源产业”，把金属新材料、非金属新材料两大产业归纳进了“新材料产业”。

（1）节能环保产业：一是着力实施创新能力建设、技术与产品产业化、节能环保服务等六大工程，加快建设节能环保产业重点项目，加快推进节能高效电机、余热回收利用、变压器、半导体照明、高浓度氨氮污水处理、稀土资源综合利用等重点技术和装备的产业化及其应用；二是支持综合实力较强的环保企业，采取联合、兼并、重组等多种形式整合上下游产业链资源，形成融研发、设计、制造、服务于一体，具备核心竞争力的节能环保龙头企业；三是以南昌、萍乡、赣州、新余为重点，着力打造南昌节能环保产业研发和服务核心集聚区、萍乡环保产业集聚区、赣州资源综合利用产业集聚区、新余节能装备制造和环保服务业集聚区四大节能环保特色产业集聚区，构建“一核三区”产业空间格局，带动全省节能环保产业的整体发展。

（2）新能源产业：一是重点发展光伏制造领域，包括高纯硅料、硅片、电池与组件等，带动发展风电等其他新能源产业；二是大力推进光伏、风电开发利用，重点实施五大光伏终端应用和风电示范应用工程，包括公共建筑屋顶发电、工商业屋顶发电、居民屋顶发电、大型光伏电站、新型农业示范应用等，加快技术创新和产业升级，整合产品和后端服务；三是着力形成以新余、上饶、九江及南昌等为新能源制造产业聚集区，各地为新能源应用区的产业发展格局。

（3）新材料产业：一是重点发展有色金属和有机硅、玻璃、陶瓷等非金属新材料，包括铜基合金、钨硬质合金、稀土和钽铌深加工、有机硅下游高端制品、玻璃和玻纤复合材料、耐腐耐磨及高温陶瓷、生物质纤维等；二是着力强化基地建设，形成以赣州、鹰潭、南昌、景德镇为主要聚集区的产业发展格局。

（4）生物和新医药产业：一是巩固提升生物医药产业，包括做大做强现代中药和医疗器械，大力发展非专利化学药、生物技术药物等；二是做好做优生物农业，包括水稻、生猪、食药用菌等良种繁育，以及生物农药等绿色农用生物制品；三是培育发展生物制造，包括发展生物基化学品、生物基材料、微生物制造技术和工艺应用；四是着力形成以南昌、抚州为两大集聚区，宜新萍为密集带的空间布局。

（5）航空产业：一是重点发展高端航空制造，包括直升机、教练机、通用飞机、民机大部件制造及转包等；二是培育发展航空服务，包括加快建设机场、通航运营、临空经济区等；三是着力形成以南昌航空城、景德镇直升机产业园和九江红鹰飞机产业园为制造中心，以通航机场为带动的产业发展空间布局。

（6）先进装备制造产业：一是重点发展智能制造、交通装备、高效矿山工程机械三大领域的技术与产品，包括专用数控机床、传感器、智能仪表、LED和光伏专用设备、特种电机、电网用电器、新型起重机、矿山巷道采掘成套设备等；二是形成以南昌为核心区、以昌九为产业带、多点发展的空间布局，包括建设南昌先进装备高端制造、昌九先进装备制造、赣东北特色产业、赣西高效矿山与工程机械、赣南等原中央苏区特色产业五大集聚区。

（7）新一代信息技术产业：一是重点建设新一代移动通信网基础设施；二是重点发展电子信息制造业，包括新型电子材料、新型元器件、智能终端、数

字视听等；三是着力发展软件与信息服务业，包括应用软件、信息服务、电子商务、新型移动转售等；四是着力形成“一核一区一带”空间布局，即以南昌为高端核心区、九江（共青城）为重点发展区、吉泰走廊至赣州为配套产业带。

（8）锂电及电动汽车产业：一是重点发展锂基材料、电池生产技术与产品，包括离子动力电池、正负极材料、电解液等；二是着力培育发展电动汽车产业技术和产品，包括短途经济型纯电动乘用车和大客车、电驱动系统平台、驱动电机等关键零部件等；三是锂电生产形成以宜春、新余、赣州为主要集聚区的空间布局，电动汽车形成以南昌、九江、赣州为聚集区的空间布局。

（9）文化暨创意产业：一是重点发展提升四大龙头产业，即新闻出版业、印刷业、工艺美术、文化旅游；二是做大做强四大支柱产业，即广播电影电视业、文化艺术业、休闲娱乐业、文化制造业；三是加快培育四大文化和科技融合新兴业态，包括数字出版、动漫游戏、数字设计、新媒体；四是着力形成“一都、三带、四基地”空间布局，即南昌综合性创意都市，鄱阳湖、沿沪昆高速、沿京九铁路三个特色文化暨创意产业带，赣北、赣东北、赣中南、赣西四个文化暨创意产业基地。

（10）绿色食品产业：一是围绕水稻、水果、水产、生猪、家禽、茶叶、油茶、蔬菜等九大领域，紧扣精深加工、品牌培育、市场营销、质量监管等关键环节，重点打造青山湖食品产业基地等十个百亿产业集群；二是发展壮大一批绿色食品骨干龙头企业，形成原料生产、储藏加工、物流配送、市场销售等完善的绿色食品产业链，形成全国绿色食品产业发展示范区。

与此同时，其他省份也列出相应的战略性新兴产业，其中不乏与江西相同的。从江西省与全国其他省份的战略性新兴产业比较（见表4-58）来看，将新材料、新能源、先进装备制造和节能环保产业列为战略性新兴产业的省份非常多。将新一代信息技术、锂电及电动汽车产业列为战略性新兴产业的省份也比较多，将生物和新医药、航空产业和文化及创意产业列为战略性新兴产业的省份则比较少，将绿色食品列为战略性新兴产业的省份则没有。从而，江西省在新材料、新能源、先进装备制造和节能环保产业方面将要与其他省份进行激烈竞争，在其他战略性新兴产业上的竞争虽略少，但也很激烈。这就为江西省其他战略性新兴产业的发展带来相应的影响。

表4-58　江西省与全国其他省份的战略性新兴产业比较

江西省战略性新兴产业	与江西省选择相同的省份	相同省份个数
新材料	京、津、冀、晋、内蒙古等	29
新能源	京、津、冀、晋、内蒙古等	29

续表

江西省战略性新兴产业	与江西省选择相同的省份	相同省份个数
先进装备制造	京、津、冀、晋、内蒙古等	29
节能环保	京、津、冀、晋、内蒙古等	28
新一代信息技术	京、津、冀、晋、内蒙古等	19
锂电及电动汽车	京、津、晋、浙、皖等	17
生物和新医药	辽、吉、闽、鲁	4
航空产业	京、津	2
文化及创意	吉、湘	2
绿色食品	无	0

资料来源：江西省战略性新兴产业发展报告课题组．江西省战略性新兴产业发展报告（2010-2013）[M]．北京：经济科学出版社，2014.

从战略性新兴产业具有相对优势的省份（见表 4-59）来看，江西省真正名副其实且具有较好基础，在全国有一定优势的战略性新兴产业实际只有 LED、航空制造业和光伏产业①。因此，下文将主要介绍江西省具有独特资源优势的新材料产业，基础好且有优势的新能源产业、节能环保产业和航空制造业，以及具有一定优势的绿色食品产业。

表 4-59　战略性新兴产业具有相对优势的省份

战略性新兴产业	该产业具有明显相对优势的省份	战略性新兴产业	该产业具有明显相对优势的省份
一、节能环保产业	皖、粤、苏	航空航天及其他专用设备制造	陕、津、黔、京、沪、川
环境污染处理专用药剂材料制造	赣、京、津、黔、鄂、皖、苏	渔业机械制造	鲁、湘、粤
环境污染防治专用设备制造	苏、浙	医疗仪器设备及器械制造	京、沪、苏、赣
废弃资源和废旧材料回收加工业	皖、桂、粤、津	地质勘查专用设备制造	陕、京、冀、湘
污水处理及其再生利用	京、川、浙	铁路运输设备制造	湘、吉、陕、晋、苏、冀
其他水的处理利用与分配	粤、鄂、青、津	航空航天制造	陕、黔、川、京、辽、赣、津

① 江西省战略性新兴产业发展报告课题组．江西省战略性新兴产业发展报告（2013-2014）[M]．北京：经济科学出版社，2015.

续表

战略性新兴产业	该产业具有明显相对优势的省份	战略性新兴产业	该产业具有明显相对优势的省份
环境监测	—	电机制造	新、苏、浙、甘
环境治理	—	光纤光缆制造	苏、鄂、川
二、新一代信息技术产业	粤、京	通用仪器仪表制造	苏、浙、京、湘、沪、渝
通信设备制造	粤、津	专用仪器仪表制造	皖、陕、苏、沪、浙、京
雷达及配套设备制造	川、皖、陕、甘、辽	光学仪器制造	苏、粤、陕、滇、赣
广播电视设备制造	粤、浙	海洋服务	
电子计算机制造	粤、苏、闽	地质勘查业	津、冀、甘、京、青、藏
电子器件制造	苏、沪、粤、闽	五、新能源产业	青、鄂、滇、川、黔、甘、桂
电子元件制造	苏、粤、津	水力发电	青、鄂、滇、川、黔、桂、甘、闽
电信和其他信息传输服务业	京、宁、青、藏	核力发电	粤、浙、苏
软件业	京、沪、粤	其他能源发电	内蒙古、甘、新、黑、辽、吉、冀、宁
三、生物产业	内蒙古、京、甘、鄂、沪	六、新材料产业	赣、青、湘、内蒙古、宁、豫、陕
生物化学农药及微生物农药制造	内蒙古、渝、赣、苏	信息化学品制造	赣、苏、豫、浙
生物化学制品的制造	浙	特种陶瓷制品制造	赣、鲁、湘
农业科学研究与试验发展	京、甘、鄂、沪、鲁	稀有稀土金属冶炼	青、赣、宁、内蒙古、陕、湘、豫
医学研究与试验发展	—	有色金属合金制造	湘、内蒙古、赣、豫、川
四、高端装备制造业	津、苏、陕	七、新能源汽车产业	豫、湘
金属加工机械制造	辽	电车制造	豫、湘
石油钻采专用设备制造	津、陕、甘、川、辽、黑、鲁	—	—
电子工业专用设备制造	鲁、粤、鄂	—	—

资料来源：周晶．战略性新兴产业发展现状及地区分布［J］．统计研究，2012，29（9）：24-30.

二、新材料产业

江西省的新材料产业是由原来的金属材料产业和非金属材料产业合并而成，是江西省十大战略性新兴产中规模最大的产业。2013 年，新材料产业工业增加值占十大产业的 39.03%，主营业务收入占 51.64%。在江西省十大产业中，新材料产业在资源和技术上具有优势。钽、铷、铀、钍的储量在全国居第一，铜、钨、银、锂、锆、铯、碲的储量在全国居第二，铋、金、铌、铊、钪的储量在全国居第三，享有“世界钨都”“稀土王国”的称誉，铜、钨、铀、钽、稀土、金、银被誉为“七朵金花”。有机硅和陶瓷非金属材料产能也位居全国前列，有机硅下游开发技术国内领先，电解铜箔、铍青铜板带、低品位紫杂铜直接生产铜杆等技术达到国内先进水平。

金属新材料产业不仅是江西省重要的支柱产业之一，也是着力培育的战略性新兴产业和高新技术产业。2009 年，江西省委、省政府决定实施科技创新“六个一”工程，主攻金属新材料等十大战略性新兴产业。在此之后，江西省金属新材料的行业生产能力大幅增长。如 2012 年全省金属新材料产业完成工业增加值 613.75 亿元，同 2011 年工业增加值 521.63 亿元相比，增长速度达到 17.66%；金属新材料产业的工业增加值占全省十大战略性新兴产业比重为 31.76%，占全省规模以上工业企业经济总量的 12.58%，成为全省工业经济发展的重要支柱。在 2010 年、2011 年的高速增长之后，江西省金属材料工业投资进入巩固发展阶段，投资项目呈现理性增长，投资总额增幅适度放缓。2012 年，全省金属新材料产业完成投资 346.13 亿元，同上年相比增长了 28.0%。江西省金属材料工业的区域布局得到优化，产业聚集度逐步上升。依靠资源优势、产业及技术基础，鹰潭、新余、上饶三市金属新材料产业规模居前列，2012 年分别完成主营业务收入 2212.68 亿元、647.91 亿元和 404.35 亿元，占到全省产业收入总额的 68.89%。

江西省非金属新材料产业主要包括高技术陶瓷材料、高技术玻璃材料、碳酸钙材料、盐化工和有机化合物及聚合物等。江西省非金属新材料专利中有机化合物及聚合物的专利数最多，2021 件，占总数的 45%；高技术陶瓷材料专利数 1317 件，占总数的 29%；盐化工专利件数 558 件，占总数的 15%；高技术玻璃材料 296 件专利，占总数的 7%；碳酸钙材专利件数 49 件，占总数的 1%。由此可见，有机化合物及聚合物和高技术陶瓷材料是江西非金属材料产业发展的主要侧重领域。

未来江西省需要加快新材料产业集聚，优先发展优势产业，形成区域一体化的产业集群优势；需要加强技术创新与技术改造，打造完整的产业链，促进

产业技术进步。同时，鼓励新材料企业深度参与国际化分工，努力占据价值链全球分布中的关键环节，突破全球化生产网络的低端锁定，提高新材料产业发展的国际竞争力。

三、新能源产业

江西省新能源产业主要包括光伏、风电产业。江西省光伏产业的发展在全国光伏产业发展中占据重要地位。从产业规模来看，光伏产业是主力军，风电产业规模在其中的占比几乎可以忽略不计。截至 2014 年 1~11 月，江西规模以上光伏企业实现主营业务收入 790 亿元，同比增长 5.4%，实现利税 71.4 亿元，同比增长 14.8%，2015 年全省计划新增光伏电站建设规模 60 万千瓦。

目前，江西省拥有从硅料、硅片、电池片、光伏组件到光伏系统集成的完整产业链。江西省在光伏产业发展方面具有以下几方面的优势：第一，硅晶原料储量大且品质优良。硅是光伏产业必不可少的主要原料，作为硅原料的粉石英，江西省储量非常丰富，已探明资源储量在 2000 万吨以上，位居全国首位，且易于开采，洗选后的 SiO_2 含量可达 99.5%以上，品质非常高。第二，产业发展具备了良好的基础。江西省光伏产业发展起步于 2005 年，经过近十多年的发展，已成为全国重要的光伏产业基地之一，已形成了新余、上饶、九江、南昌、景德镇五大光伏产业集聚区，产业链遍及上游、中游和下游。第三，技术支撑力量雄厚。江西省拥有唯一的国家光伏工程技术研究中心，进行光伏产业核心技术研发。同时通过整合省内相关研发力量，建立赛维“博士后科研工作站”、国家光伏基础材料及应用产品质量监督检验中心、国家光伏知识产权信息中心，为江西省光伏产业发展提供技术支撑。第四，国家与地方政策支持。在国家出台一系列光伏扶持政策的基础上，江西省也出台了一系列具体的光伏发电补贴政策，全力将江西省打造成为国内甚至全球重要的光伏产业基地。

未来江西省光伏产业发展需要高度重视从“市场驱动”转向“创新驱动”，提高产业核心竞争力，大力支持企业并购重组，淘汰落后产能；需要加大光伏产业科研投入，掌握核心技术，降低光伏产品生产成本，引导企业加强与国内外光伏产业知名高校、科研院所的合作，搞好产学研结合，提升江西省光伏产业整体技术水平；需要充分挖掘国内市场，重视打造光伏交易市场，同时积极拓宽海外市场，提高对海外市场的敏感度。此外，需要积极推进光伏示范应用，拓宽应用范围，并加强服务体系建设，深化行业合作交流。

四、节能环保产业

节能环保产业主要包括节能产业、资源循环利用产业和环保装备产业等。

在江西省十大战略性新兴产业中，涉及节能环保的产业有光伏产业、风能及核电产业、新能源汽车及动力电池产业、半导体照明产业。江西省已形成特色鲜明的以铜资源为基础的废旧铜再生产业、以稀土为基础的节能材料产业、以承接沿海产业转移发展的 LED 产业、以新余钢铁产业为基础的钢铁回收加工产业，以及一个以循环经济发展立市的城市——丰城。

2012 年江西省拥有节能环保产业从业单位约 1500 家，从业人员约 50 万人，实现主营业务收入约 1100 亿元，其中节能产业 600 亿元，占 54.6%；环保产业 40 亿元，占 3.6%；资源循环利用产业 460 亿元，占 41.8%。主营业务收入过 50 亿元的企业 1 家，过 10 亿元的企业 13 家，过亿元的企业约 100 家。在江西省节能产业领域，高效节能照明、节能家电、节能建材主营业务收入分列前三位，分别达到 210 亿元、142 亿元、130 亿元，占全省节能产业主营业务收入的比重分别为 35.0%、23.7%、21.7%，累计占到全省节能产业主营业务收入的 79.7%。整体来说，江西省环保产业的规模还比较小，占节能环保产业的比例还比较低，2012 年的主营业务收入 40 亿元左右，主要为：环保设备和产品 19.97 亿元、环保服务 18.81 亿元。

未来江西省需要加强节能环保制度创新，加快节能量交易、建设碳排放权交易体系，形成以政府引导、企业为主体的节能减排市场机制；实施主要终端用能产品能效提升计划和“领跑者”制度，扩大电力需求侧管理城市试点范围；建立家电、汽车等产品生产者责任延伸制度，落实生产者废弃产品回收和处理责任；鼓励城镇污水处理厂、垃圾处理设施能效电厂等公共基础设施以 PPP 方式建设和运营。

五、航空产业

在江西省十大战略性新兴产业中，航空产业各项经济指标均居前位。从空间布局来看，江西省形成了以南昌航空工业城和景德镇航空产业园、九江红鹰飞机产业园为重点的“一城二园”空间格局，集群效应明显。产业集中程度高，形成了以洪都航空工业集团、昌河飞机工业集团两大航空工业大型骨干企业为龙头，多种所有制企业为补充的良好发展格局。

目前，江西已形成了比较完整的航空产业体系，成为中国航空工业的重要基地。随着大飞机项目的上马，江西省航空业迎来了一次巨大的发展良机。2010~2012 年江西省航空制造业占全国全行业比重分别排在全国第 6、第 6、第 7 位，在中部均占第 1 位。到 2018 年 7 月，江西航空业规模位居全国前四，航空制造业骨干和龙头企业在全国具有突出优势，拥有两家国家布局的航空总装厂和两家“国字号”飞机设计研究所、8 家飞机整机制造企业、65 家航空企事业单位，是全国教练机、直升机研制生产核心基地，也是我国唯一同时拥有旋翼机和固定翼飞机研发生产能力的省份。江西省航空业具备较强的创新能力，盈利能力上总体上处于全国和中部中上水平。2011～2012 年，江西省航空业新产品收入占比为中部第 1 位，在全国的占比达 10%以上，为中部第 1 位，全国第 3 位。

未来江西省需要将航空业作为江西省战略性新兴产业中的重中之重，实行“一产一策”政策；壮大航空业产业规模，加强资本运作和技术创新，提升江西省航空制造业竞争力；明确重大技术攻克清单，以重大技术攻克为目标，建立专门的研究团队，建立和引进首席科学家制和院士工作制，并完善航空产业创新成果产业化机制。

六、绿色食品产业

（一）江西省发展绿色食品产业的政策支持

江西省绿色食品事业创建于 1990 年。在这之后，绿色食品事业发展得到了政府部门在政策上的大力支持。

2002 年，为充分利用江西省良好的自然生态资源，促进农业产业化和农业工业化，推进农村经济结构战略性调整，加快食物产业与国际接轨的步伐，实现江西省在中部地区的崛起，江西省制订了《江西省绿色食品产业发展实施方案》。发展重点按照从土地到餐桌的全程质量控制及农业产业化、规模化、标准化、绿色化和特色化的要求，重点发展 5 大类绿色食品产业。粮油类主要发展水稻、油茶、油菜和花生。瓜果蔬菜类主要发展柚、猕猴桃、早熟梨、蔬菜、食用菌和竹笋，畜禽水产类主要发展奶牛产业、生猪产业，崇仁麻鸡、万载三黄鸡、余干、东乡黑鸡及广丰、兴国及滨湖地区的水禽，有江西地方特色的水产品，如鄱阳湖的蟹、虾、银鱼、鳜鱼，中华鳖、彭泽鲫鱼、婺源荷包红鲤鱼和可供出口创汇的鳗鱼养殖等。饮料及酒类主要发展婺源大鄣山茶、遂川狗牯脑茶、浮梁崖玉茶、德雨活茶等 AA 级品牌，矿泉水、纯净水，蜜橘干酒、猕猴桃干酒、四特酒、临川贡酒、全粮液，特色饮料“百合汁”“莲子汁”及南酸枣、中华猕猴桃、橙汁、橘汁、葛露及苦丁茶、滕茶、杜仲茶、速溶茶等特种茶等。生产资料类主要发展饲料、有机肥料、生物农药和兽药、添加剂。

2011 年，为全面贯彻落实《江西省人民政府关于科技创新“六个一”工程的实施意见》，江西省人民政府办公厅印发了《江西省绿色食品产业发展配套政策》。此次出台的绿色食品产业发展配套政策主要包括：鼓励企业、农民专业合作组织及个人投资绿色（有机）食品产业开发建设；加大对绿色食品原料标准化生产基地建设的支持力度；强化对绿色（有机）食品产业开发的金融支持；

加大对绿色（有机）食品开发的支持力度；加大对绿色（有机）食品开发的科技创新投入；支持各种形式的绿色（有机）食品合法营销网络的建立和完善；积极完善全省鲜活农产品运输绿色通道；加大对绿色（有机）食品开发建设用地支持力度；省财政每年继续安排相应的绿色（有机）食品工作经费，用以保障这项工作的正常开展；各级政府对在绿色（有机）食品产业的开发、技术推广和管理工作中做出显著成绩的单位和个人，按照有关规定予以表彰或奖励。

2013 年，为发挥江西省绿色农产品资源优势，做大做强农副产品加工业，把绿色品牌转化为发展优势，提升食品产业发展水平，江西省政府提出了《江西省人民政府办公厅关于加快食品产业发展的意见》。发展重点是：立足现有产业基础，突出特色和优势，重点做大粮食精深加工、畜禽加工、食用植物油加工三个优势产业，做强特香型酒酿造、果蔬深加工、水产品加工三个特色产业，做优茶叶及深加工、茶油及副产品加工、营养和保健食品制造三个高附加值产业。发展布局是：坚持因地制宜，凸显特色，在全省形成“七大产业带”格局，即：鄱阳湖平原、赣抚平原、吉泰盆地粮食精深加工产业带；环鄱阳湖区域生猪、家禽等畜禽加工产业带；赣中、赣西、赣东北等油料主产区域食用植物油加工产业带；赣中南地区特香型白酒酿造产业带；南昌等地饮料制造产业带；赣南等特色优势果蔬产区果蔬深加工产业带；环鄱阳湖和赣中南地区水产品加工产业带；赣东北、赣西北、赣中、赣南等优势产茶区茶叶及深加工产业带。引导各地依托当地区域性特色产品，实施全产业链开发，形成三大产业联动、产加销一体的综合开发体系。

（二）江西省发展绿色食品产业的优势

江西省地处我国东南部，长江中下游南岸，东南西三面环山，周高中低，由南而北、由边及里渐次倾斜，宛如开口朝北的盆地。特殊的地形地貌构成了一个相对完整和独立的水陆生态系统和生态环境单元，除长江沿岸和鄱阳湖地区外，不易受外界生态灾害和污染的影响。江西具有丰富的农业资源，优越的自然条件、生态环境，生物多样性丰富，工业污染相对较轻，地理位置承东启西、沟通南北，是国内唯一处于长江三角洲和珠江三角洲的省份。作为一个农业比重较大的省份，粮食、油料、蔬菜、生猪、蜜橘、淡水鱼类等农产品在全国占有重要地位。随着人们生活水平和对健康的需求的提高，江西发展绿色食品的自然优势、农业环境优势及区位优势日趋明显。

1. 自然条件优越

江西地貌类型多样，有利于农业的立体布局。江西地貌兼有山地、丘陵、岗地、阶地、平原和湖泊水系，以山地丘陵为主。山地面积占全省总面积的 36%，丘陵占 42%，平原岗地占 12%，水面占 10%。复杂多样的地貌类型对光、

热、土、水均有明显的分异作用，为种植业的多种类、多品种发展，多种栽培方式和种植制度的配置，以及不同结构和布局的调整或组合等提供了优越的场所，也为多种经营提供了较多的便利条件。

优越的农业气候条件，有利于农作物的复种轮作。江西属亚热带湿润季风气候区，气候温和，年平均气温 16.2～19.7℃；雨量充沛，年平均降水量达 1341.1～1934.4 毫米；光照充足，年平均日照时数为 1473～2078 小时；无霜期长，年均无霜期为 241～304 天。自然灾害较少，主要有春夏洪涝、夏末秋初大风冰雹、盛夏高温和夏秋干旱等灾害。气候条件适宜各种农作物生长。不仅能满足水稻、棉花、大豆、花生等作物生长发育的需要，秋冬作物等也能获得较高的产量。绝大部分地区能一年两熟或三熟，为复种轮作提供了条件。

丰富的水资源，有利于水产品养殖。全省水系纵横，交互成网。赣江、抚河、信江、饶河和修河五大主要河流源于东、南、西三面山地，汇入鄱阳湖，构成一个以鄱阳湖为中心的向心水系。全省年径流均值 1416 亿立方米，其中以赣江水量最为丰富，平均径流量为 687 亿立方米，相当于黄河水量的 1.5 倍，淮河水量的 2 倍；赣江沿途流经赣州盆地、吉泰盆地以及鄱阳湖平原等省内农业精华地带，对全省农业的发展具有十分重要的意义。同时，境内湖泊、水库星罗棋布，水面大于 1 平方千米的湖泊有 80 多个，其中以鄱阳湖为最，鄱阳湖吞赣江、抚河、信江、修河和饶河之水，湖泊面积达 39.6 万平方千米。天然水质除局部河段有一定的污染外，总体状况良好，既能满足工农业生产和人民生活的需求，而且对野生动、植物及鱼类的生长和繁殖极为有利。

2. 生物多样性丰富

自然生物资源丰富。江西植被覆盖度高，类型繁多，全省森林覆盖率达 60.05%，居全国第二。地带性植被为亚热带常绿阔叶林。由于境内纬度相差 5°26′，导致南北植物区系成分不同。南部接近南亚热带，涌进了较多的南亚热带和热带区系成分。因此，生物多样性丰富，资源利用潜力巨大。

农业种质资源丰富。农作物资源兼南北之宜。江西的农作物栽培历史悠久，种质资源丰富。粮食作物有水稻、麦类、豆类、玉米、高粱等。畜禽品种资源丰富。畜禽主要有猪、牛、羊、鸡、鸭、鹅、兔等；淡水鱼类以鲢、鳙、草、鲤、鲫鱼最多，银鱼、鲥鱼、中华鲟、白鲟闻名全国。著名的地方品种有泰和乌鸡、万载三黄鸡、崇仁麻鸡、兴国灰鹅、婺源荷包鲤鱼、兴国红鲤鱼等。

3. 农业环境清洁

2000～2005 年江西省农业科学院绿色食品环境检测中心对全省 211 个无公害农产品、绿色食品、有机食品原料生产、加工基地进行了环境监测。结果表明，土壤环境质量和空气环境质量适宜绿色食品的生产标准要求。灌溉用水、畜禽养殖用水、渔业养殖用水、加工用水等水质环境清洁，适于绿色食品生产标准要求。

4. 区位优势突出

江西东临浙江、福建，南连广东，西接湖南，北毗湖北、安徽。地理位置承东启西、沟通南北，“襟三江而带五湖，控蛮荆而引瓯越”。因此，江西具有良好的区位优势，是沿海的内地，内地的前沿；既是长江经济带的中心腹地，又是唯一同时毗邻长江三角洲、珠江三角洲和闽东南经济区的省份。交通条件便利，“天字”架构的高速公路联通所有与江西接壤的省份，成为连接三个三角区的重要通道。京九铁路南至香港、北达首都，浙赣铁路沟通中国的东部与中西部；鹰厦铁路、赣龙铁路形成内陆江西的出海大通道。全省现有 4 个民用航空港，开通了至北京、上海、香港等地的几十条航线。因此，优越的地理位置、突出的区位优势，为江西成为沿海发达地区的优质农副产品加工供应基地提供了低成本条件，也为绿色食品的发展提供了广阔空间。

（三）绿色食品产业发展现状

1. 绿色食品产量有所增加，但在全国和中部地区的地位越来越低

绿色食品产业应该是江西省的优势产业，因为江西省是农业大省。而从产量来看，2010~2015 年略有增加，但绿色食品产业的产量占全国的比重从 2010 年的 0.40%缩减至 2011 年的 0.34%后略有回升，2015 年的占比为 0.44%。有机食品的产量从 2010 年的 8.81%缩减至 2015 年的 0.02%。绿色食品和有机食品的产量占中部地区的比重类似于占全国的比重。可见，绿色食品和有机食品的比重不大，且在不断下降（见表 4-60）。

表 4-60　2010~2015 年江西绿色食品产量情况　　单位：万吨，%

年份	种类	全国总计	中部总计	江西	占全国的比重	占中部的比重
2010	绿色食品	3336.61	426.34	13.32	0.40	3.12
	有机食品	165.46	21.29	14.57	8.81	68.44
2011	绿色食品	3888.24	653.21	13.18	0.34	2.02
	有机食品	187.39	19.38	14.29	7.62	73.71
2012	绿色食品	4221.49	629.92	15.01	0.36	2.38
	有机食品	63.55	0.96	0.01	0.01	0.77
2013	绿色食品	4564.56	706.55	17.57	0.38	2.49
	有机食品	92.16	4.06	0.04	0.04	0.94
2014	绿色食品	4899.37	660.62	18.16	0.37	2.75
	有机食品	119.83	6.45	0.02	0.02	0.29

续表

年份	种类	全国总计	中部总计	江西	占全国的比重	占中部的比重
2015	绿色食品	5484.46	741.68	24.15	0.44	3.26
	有机食品	148.79	8.08	0.03	0.02	0.36

资料来源：中国绿色食品发展中心 . 2010-2015 年国家现代农业示范区绿色食品、有机食品产量统计［EB/OL］.（2016-06-29）. http：//www. greenfood. org. cn/ztzl/gjxdny/lsspyjsp.

2. 认证的绿色食品企业和产品有所增长，但相对比重不断降低

认证的三年有效的江西绿色食品企业 2003 年有 95 家，到 2015 年增长到 226 家，相应的产品由 2003 年的 128 个增长到 2015 年的 595 个，增长都较为明显。但中部地区和全国的增长更为显著，从而使得江西省的相对比重在不断降低（见表 4-61）。

表 4-61　2003~2015 年认证的三年有效的江西绿色食品企业和产品情况

单位：家，个，%

年份	种类	江西	中部总计	全国总计	占中部的比重	占全国的比重
2003	企业	95	397	2047	23.93	4.64
	产品	128	751	4030	17.04	3.18
2004	企业	132	583	2836	22.64	4.65
	产品	234	1336	6496	17.51	3.60
2005	企业	161	808	3695	19.93	4.36
	产品	423	2244	9728	18.85	4.35
2006	企业	184	1062	4615	17.33	3.99
	产品	534	3274	12868	16.31	4.15
2007	企业	217	1426	5740	15.22	3.78
	产品	687	4150	15238	16.55	4.51
2008	企业	248	1394	6176	17.79	4.02
	产品	846	4849	17512	17.45	4.83
2009	企业	218	1298	6003	16.80	3.63
	产品	647	4277	15707	15.13	4.12
2010	企业	214	1332	6391	16.07	3.35
	产品	640	4240	16748	15.09	3.82
2011	企业	154	1330	6622	11.58	2.33
	产品	703	4360	16825	16.12	4.18

续表

年份	种类	江西	中部总计	全国总计	占中部的比重	占全国的比重
2013	企业	182	1403	7696	12.97	2.36
	产品	500	4227	19076	11.83	2.62
2014	企业	203	1606	8700	12.64	2.33
	产品	527	4728	21153	11.15	2.49
2015	企业	226	1854	9579	12.19	2.36
	产品	595	5325	23386	11.17	2.54

注：2012年缺少各省份数据，故未列入表格，下同。

资料来源：《绿色食品统计年报》（2003~2011、2013~2015）。

当年认证的江西绿色食品企业2003年有55家，2015年增长到84家，略有增长。当年认证的产品2003年有69个，而2015年有208个，增长较为明显。但中部地区当年认证的绿色食品企业从2003年的212家增长到2015年的749家，全国当年认证的绿色食品企业从2003年的918家增长到2015年的3562家，增长非常快。从而，使得江西省的相对比重在不断降低（见表4-62）。这也可以从绿色食品产地环境监测总面积情况中得到反映，江西在中部和全国的比重是不断下降的（见表4-63）。

表4-62　2003~2015年江西当年认证的绿色食品企业和产品情况

单位：家，个，%

年份	种类	江西	中部总计	全国总计	占中部的比重	占全国的比重
2003	企业	55	212	918	25.94	5.99
	产品	69	389	1746	17.74	3.95
2004	企业	61	253	1150	24.11	5.30
	产品	132	685	3142	19.27	4.20
2005	企业	92	401	1839	22.94	5.00
	产品	316	1244	5077	25.40	6.22
2006	企业	93	454	2064	20.48	4.51
	产品	335	1494	5676	22.42	5.90
2007	企业	114	507	2371	22.49	4.81
	产品	390	1693	6263	23.04	6.23
2008	企业	96	458	2191	20.96	4.38
	产品	310	1503	5651	20.63	5.49
2009	企业	89	481	2297	18.50	3.87
	产品	260	1543	5865	16.85	4.43

续表

年份	种类	江西	中部总计	全国总计	占中部的比重	占全国的比重
2010	企业	82	503	2526	16.30	3.25
	产品	226	1446	6437	15.63	3.51
2011	企业	60	499	2683	12.02	2.24
	产品	166	1481	6538	11.21	2.54
2013	企业	74	622	3229	11.90	2.29
	产品	192	1687	7696	11.38	2.49
2014	企业	97	703	3830	13.80	2.53
	产品	249	2010	8826	12.39	2.82
2015	企业	84	749	3562	11.21	2.36
	产品	208	2048	8228	10.16	2.53

资料来源：《绿色食品统计年报》（2010~2011、2013~2015）。

3. 绿色食品产地环境监测面积绝对值在下降，比重也在不断下降

绿色食品产地环境监测总面积从 2010 年的 1521 万亩下降至 2015 年的 1056 万亩，而中部地区下降较少，全国的总面积则有增加，从而使得江西省占全国的比重不断下降，从 2010 年的 6.36%下降至 2015 年的 4.03%（见表 4-63）。

表 4-63　2010~2015 年江西绿色食品产地环境监测总面积

单位：万亩，%

年份	江西	中部总计	全国总计	占中部的比重	占全国的比重
2010	1521	8523	23925	17.85	6.36
2011	1532	4658	23961	32.89	6.39
2013	1292	5171	25643	24.98	5.04
2014	941	4998	34434	18.83	2.73
2015	1056	7359	26194	14.34	4.03

资料来源：《绿色食品统计年报》（2010~2011、2013~2015）。

第三节　产业集群与空间布局

一、产业集群空间格局

产业集群是指在某一特定领域，通常以一个主导产业为主的市场领域中，

大量产业联系密切的企业以及相关支撑机构在空间上集聚，并形成强劲、持续竞争优势的现象。2014 年 3 月，江西省下发了《全省重点产业集群推进工作方案》，重点推进 60 个产业集群，2015 年产业集群主营业务收入突破 1. 1 万亿元。目前，江西省产业集群已进入有组织、有规划、有规模的快速稳定发展道路，成为社会经济发展中举足轻重的力量。按照 2017 年相关数据统计，江西省产业集群数量已经达到 73 个，在汽车、纺织、电子信息、生物医药、机电、光伏等领域形成了专业化、分工化较为明显的产业集群，在空间布局上涵盖了江西省的北、中、南部。

1. 产业集群空间分布

首先，昌九地区的产业集群发展势头较好，一方面，从数量上看，南昌市、九江市的产业集群的数量共 22 个，占江西省的 30%；另一方面，从产值上看，2015 年昌九地区的产业集群总产值占江西省产业集群总产值的 35%。这说明，昌九地区的产业集群整体发展趋势较好，而其他区域稍次。

其次，处于昌九地区之外的 9 地市在数量分布上存在不均衡，其中景德镇市、新余市和鹰潭市只占 3 席，其他 6 地市均有 4~10 席，而且在产值分布上也存在不平衡，2015 年抚州 5 个产业集群均在 80 亿元以上，但景德镇市在集群数量只占 3 席的情况下，产值却超过 700 亿元。这种数量与产值分布的不平衡说明了江西省内产业及其集群在发展程度上存在欠平衡现象，集群发展中如何兼顾数量与质量同步提高的问题也应该引起相关部门及集群企业管理层的反思。集群数量的多寡在一定程度上能够说明该产业在一定地域内发展水平的高低，但数量的多寡并不等同于集群发展质量的高低，在保证一定数量集群存在的前提下，需要关注集群发展质量的提高。

2. 产业集群密度分布

江西省产业集群分布密度表现出较为显著的区域差异性。产业集群分布呈现出交通指向性特征。京九线、浙赣线共同构筑了江西省交通运输的主动脉，这些主动脉沿线地区分布有大量的产业集群，在这些主动脉的交汇处，如纵贯区域南北的京九线与横贯区域东西的浙赣线的交汇处，都是江西省产业集群分布的极核区域。反之，远离交通主动脉的地区则是产业集群分布的稀疏地带。以经济开发区为核心，形成规模较大的连片产业集群。开发区具备产业集群所需的技术服务支撑体系，成熟的开发区意味着政府对企业技术支持力度的保障。南昌高新区、南昌经开区、景德镇高新区、新余高新区、鹰潭高新区、赣州开发区、宜春经开区、上饶经开区、井冈山经开区和抚州高新区都是区域产业集群的核心，开发区完善的城市配套服务体系，如金融保险、信贷担保、投资机构等，为产业集群的发展提供了更好的专业化服务保障。

资源条件、交通区位、历史因素、政策环境等要素均是集群区位选择的影响要素。从江西省产业集群的空间分布来看，不同产业对要素的敏感性不同，体现出区位特点的差异。其中，传统产业如石化工业集群、有色金属冶炼及加工业集群、医药产业集群、纺织业集群等是在江西省历史时期发展的重点产业的基础上发展起来的，就此类集群的地域分布来看，尽管随着产业发展，部分集群出现了新的集聚区域，但以新余市、萍乡市、九江市钢铁产业集聚区，瑞昌市、德安县纺织产业集聚区为代表的历史分布仍然延续至今；在历史区位延续的基础上，新产业区位根据不同产业集群的要素需求而有不同的选择，其中普遍影响较大的是政策优势，南昌经济技术开发区对重点培育产业实施的土地、税收等优惠政策，成功吸引了大量企业的入驻，形成了该区域多元化的产业结构。此外，电子元器件制造业集群和电子及通信设备制造业集群在南昌高新区和经开区的集聚，体现了智力资源和交通因素对电子类集群的影响。而食品饮料产业集群在九江市、上高县和赣州市等市县的集聚，则体现了食品饮料产业对自然资源以及劳动力条件的高度依赖。吉安县数字视听产业的主体环节集中在电子通信，因而与吉安市吉州区通信传输系统产业存在较强的产业关联，而两大产业集群在空间布局上也存在明显的临近布局，可见具有较强产业关联集群的空间布局对集群的空间布局具有较明显的影响。

二、产业集群发展基础

1. 经济规模逐步扩大，支撑能力大幅提高

2015 年，全省 60 个重点产业集群实现主营业务收入 10361.4 亿元，完成利税 865.4 亿元，主营业务收入占全省规模以上工业主营业务收入比重为 31.9%。主营业务收入超百亿元产业集群 41 个，超 300 亿元产业集群 10 个。前 10 强产业集群主营业务收入达 4099.6 亿元，占 60 个重点产业集群的 39.6%。其中，南康家具产业集群 2015 年突破 800 亿元，主营业务收入达到 830 亿元（见表 4-64）。

表 4-64　2015 年江西重点产业集群地区分布　　单位：亿元

地区及产业集群	行业	主营业务收入	利税总额
一、南昌市（9 个）	—	1596.4	151.3
青山湖区针织服装产业集群	纺织	280.0	23.4
南昌高新区光电及通信产业集群	电子信息	271.6	10.3
南昌小蓝汽车及零部件产业集群	汽车	315.0	56.7
安义铝合金塑钢型材产业集群	建材	118.0	8.3
进贤医疗器械产业集群	医药	101.5	10.7

续表

地区及产业集群	行业	主营业务收入	利税总额
南昌小蓝医药产业集群	医药	115.0	13.2
南昌高新区软件和信息服务业产业集群	软件	125.0	15.8
南昌经开区光电产业集群	电子信息	200.0	8.5
进贤县钢结构产业集群	钢铁	70.3	4.4
二、九江市（9个）	—	1543.9	145.4
九江沿江钢铁产业集群	冶金	301.1	13.5
共青城羽绒服装产业集群	纺织	268.0	30.9
江西星火有机硅产业集群	石化	210.0	25.0
瑞昌棉纺织产业集群	纺织	165.0	19.2
武宁节能灯产业集群	轻工	150.0	21.1
庐山区绿色食品产业集群	食品	144.9	8.5
共青城手机产业集群	电子信息	121.7	14.1
庐山玻纤及复合材料产业集群	建材	41.2	2.2
德安棉纺织产业集群	纺织	142.0	10.9
三、景德镇市（3个）	—	737.0	51.2
乐平精细化工产业集群	石化	310.0	30.7
景德镇陶瓷产业集群	轻工	157.0	11.3
景德镇直升机产业集群	航空	270.0	9.2
四、萍乡市（3个）	—	265.0	46.0
湘东工业陶瓷产业集群	建材	128.4	12.1
芦溪电瓷产业集群	机电	86.6	18.7
上栗县粉末冶金产业集群	冶金	50.0	15.2
五、新余市（3个）	—	620.5	25.4
新余钢铁及钢材加工产业集群	钢铁	399.7	9.1
新余高新区光伏产业集群	光伏	198.8	13.3
分宜苎麻纺织产业集群	纺织	22.0	3.0
六、鹰潭市（3个）	—	855.7	49.7
贵溪铜及铜加工产业集群	有色	419.7	26.3
鹰潭铜合金材料产业集群	有色	378.0	17.7
鹰潭水工产业集群	轻工	58.0	5.7
七、赣州市（6个）	—	1258.1	52.5
南康家具产业集群	轻工	830.0	16.2
赣州稀土磁性材料及永磁电机产业集群	有色	195.0	10.8
龙南稀土精深加工产业集群	有色	95.0	8.3
会昌氟盐化工产业集群	石化	35.8	4.6

续表

地区及产业集群	行业	主营业务收入	利税总额
上犹玻纤及新型复合材料产业集群	建材	50.1	7.2
信丰数字视听产业集群	电子信息	52.2	5.4
八、宜春市（10个）	—	1711.7	162.0
高安建筑陶瓷产业集群	建材	271.5	27.3
樟树医药产业集群	医药	351.1	17.5
奉新棉纺织产业集群	纺织	137.6	16.2
袁州医药产业集群	医药	150.0	13.2
上高绿色食品产业集群	食品	132.0	18.2
丰城再生铝产业集群	有色	335.0	33.8
上高制鞋产业集群	轻工	121.0	18.2
樟树盐化工产业集群	石化	142.5	12.1
高安光电产业集群	电子信息	40.5	3.1
宜春锂电新能源产业集群	锂电	30.5	2.4
九、上饶市（4个）	—	715.7	70.3
上饶经开区光伏产业集群	光伏	460.0	41.5
横峰有色金属综合回收利用产业集群	有色	156.4	20.3
广丰县红木产业集群	轻工	48.3	4.8
上饶经开区光学产业集群	机械	51.0	3.7
十、吉安市（7个）	—	771.4	84.7
井开区通讯终端设备产业集群	电子信息	219.0	21.5
吉安县数字视听产业集群	电子信息	155.0	19.0
永丰碳酸钙产业集群	建材	78.9	10.2
新干盐卤药化产业集群	石化	81.6	9.6
永新皮制品产业集群	轻工	51.3	5.8
泰和触控显示器产业集群	电子信息	73.4	8.4
吉州区通讯传输系统产业集群	电子信息	112.2	10.2
十一、抚州市（3个）	—	286.0	26.9
崇仁变电设备产业集群	机电	101.0	9.4
抚州高新区汽车及零部件产业集群	汽车	115.0	11.5
金溪香料产业集群	石化	70.0	6.0
全省合计（60个）	—	10361.4	865.4

2. 集聚效应显著提高，带动能力大大增强

龙头企业发展壮大，围绕龙头企业各类产业逐步集聚，产业链不断延伸。龙头企业引领、链条延伸、集聚共进的局面初步形成。截至2015年底，全省60

个重点产业集群集聚相关企业 12968 户；主营业务收入增长 10.5%，利税增长 10.8%。全省工业园区增加值、主营业务收入分别占规模以上工业的 82.6%、78.6%。60 个重点工业产业集群主营业务收入占规模以上工业比重为 31.9%，对工业增长的贡献率为 70.9%。

3. 产业门类齐全，布局集中、特色鲜明的集群发展格局初步形成

全省产业集群主要集中在战略性新兴产业和传统优势产业两大领域，电子信息、生物医药、航空、先进装备制造、新能源、新材料等 26 个新兴产业实现主营业务收入 4025.4 亿元，增长 16.1%，利税 367.2 亿元，增长 14%，对全省重点产业集群贡献率分别达到 50.7%和 34.9%。

按照“抓点、连线、扩面、健体”立体式推进的要求，以园区为主要载体，布局集中、特色鲜明的全省产业集群发展格局正在形成，产业集群的地区分布相对均衡。2015 年，中北部昌九一体化地区、赣东北景鹰饶地区、中南部吉抚赣地区、赣西新宜萍地区产业集群的主营业务收入占比分别达到 30.31%、22.28%、22.35%、25.07%，利税总额占比分别达到 34.28%、19.78%、18.97%、26.97%（见图 4-1）。

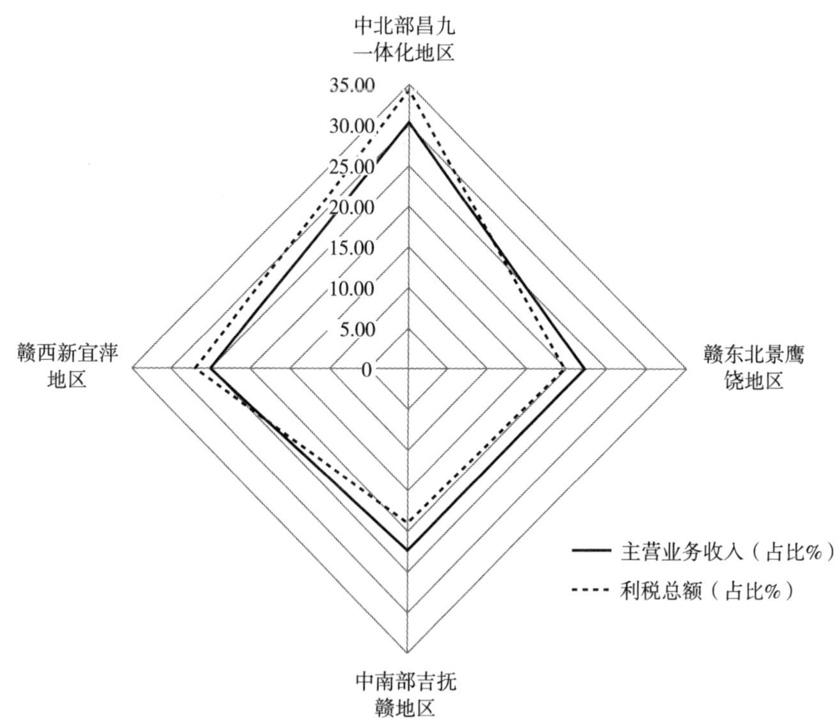

图 4-1　江西重点产业集群的区域格局

4. 创新能力持续提升，节能降耗成效突出

创新平台建设取得新进展。到2015年底，全省高新技术企业1931家，省级以上企业技术中心256家，组建了光伏、汽车及零部件、锂电、航空、电子信息等一批产业技术创新联盟。创新成果日益显现，工业领域专利申请数、拥有量等明显增加，培育形成了一批具有自主知识产权的产业重大技术专利。“十二五”期间累计开发省级新产品1757项，“硅衬底蓝色发光二极管”技术获得国家技术发明一等奖。2015年，全省规模以上工业企业实现新产品产值和收入分别达到1871.9亿元和1756.4亿元。全省规模以上单位工业增加值能耗下降6.7%，五年累计下降33.8%，超额完成“十二五”目标。

在取得显著成绩的同时，也存在着一些矛盾和问题，主要表现在：产业集群规模偏小，产业集聚水平较低；产业创新能力不强，园区投入产出效益低；园区基础设施建设相对不足，社会服务功能弱等。

三、产业集群发展重点领域

以工业园区为平台，集聚资源，聚焦发力，以高端化、集约化、特色化为导向，实施战略性新兴产业集群倍增计划，努力实现全省战略性新兴产业集群经济规模倍增、龙头企业规模倍增、示范基地倍增。分类推进全省产业集群发展，着力推进战略性新兴产业重点板块崛起，培育壮大20个特色和优势突出、产业链协同高效、核心竞争力强的战略性新兴产业集聚区。持续做强做大产业集群规模，优化产业结构，提升质量效益，打造江西工业强省主力军。

（一）推进优势型产业集群爆发式升级

在推进优势型产业集群升级方面，主要围绕电子信息产业集群和生物医药产业集群这两大集群。

1. 电子信息产业集群

立足现有产业基础，发挥产业配套优势，积极对接江西省十大战略性新兴产业要求，以南昌高新区光电及通信产业集群、南昌经开区光电产业集群、吉安井开区通信终端设备产业集群为主体，聚拢电子信息技术相关企业，延长产业链，着力在信息通信设备、半导体照明产业以及软件产业等方面有关键突破。加快新一代信息技术企业研发中心建设，实施电子智能电网产品研发及产业基地、数字化高端设备生产、一体化现代商贸流通智能枢纽、IDC云计算数据中心、新型移动虚拟运营业务等一批建设项目，壮大电子信息产业集群。主要包括三个方面，即：提升信息通信设备制造层次，发展电子信息制造业；加强龙头企业引领，抢占半导体照明产业链高地；着力发展软件与信息服务业，培育信息产业新增长点。

2. 生物医药产业集群

紧紧抓住国家大力发展生物医药产业的重要契机，以樟树医药产业集群、袁州医药产业集群为龙头，壮大南昌小蓝等医药产业集群。巩固提升生物医药产业，做大做强现代中药和医疗器械，一是大力发展非专利化学药、生物技术药物。采用先进技术对现有中药优势产品进行二次创新和开发。二是培育发展生物制造，包括发展生物基化学品、生物基材料、微生物制造技术和工艺应用。三是创新中药及个性化治疗药物。加快引进研发生物制药先进技术和产品，重点发展防治重大疾病和传染病、疗效显著、使用安全的生物药物，以及其他生物制剂。四是提高医疗器械的创新能力和产业化水平，重点发展影像设备、医用机器人等高性能医疗器械和医用耗材，加快开发科技含量高、附加值高的医疗器械产品，大力培育自主品牌，特别是集光、电、仪为一体的医疗器械产品。

（二）推进成长型产业集群跨越式升级

在推进成长型产业集群升级方面，主要围绕节能环保产业集群、新能源产业集群、新材料产业集群、航空制造产业集群、先进装备制造产业集群、绿色食品产业集群等。

1. 节能环保产业集群

大力发展节能环保产业，助推产业集群绿色升级。一是重点发展节能、环保、综合利用三大领域的技术、装备及产品，包括机电和锅炉、水气和固体废物、大宗矿产资源再制造。二是配套发展四类节能环保服务，包括合同能源管理、环境治理、融资租赁、运营管理。

2. 新能源产业集群

培育成为江西具有竞争力的优势产业。一是重点发展光伏制造，包括高纯硅料、硅片、电池与组件。加快技术创新和产业升级，整合产品和后端服务。二是大力推进光伏、风电开发利用，带动发展风电等其他新能源产业。三是重点实施五大光伏终端应用和风电示范应用工程。四是实施新能源集成利用示范重大工程。主要实施高效多晶硅片产业化、光伏微逆变器技术研究、180 万千瓦光伏发电、百万千瓦风电工程等一批建设项目。五是做大做强绿色照明产业集群和锂电新能源产业集群，依托武宁节能灯产业集群，促进节能灯产业向绿色照明灯饰产业转型升级。积极推进宜春锂电产业升级发展，大力培育赣州锂电产业发展。六是依托上饶经开区光伏产业集群和新余高新区光伏产业集群，打造上饶光伏产业集聚区和新余光伏产业聚集区。

3. 新材料产业集群

以结构功能复合化、功能材料智能化、材料器件集成化、制备技术绿色化为目标，依托和整合贵溪铜及铜加工产业集群、赣州稀土磁性材料及永磁电机

产业集群、九江沿江钢铁产业集群、龙南县稀土精深加工产业集群、安义铝合金塑钢型材产业集群、安义铝合金塑钢型材产业集群、上犹玻纤及新型复合材料产业集群、芦溪县电瓷产业集群等基础优势，加快协同研发和合作分工，突破关键技术，促进基础材料升级换代，突破一批关键核心技术，取得一批自主创新专利，新材料各个重点领域均能形成1~2家具有国际竞争力的企业。一是重点发展有色金属和有机硅、玻璃、功能陶瓷等非金属新材料，包括高精铜材、优特钢材、铜基合金、钨硬质合金、稀土和钽铌深加工、有机硅下游高端制品、玻璃和玻纤复合材料、耐腐耐磨及高温陶瓷、生物质纤维。二是做好超导材料、纳米材料、石墨烯、生物基材料等战略前沿材料提前布局和研制，争取纳米材料、膜材料、碳纤维及复合材料进入国家战略产品目录。三是着力强化基地建设，培育壮大赣州稀土产业集聚区、鹰潭铜加工产业集聚区、广丰金属材料产业集聚区，芦溪县电瓷产业集聚区，形成以赣州、鹰潭、南昌、景德镇为重点地区的新材料产业集群发展格局，打造全国乃至世界新材料研发和生产基地。

4. 航空制造产业集群

一是重点发展高端航空制造，包括直升机、教练机、通用飞机、无人机、民机大部件制造及转包。二是加快大型飞机研制。鼓励国际合作研制重型直升机。瞄准国内外附加值较高机型，采取引进、合资合作等方式吸引国外直升机整机在江西生产，进一步推进直升机产业化。三是加快发展无人直升机。促进产学研结合，增强无人直升机研制能力，积极筹资进行生产条件、试飞条件建设，发展壮大无人直升机规模。四是加快发动机自主研发，开发先进机载设备及系统，形成自主完整的航空产业链，打造成国内重要的现代直升机总装集成及配套承载区。五是培育发展航空服务，组建南昌通用飞机公司，加快建设机场、通航运营、临空经济区，实施机场地面设备及空管生产、航空大学科技园等一批建设项目，分期在宁都、婺源、共青城等20多个县市建设通用机场。

5. 先进装备制造产业集群

一是以“高端化、集聚化、特色化”为发展方向，重点发展智能制造、交通装备、高效矿山工程机械三大领域的技术与产品，包括专用数控机床、传感器、智能仪表、LED和光伏专用设备、特种电机、电网用电器、新型起重机、矿山巷道采掘成套设备。二是加快发展具有自主知识产权的关键基础零部件、大型成套装备、高新技术装备、智能装备和绿色装备，促进产业提质增效。智能制造装备重点发展高档数控机床、智能测控装置、关键基础零部件。三是培育壮大南昌先进装备制造产业集聚区、上饶光学产业集聚区和崇仁变电设备产业集聚区，建设南昌先进装备高端制造、昌九先进装备制造、赣东北特色产业、赣西高效矿山与工程机械、赣南等原中央苏区特色产业五大先进装备制造产业基地。

6. 绿色食品产业集群

紧扣精深加工、品牌培育、市场营销、质量监管等关键环节，重点打造庐山区绿色食品产业集群、上高绿色食品产业集群、青山湖食品产业集群等 10 个富有江西特色的百亿产业集群，发展壮大一批绿色食品骨干龙头企业，形成原料生产、储藏加工、物流配送、市场销售等完善的绿色食品产业链，着力发展方便休闲食品、营养保健食品、绿色有机食品、功能特色食品等现代食品，打造全国绿色食品产业发展集聚区和示范区。

（三）推进培育型产业集群突破式升级

主要包括新能源汽车产业集群、智能制造装备产业集群、集成电路产业集群等。

1. 新能源汽车产业集群

以新能源汽车整车产品为引领，突破关键技术，引进先进技术，突出自主创新，推进纯电动汽车、动力电池等配套设备生产跨越式发展，打造国内重要的特色化电动商用车发展基地。围绕锂电产业集群和电动汽车产业集群建设，加强以南昌、宜春、新余、九江、赣州为聚集区的工业园区和产业集群合作对接，培育壮大宜春锂电及电动汽车产业集聚区。

2. 智能制造装备产业集群

以南昌为重点，以九江、吉安、赣州为重要支点，加快形成特色鲜明、产业链条比较完善、辐射带动作用突出的智能制造装备产业集群，培育构建南昌机器人产业集聚区。

3. 集成电路产业集群

要着力提升集成电路设计水平，发展集成电路设计业，发展先进封装测试业，突破集成电路关键装备和材料；并以南昌为重点，加强与九江、吉安、新余等地联动发展，培育壮大南昌集成电路产业集聚区。

（四）推动传统产业集群改造提升

改造提升钢铁、有色、石化、建材、纺织、轻工产业集群发展水平，以智能制造、绿色制造、精密制造为方向，引导上述产业向价值链高端发展，打造传统产业集群升级版，创造传统产业集群新优势。

1. 钢铁产业集群

以“突出沿江、做精产品、做强企业、重在转型”为主要思路，重点推进九江沿江钢铁产业集群、新余钢铁及钢材加工产业集群和进贤钢结构产业集群发展。加快钢铁产业优化重组。加快南昌进贤钢结构产业集群和萍乡金属新材料及粉末冶金产业集群发展壮大。促进产品多元化、差异化，优化产品结构，

增加船用钢板、汽车扁钢、钢绞线等优势产品市场份额。延伸产业链，淘汰落后产能，发展钢材精深加工业，培育不锈钢、汽车零部件用钢等新特色产业集群。

2. 有色金属产业集群

以贵溪铜及铜加工产业集群、鹰潭铜合金材料产业集群为重点，以横峰有色金属综合回收利用产业集群、赣州稀土磁性材料及永磁电机产业集群、丰城再生铝产业集群、龙南稀土精深加工产业集群为补充，以有色金属的精深加工和终端产品为主攻方向，不断延伸加工链条，提高中高端精深加工产品比例，发展有色金属终端加工产品，优化发展铜、钨深加工和稀土等特色产业集群。

3. 纺织服装产业集群

以南昌市青山湖区针织服装产业集群、共青城羽绒服装产业集群、瑞昌棉纺织产业集群、德安棉纺织产业集群、奉新棉纺织产业集群为依托，继续做好发达地区产业承接，以棉纺、针织、化纤及特色家纺为重点，加快产品和技术升级换代，优化产品结构，提高产品档次，增强服装设计能力，提高产品附加值，推进产业在线协同设计和电子商务等应用，培育一批国内服装知名品牌。加快服装产业集群协调对接，加强合作共赢。

此外，要大力推进化工产业集群、建材产业集群、轻工产业集群、汽车及零部件产业集群、船舶产业集群、机电产业集群等，培育一批在国内外有一定知名度的特色产业集群和名牌产品。

四、产业集群发展空间布局

根据《江西省“十三五”工业园区和产业集群发展升级规划（2016—2020）》，构建全省工业园区和产业集群“一核四区百群”空间布局。推进特色块状经济集群化发展，重点打造“一核四区”工业园区特色增长极和区域产业集群板块。推进各地区找准特色、突出重点、错位发展、优势互补。强化产业集群之间、工业园区之间的合作对接，进一步优化全省产业空间布局，培育壮大 100 个重点产业集群，全省总体形成“一核四区百群”的产业集群空间格局。

（一）“一核”

“一核”即昌九一体化地区，应以重大前沿技术、重大装备、重化工业为主，重点发展航空、汽车、石化、造船、电子信息、智能制造、大数据、云计算等产业集群，发挥昌九地区的龙头带动作用。

（二）“四区”

1. 中部吉抚地区

中部吉抚地区包括吉安市和抚州市，重点发展电子信息、机械制造、生物医药等产业集群，以关键设备、关键零部件和关键材料产业为主，加强与其他地区配套协作发展。

2. 赣东北景鹰饶地区

赣东北景鹰饶地区包括景德镇市、鹰潭市和上饶市，主要以机械装备、有色冶金、光伏新能源、光机电等产业集群为主攻方向，努力实现整机和零部件产业协调发展。

3. 赣西新宜萍地区

赣西新宜萍地区包括新余市、宜春市和萍乡市，产业发展以新能源、新材料、农产品加工为主，重点发展光伏、钢铁及金属新材料、绿色食品等产业集群。

4. 南部赣州地区

南部赣州地区依据赣州市工业园区和产业集群特色，重点发展有色冶金、家具制造等产业集群，以关键材料产业为主，加强与其他地区配套协作发展。

（三）“百群”

“百群”即在“十三五”期间，以工业园区为平台，把产业集群作为工业转型升级的主抓手，通过积极推动优势产业、优势企业、优势资源和要素向工业园区集聚，以加快发展60个省重点产业集群为基础，实施滚动发展计划，逐步培育壮大100个重点产业集群。

2019年，江西全省共认定13个工业产业集群为新增省级重点工业产业集群①，即鹰潭高新技术产业开发区移动物联网产业集群、袁州工业园区智能装备制造产业集群、东乡经济开发区新材料产业集群、南丰工业园区绿色食品产业集群、余江工业园区雕刻工业产业集群、修水工业园区绿色食品产业集群、莲花工业园区空压机产业集群、永丰工业园区生物医药大健康产业集群、遂川工业园区线路板及移动电源产业集群、永新工业园区超纤复合新材料产业集群、大余工业园区有色金属新材料产业集群、上饶高新技术产业园区电子信息产业集群、万年高新技术产业园区纺织新材料产业集群。与此同时，考虑到现有的广丰红木产业集群、永新皮制品产业集群产业规模逐年萎缩，且已不作为当地主导产业发展，将这两个产业集群调整退出省级重点工业产业集群。2019年认定调整后，全省省级重点工业产业集群为100个。

① 江西省工业和信息化厅关于新增调整省级重点工业产业集群的通知［EB/OL］.（2019-11-18）. http：//www. jiangxi. gov. cn/art/2019/11/21/art_5006_830713. html.

第五章　旅游业发展

改革开放以来，江西省旅游业逐步由粗放开发期走向集约发展期，2001 年开始将旅游业建设成为江西省支柱产业之一，以旅游产业体系建设为目标的各项行动得到了全面推进。江西省旅游资源丰富，具备大力发展旅游业的良好基础。"十三五"时期以来，江西省在加快推进文化强省、旅游强省建设方面做了大量的工作，"江西风景独好"品牌建设取得瞩目成绩。

第一节　旅游业发展现状与问题

江西省现代旅游业起步较早，自 1958 年国务院批准成立中国国际旅行社南昌分社，至今已有 60 多年历史。但是作为一项产业，则是从党的十一届三中全会以后逐步发展起来的。目前，江西省旅游业已基本完成由事业接待型走向经济产业型的发展转型，形成建立重点旅游区线，行、游、食、住、购、娱六大要素系统配套的综合产业体系，旅游客源市场不断拓展，旅游经济体制和运行机制发生了深刻变化，旅游产业规模明显扩大。

一、旅游业发展历史进程

自"八五"计划以来，江西省旅游业出现了稳定增长的局面；进入"九五"计划以后，逐步进入发展的快速道；20 世纪和 21 世纪之交，江西省委、省政府于 2000 年 1 月 1 日出台《关于加快旅游业发展的决定》，江西省人民政府于 2001 年 1 月 1 日发出《江西省人民政府批转省旅游局关于江西省旅游业"六个一"工程实施方案的通知》，吹响了 21 世纪初江西省建设旅游支柱产业的号角；2004 年，江西省在全国率先出台《江西省红色旅游发展纲要》；2011 年江西省《政府工作报告》中，对旅游工作提出明确要求，提出建设红色旅游强省、生态旅游名省、旅游产业大省。2013 年 10 月 15 日，《中共江西省委、江西省人民政府关于推进旅游强省建设的意见》明确提出，要像抓工业化城镇化那样抓旅游，尤其是旅游资源丰富的地区，要将旅游发展摆在更加突出的位置。2019 年《江西省旅游产业高质量发展三年行动计划（2019—2021 年）》提出了“实施产品大提升行动、实施环境大优化行动、实施市场大开拓行动、实施资源大整合行动”四大行动，江西省旅游发展迎来了新的历史机遇。

（一）整体发展：在开放中成长

改革开放初期，江西省旅游业发展较为缓慢。1979 年，江西全省全年国际旅游接待仅 4384 人次，旅游创汇仅 61.7 万美元。随着我国经济和社会的发展变迁，江西省旅游业在 30 多年间保持快速增长的总体趋势，旅游产出水平不断攀上新高。

2015 年，江西省全年接待国内旅游者 38392.18 万人次，比上年增长 23.3%；接待入境旅游者 155.28 万人次，在前几年的高速增长之下有所回转，比上年减少 9.6%。实现旅游总收入 3637.65 亿元，增长 37.3%。其中，国内旅游收入 3600.45 亿元，增长 37.7%；国际旅游外汇收入 5.67 亿美元，增长 2.0%。新增瑞金共和国摇篮旅游区、宜春明月山旅游区两个国家 5A 级景区，鹰潭获批首批国家级旅游业改革创新先行区。

2019 年，全省接待国内旅游者 79078.28 万人次，比上年增长 15.7%；国内旅游收入 9596.67 亿元，增长 18.5%。接待入境旅游者 197.17 万人次，增长 2.8%；国际旅游外汇收入 8.65 亿美元，增长 16.1%（见表 5-1）。

表 5-1　江西省旅游业近 20 年发展情况

年份	1996	2000	2005	2010	2015	2019
国内旅游人数（万人次）	1038.00	2537.00	5057.90	10705.10	38392.18	79078.28
入境旅游人数（万人次）	9.90	16.31	37.25	114.08	155.28	197.17
国内旅游收入（亿元）	47.30	129.55	311.50	794.80	3600.45	9596.67
旅游外汇收入（亿美元）	0.34	0.62	1.04	3.46	5.67	8.65
旅游总收入（亿元）	50.15	134.60	320.02	818.32	3637.65	9656.38

资料来源：根据《江西统计年鉴》（1997、2001、2006、2011、2016、2020）整理。

（二）产业体系培育：从单一到综合

改革开放之初，江西省的旅游接待设施和条件极为短缺和简陋。当时，能接待旅游者的饭店不足 10 家，除了 1949 年前遗留下来的一些老饭店以及计划经济体制下建起来的招待所外，全省没有一家现代意义上的旅游饭店，旅游管理和服务意识基本是空白，民航和铁路交通更成为发展旅游业的瓶颈。江西省旅游业发展之初，旅游供给的短缺制约与国民经济的短缺紧密联系在一起，突出

表现为饭店短缺、交通紧张。

中国旅游产业体系的培育是从计划到市场、从封闭走向开放的渐变过程。以旅行社为例，1985 年中国青年旅行社江西分社在南昌成立；1988 年中国旅行社与国际旅行社南昌分社分开独立经营，至此，江西省基本形成了以国旅、中旅、青旅三大旅行社为主体的接待体系。全省旅行社在数量上有较快增长，1988 年，江西省有 42 家旅行社，2019 年旅行社总数达 909 家。中国加入世界贸易组织（WTO）后，旅行社行业开始了向世界开放，大大加快了江西省旅游业发展的国际化进程。目前江西省旅行社行业已经向境外资本和民间资本两个市场开放，市场竞争格局全面形成。

旅游产业体系的培育是从单一走向多元、从局部走向全面的发展过程。从产品上看，早期是以单一的全包价团队观光旅游为主；随着经济社会的发展，旅游目的地接待设施的不断完善和旅游产业集群优势的发挥，旅游产品发生了巨大的变化，自驾车旅游、公务商务、会展奖励、休闲度假、特种旅游等旅游类型的比重越来越大。从空间上看，江西省旅游业发展初期以观光为主的旅游是以景德镇、井冈山、九江等少数热点城市串联起的点线结构；随着旅游市场的多元化，各级各类中心城市旅游不断涌现，带动了周边地区的旅游开发，形成了以区域旅游为主的板块结构。从产业形态上看，江西省已经形成一批具有国际水准的旅游吸引物、旅游设施和旅游企业：以多个世界自然文化遗产为代表的顶级吸引物；以庐山、三清山、井冈山等为代表的精品景区；以南昌市、九江市、景德镇市等为代表的城市型旅游目的地；总体上形成了能满足国内外旅游者不同需求的产品、服务体系和以目的地为核心的产业集群。

旅游产业体系的培育是一个动态完善和持续创新的过程。随着国内外旅游市场的竞争越来越激烈，旅游目的地和经营者的创新意识也越来越强。特别是随着新的资源不断开发、新的产品不断涌现、新的技术不断应用，传统的经营方式受到极大的挑战，加大了企业的生存难度，也激发了企业创新的要求。江西省旅游业在发展过程中也不断产生新领域和新业态，如休闲度假、数字旅游、会展奖励旅游、经济型饭店、游轮游艇、实景演艺、旅游智业等。进入 21 世纪以来，江西省旅游业新产品不断产生，如生态旅游、乡村旅游、工业旅游、红色旅游、军事旅游、温泉旅游、湖泊旅游、健康旅游、科技旅游等。这些新产品有效推动了江西省旅游业的产品结构、产业结构和客源市场结构的新变化。旅游业对传统产业的改造和传统业务的提升，也不断创造出新的领域，形成新的业态。

（三）旅游市场开拓：从宣传到营销

在旅游业起步阶段，受供给短缺的制约，旅游工作的重点是对供给的管理。

随着旅游接待服务设施的逐渐充裕和旅游市场竞争的加剧，旅游工作的重点转向供给管理与需求管理的协调兼顾。旅游市场开发是需求管理中最重要的一项。以需求为导向，高度重视市场营销，是旅游业突出的特色，也是世界各国业界的普遍做法，反映了旅游业发展内在规律的要求。

2003 年 SARS 使江西省旅游业经历了真正意义上的市场危机，旅游人数和收入陡然减少 20%，重振刚刚崛起的旅游业，成为当时江西省旅游管理部门和旅游企业的重大课题。在此背景下，全省各级政府进一步意识到旅游促销的重要性和必要性，增拨专项资金，在国内进行旅游形象的塑造和旅游产品的推广。为扭转旅游市场的下滑局面，江西省使用了多种市场营销手段和开展了多市场促销活动，包括主动发布旅游信息，提供优惠价格，参加国际、国内旅游展览会，邀请国内外旅行商等。例如，2012 年 5 月江西省旅游局与韩国最大旅行商合作引进的韩亚航空从韩国首尔往返南昌的旅游包机，彻底改变了原来的旅游促销理念和方式，从零星的、随机的被动宣传，变为主动的、有计划的、全省性的旅游目的地营销。实践证明，江西省采取的这些旅游市场促销行动在确立和改善“江西风景独好”旅游品牌形象、提高江西省旅游吸引力等方面取得了巨大的成效。

进入 21 世纪，江西省各地开始开展多样化、多元化的营销，尤其“江西风景独好”日益成为江西省旅游促销的形象宣传口号。2015 年江西省旅游局组织全省各相关设区市旅游局、旅游景区和旅行社在台湾、香港举行江西（台湾）、江西（香港）旅游推广周活动。旅游媒介的选择也越发多样化，从以杂志、宣传册等书面媒体为主，到电视、互联网、影音光碟（VCD）、制作精美的旅游图册及富有特色的地方性旅游导游手册、手机短信等，单一手段的市场营销被淘汰，代之以复合式、大范围、多角度、全方位的与国际接轨的营销模式。

（四）科教兴旅：从策略到战略

江西省旅游教育体系主要包括院校教育和成人教育。旅游院校教育分为中等职业教育和高等教育两个层次，旅游成人教育主要由旅游培训中心以及部分旅游院校来承担。20 世纪 70~80 年代，江西省旅游从业人员的主要来源是面向社会招聘的职高生和其他待业人员，以及少量从高等院校毕业的外语或经济类人才。进入 20 世纪 90 年代后，江西省旅游教育发展迅速。南昌大学、江西师范大学、九江学院、江西财经大学等高校先后成立旅游院系，江西省旅游学校也在扩大招生，各设区市开办了旅游职业高中，形成了多层次的人才培养体系。

据《中国旅游统计年鉴》数据，2019 年江西省旅游从业人数为 97147 人，占全省从业总人数的 0.37%，与中部地区的河南、湖北、湖南、山西、安徽等省份相比，排名最后，比排在倒数第二的山西省 98117 人相差不大。要实现江西省政府提出的战略目标，需要迅速充实和提升江西省旅游从业人员队伍。

为了选拔导游人才，1989 年实行导游资格考试，1995 年开始推行导游员等级考试。1997 年开始，江西省旅游局组织举办全省旅行社经理资格认证培训班，其他如饭店、旅游车船公司等单位的中高层管理人员培训班也多次举办。截至 2019 年底，全省持有导游资格证书的人员达到 67.23 万人。

二、旅游业发展现状

江西省旅游资源种类全、数量多、品位高，拥有国家旅游资源标准分类的八大类 155 种中的 153 种，有山、湖、城、村四大景观主体及红、绿、古三大旅游特色。截至 2022 年 10 月，江西省拥有 5 处世界遗产，3 个世界地质公园，2 处国际重要湿地，18 个国家级风景名胜区，213 个 4A 级旅游景区，14 个 5A 级旅游景区等一大批世界级、国家级及省级品牌，全省形成了以山、湖、城、村为主体的旅游目的地体系和“红色摇篮·绿色家园·观光度假休闲旅游胜地”的品牌形象。依靠庐山、滕王阁、三清山、婺源、龙虎山、井冈山等闻名海内外的旅游资源，加上临近江苏省、浙江省、上海市等经济发达区域的经济背景，便捷的交通网络体系，以及人民生活水平的提高，为江西省旅游市场的开拓与发展提供了强大的支撑和动力，并形成了巨大的潜客源市场。2019 年，江西全省接待国内旅游者 79078.28 万人次，比上年增长 15.7%；国内旅游收入 9596.67 亿元，增长 18.5%。接待入境旅游者 197.17 万人次，增长 2.8%；国际旅游外汇收入 8.65 亿美元，增长 16.1%，江西省整体旅游经济实力显著提升。

截至 2019 年末，从旅游宾馆饭店来看，江西省 11 市拥有旅游星级饭店 363 家，比 2007 年（350 家）增长 3.7%。其中，五星级饭店 16 家，比 2007 年（5 家）增长 220.0%；四星级饭店 139 家，比 2007 年（45 家）增长 208.9%，可见，江西省高星级饭店呈增加的趋势，减少的是低星级饭店的数量。导游方面，江西全省挂牌导游达到 31860 人，比 2007 年（13100 人）增长 143%。旅行社方面，江西省共有旅行社 909 家，比 2018 年增加 50 家。旅游品牌创建方面，5A 级旅游景区 13 处，增长 1200.0%（2007 年 1 处），4A 级旅游景区 181 处，增长 1292.3%（2007 年 13 处）；世界遗产 5 处，比 2007 年（1 处）增长 400.0%；此外，世界地质公园 2 处，国际重要湿地 1 处。江西省的旅游接待能力不断增强。

三、旅游业发展评价

2013 年 10 月，《中共江西省委、江西省人民政府关于推进旅游强省建设的意见》对江西省旅游发展作出了方向性的指导和明确的要求。江西省加强了旅游机构的改革，重视资源整合、抱团发展，努力做好国内旅游到发展境外旅游拓展等工作，为江西建设旅游强省奠定了坚实的基础。

根据旅游强省的基本概念和旅游产业特征，按照科学性和可比性相结合、完备性和代表性相结合、定量和定性相结合的原则，通过对旅游领域专家、旅游管理人员以及旅游企业负责人进行深入访谈，最终形成旅游强省综合评价指标体系框架，如表 5-2 所示。该指标体系由 6 个一级指标和 40 个二级指标构成，从资源禀赋、市场业绩、产业素质、基础条件、产业效应和政策环境方面对江西旅游强省进行全面系统的测评。

表 5-2 江西省建设旅游强省评价指标体系

一级指标	二级指标
资源禀赋 A1	旅游资源知名度 B1、旅游资源品位度 B2、旅游资源规模 B3、旅游资源组合情况 B4、旅游资源类型丰度 B5、旅游精品线路建设 B6
市场业绩 A2	国内旅游收入 B7、旅游外汇收入 B8、旅游接待总人次 B9、游客人均逗留天数 B10、游客人均消费额 B11、散客占总游客的比例 B12
产业素质 A3	旅行社数量 B13、星级酒店数量 B14、旅游企业营业收入 B15、旅游企业从业人员数量 B16、平均客房出租率 B17、旅游企业全员劳动生产率 B18、旅游投资平均收益率 B19、旅游企业平均利润率 B20
基础条件 A4	国内生产总值（GDP）B21、人均可支配收入 B22、地方财政收入 B23、城镇居民恩格尔系数 B24、交通条件 B25、区位条件 B26、森林覆盖率 B27、人均公共绿地面积 B28、空气质量指标 B29
产业效应 A5	旅游收入占 GDP 比例 B30、旅游收入占第三产业增加值比例 B31、旅游业创造的就业岗位数量 B32、每万人从事旅游相关行业的数量 B33、旅游企业税金对财政收入贡献率 B34
政策环境 A6	是否纳入全省战略 B35、是否设立旅游发展专项基金 B36、旅游发展规划 B37、旅游管理制度建设 B38、旅游法规建设 B39、宣传促销 B40

分析中，通过构建多级模糊综合评价模型，将不确定的模糊因素通过模糊数学的方法加以量化，以反映各指标之间的模糊关系，评价结果更能体现现实情况。具体见表 5-3。

表 5-3 江西省建设旅游强省评价各指标权重赋值结果

一级指标	权重	二级指标（权重）
资源禀赋 A1	0.163	B1（0.288）、B2（0.171）、B3（0.075）、B4（0.054）、B5（0.190）、B6（0.222）
市场业绩 A2	0.249	B7（0.166）、B8（0.277）、B9（0.243）、B10（0.089）、B11（0.154）、B12（0.071）

续表

一级指标	权重	二级指标（权重）
产业素质 A3	0.275	B13（0.128）、B14（0.131）、B15（0.184）、B16（0.067）、B17（0.212）、B18（0.050）、B19（0.1008）、B20（0.120）
基础条件 A4	0.054	B21（0.189）、B22（0.148）、B23（0.055）、B24（0.076）、B25（0.145）、B26（0.224）、B27（0.034）、B28（0.041）、B29（0.088）
产业效应 A5	0.171	B30（0.328）、B31（0.134）、B32（0.225）、B33（0.147）、B34（0.166）
政策环境 A6	0.088	B35（0.237）、B36（0.219）、B37（0.147）、B38（0.106）、B39（0.178）、B40（0.113）

根据综合评价结果（具体过程略），得到以下研究结论：

1. 江西旅游强省建设总体评价为一般偏差水平

通过测算发现，江西省旅游业仍有许多指标未达到旅游强省标准，主要指标与旅游强省差距较大。根据《2014 中国旅游业发展报告》显示，省域旅游综合竞争力排名前十的主要是长三角和沿海经济发达省份，中部地区有安徽省和湖南省，江西省处于中下游位置，与前十强省和中部地区省份仍存在较大差距，江西旅游强省建设任重道远。

2. 旅游资源禀赋综合评测结果为一般偏好

总体上看，江西省旅游资源数量丰富、类型多样，品位度和珍稀度较高。江西省现拥有 2 个国际重要湿地、5 处世界遗产、13 处世界地质公园、18 家国家级风景名胜区，以及众多的全国重点文物保护单位和革命旧居旧址，生态、文化旅游资源多姿多彩，红色、绿色、古色旅游资源交相辉映。但江西省旅游资源综合开发不够，高质量、有特色的旅游产品比较匮乏，旅游品牌和吸引力不强，旅游资源的产业效应尚未真正形成，成为制约江西省旅游业进一步快速发展的瓶颈因素。

3. 旅游市场业绩、基础条件和产业效应的综合评价结果均为一般等级

江西省属于中部欠发达省份，区位优势不明显。2019 年江西省实现地区生产总值 24757.5 亿元，人均 GDP 为 53164 元，社会经济整体发展水平较低，旅游业发展所依托的经济水平、交通条件和配套设施等都相对薄弱。这些在很大程度上影响了江西省旅游业发展质量的提升，直接地体现在旅游市场表现不佳、旅游产业拉动效应不强等方面。从国家旅游局和江西省公布的统计数据看，2019 年，全省共接待国内旅游者 79078.28 万人次，占全国国内旅游总人数的 13.2%，实现国内旅游收入 9596.67 亿元，占全国的 16.8%。但 2019 年江西省的国际旅游外汇收入仅为 8.65 亿美元，只占到全国旅游外汇总

收入的 0.68%，这与江西省旅游资源优势极不相称。

4. 旅游产业素质的综合测评结果属于相对不高等级

从供给方面看，江西省旅游产业规模偏小、产业结构不尽合理。2019 年省内旅行社 909 家，但规模普遍较小，2019 年全省仅有 2 家入围全国百强旅行社，同时高端品牌酒店供给严重不足，低星级酒店客房出租率偏低。从需求方面看，来赣游客对江西省旅游业整体满意度偏低。据《2016 年江西省游客满意度调查报告》显示，2015 年江西省游客满意度处于“基本满意”水平，在旅游产业链的“吃住行游购娱”六要素上均有不满意因素。游客满意度低，反映出江西省在推进旅游强省建设过程中还存在诸多亟待破除的难点问题。

5. 旅游发展的政策环境综合评测达到良好等级

在六个一级指标中，旅游发展的政策环境综合评测得分最高，也是江西省唯一一个达到“良好”等级的指标。近年来，江西省贯彻创新、协调、绿色、开放、共享的发展理念，积极探索生态文明与经济社会协调发展之路，力争实现在中部的绿色崛起之路。在生态文明建设背景下，江西省委、省政府对发展资源消耗低、环境污染少的旅游业高度重视、高位推动，提出建设旅游强省的战略目标，并出台了一系列重大举措，包括制定发展规划、完善法律法规、出台激励政策、加大资金投入、加强宣传促销等，为江西旅游强省建设创造了宽松的政策环境，形成了建设旅游强省的强大合力和动力。

第二节　旅游业发展空间差异

江西省国内旅游业发展水平不断上升，总体发展水平较低，发展布局逐步由集中向扩散发展，整体发展仍处于不均衡的状态。旅游资源禀赋、区位条件、经济基础、政府政策等因素，是导致江西省旅游业区域差异存在的主要因素。

一、旅游业发展空间差异的总体情况

江西省 11 市旅游业发展差异明显。如旅游业发展比较好的九江市和上饶市，因为拥有闻名中外的庐山和三清山，加上便利的交通条件，旅游业发展比较好；而旅游业发展落后的新余市，因旅游资源相对缺乏，其旅游业发展水平比较低。

表 5-4 反映了 2019 年江西省各市国内旅游总收入和国内旅客总人数情况。

表 5-4　2019 年江西省 11 市国内旅游业发展情况

地区	国内旅游总收入		国内旅客总人数	
	总收入（亿元）	排名	总人数（万人次）	排名
全省	9596.67	—	79078.28	—
南昌市	1244.15	1	9731.96	1
景德镇市	714.73	7	5509.86	8
萍乡市	702.04	8	5824.66	7
九江市	1149.32	3	9067.71	3
新余市	521.75	11	5044.43	11
鹰潭市	577.32	9	5171.23	10
赣州市	1066.28	4	8306.29	4
吉安市	976.86	5	7768.78	6
宜春市	905.12	6	7973.82	5
抚州市	557.16	10	5358.05	9
上饶市	1181.94	2	9321.46	2

资料来源：根据《江西统计年鉴》（2020）整理。

从国内旅游总收入来看，排在前六位的依次是南昌市、上饶市、九江市、赣州市、吉安市和宜春市，国内旅游总收入分别为 1244.15 亿元、1181.94 亿元、1149.32 亿元、1066.28 亿元、976.86 亿元和 905.12 亿元；排在后五位的依次是景德镇市、萍乡市、鹰潭市、抚州市、新余市，旅游总收入分别为 714.73 亿元、702.04 亿元、577.32 亿元、557.16 亿元和 521.75 亿元。

从国内旅客总人数来看，排在前六位的分别是南昌市、上饶市、九江市、赣州市、宜春市和吉安市，旅客总人数分别为 9731.96 万人次、9321.46 万人次、9067.71 万人次、8306.29 万人次、7973.82 万人次和 7768.78 万人次；排在后五位的依次是萍乡市、景德镇市、抚州市、鹰潭市、新余市，旅客总人数分别为 5824.66 万人次、5509.86 万人次、5358.05 万人次、5171.23 万人次和 5044.43 万人次。

综合国内旅游总收入和国内旅客总人数这两个指标来看，排在前三位的均为南昌市、九江市和上饶市，排在后三位的均为鹰潭市、抚州市和新余市。

根据江西省 11 市的区域旅游业发展水平，可以划分为四个梯度，第一梯度为旅游业发达地区，包括南昌市、赣州市、九江市和上饶市；第二梯度为旅游业较发达地区，包括宜春市和吉安市；第三梯度为旅游业发展一般地区，包括景德镇市和萍乡市；第四梯度为旅游业欠发达地区，包括鹰潭市、抚州市和新余市。

二、旅游业发展空间差异的主要原因

（一）旅游资源禀赋度不一

旅游资源作为旅游业发展的物质基础，是旅游业发展的核心要素。在不同类型和不同等级的旅游资源当中，高级别的旅游资源对旅游者有较强的吸引力。江西省旅游区域资源类型丰富，除代表性的井冈山革命根据地遗址、瑞金中央苏维埃共和国遗址等红色资源外，还拥有绿、古、蓝等多项资源类型，如世界自然遗产三清山、中国最美的湖光山色庐山西海、道教圣地龙虎山、客家围屋代表东升围等。相对于全国而言，江西省范围内高级别的旅游资源较少，且分布较为集中。例如，江西省5A级旅游景区数量与江苏省、浙江省相比差距较大。目前，拥有高资源品质的上饶市、九江市、景德镇市等地市旅游发展位居江西省前列，而赣中的抚州市、赣西的新余市等较为薄弱。

（二）各市经济发展水平不一致

城市的经济发展水平能促进和决定旅游业的发展水平。一般来说，衡量城市经济实力的指标通常有GDP、人均GDP、城乡居民收入等。2019年江西省GDP总量全国排名第16位，人均GDP低于全国平均水平。江西省旅游发展总体水平是不断提高的，各地市之间相对差异也在缩小。

但是，由于本身经济基础较为薄弱，江西省与其他省份旅游业发展的差距仍然较大。例如，九江市是江西省著名休闲旅游城市，市域内的庐山西海景区号称江西省的“千岛湖”，与浙江省千岛湖景区相比，虽同属湖泊类资源，但由于庐山西海景区所在区域经济发展水平不高等原因，两个景区的旅游发展水平差异较大。

（三）政策扶持利用度不同

旅游业已经成为各地国民经济中的重要组成部分，政府对旅游业的支持是旅游业的重要外生动力，但各地在支持旅游业方面也是力度不一。以红色旅游这项政策性极强的旅游产业为例，借助国家推动红色旅游的契机，红色旅游于2005年起在江西省如火如荼地发展起来。井冈山风景名胜区在2007年就成为江西省首批国家5A级景区，而素有中国的红色故都、共和国摇篮、中央红军长征出发地之称的瑞金，在旅游知名度及旅游人气上则与井冈山存在较大差距，一直位居江西省旅游发展中后位。从井冈山市和瑞金市行政管理级别、财政支持投入、景区宣传力度以及吉安市和赣州市对两地的扶持政策等，很容易找到导致两者差距产生的原因。

（四）区位状况的差异化

江西省靠近长三角、珠三角以及中部人口密集区域，但区域内交通状况相对较差。因文化的同缘性，周边地区游客在旅游动机、旅游产品类型选择、旅游消费等方面的差异并不显著，更多的是依赖旅游景区的区位状况及旅游产品的吸引力进行选择。虽然江西省资源禀赋程度较高，但不同区域之间资源同质性情况较为普遍，因而区位状况更显突出。目前，上饶市、南昌市、九江市等区域状况较好，尤其是上饶市，自高铁站建成后，从上饶市乘火车直达北京市仅需 6 小时，至上海市、江苏省、浙江省、福建省、安徽省等省份的核心区域的时间基本在 2 小时之内。而赣南区域的区位状况则较差，截至 2017 年底尚无高铁运行线路，安远县、寻乌县至今更是无火车运行，这导致该地区旅游阴影效果明显，无法凸显赣州市旅游资源的绝对价值。随着 2019 年京港澳高铁昌赣段的全面开通，以及未来京港澳高铁赣深段和长赣高铁的建设，赣州市旅游资源的优势将逐渐得到发挥。

第三节　旅游业发展的主要影响因素

一、资源禀赋因素

江西省山清水秀，人文荟萃，旅游资源丰富，发展文化旅游具有良好的基础和条件。在江西悠久的历史发展过程中，勤劳的江西人民创造了光辉灿烂的赣鄱文明，留下了厚重的文化遗产。江西省区位、地形、气候条件独特，形成了众多独特的自然景观，再加上名人辈出，人文旅游资源也独具特色。江西省旅游资源的特点主要表现在：地域分布广泛，类型多样；自然风光独特，人文景观丰富，且相互映衬；生态旅游资源独具特色，红色旅游资源得天独厚等。江西省在丰富、独特旅游资源优势的基础上，形成一些独具特色的旅游景区，对这些旅游资源及代表景区进行分类，如表 5-5 所示。

表 5-5　江西省主要旅游资源及其代表景点

旅游资源类别	代表景区、景点
绿色类旅游资源	庐山、龙虎山、三清山、赣州通天岩、婺源江湾、婺源卧龙谷、南昌天香园、庐山温泉度假区、上饶弋阳龟峰、南昌湾里梅岭等
红色类旅游资源	八一纪念馆、八一广场、贺龙指挥部旧址、井冈山风景旅游区、瑞金红色旅游景区、赣州红色旅游景区等
陶瓷文化类旅游资源	景德镇的陶瓷历史博览区、梁古县衙景区、高岭瑶里风景名胜区等
宗教文化类旅游资源	上清宫、天师府、南天门、正一观、龙虎殿、玉灵观、飞仙台、三清宫等

续表

旅游资源类别	代表景区、景点
蓝色类旅游资源	鄱阳湖湿地公园、新余仙女湖等
古色类旅游资源	滕王阁、千年古村流坑等

资料来源：根据江西旅游网（http：//www.jxslyw.com）相关资料整理而成。

江西省旅游资源丰富，截至2022年10月，江西省拥有世界遗产5处，世界地质公园3个，5A级景区14个，国家级风景名胜区18个，国际重要湿地2处，以及中国历史文化名城和中国历史文化名镇（村）、中国红色旅游经典景区、国家非物质文化遗产等众多旅游资源。这些都为江西省旅游大发展提供了良好的基础条件。

江西省旅游景区、景点主要分布在经济比较发达的北部地区，并依托北部良好的基础设施展开旅游资源的开发、利用，促进了江西省旅游业的发展。同时，在旅游业发展的过程中，也形成了独特的区域旅游发展格局。

二、区位交通因素

江西省的交通状况曾经比较落后，是制约江西经济发展的重要因素，也影响了江西旅游的可进入性，阻碍了江西省旅游业的发展。进入21世纪后，江西省的交通得到了前所未有的发展，铁路、公路和航空都得到了很大的发展，旅游交通大大改善。

（一）铁路交通[①]

2019年，江西省基本形成“五纵五横”铁路网[②]主骨架，全省铁路运营里程达到5000千米，实现全部11个设区市开行动车组。铁路项目建设投资完成1400亿元以上，新增铁路运营里程1200千米以上，总里程突破5000千米，其中，高铁达到1500千米，复线率达到65%以上，电气化率达到80%以上，覆盖80%以上的县（市、区）。

（二）公路交通[③]

截至2019年底，全省公路总里程为209131千米，公路密度每百平方千米125.3千米。高速公路通车里程达到6144千米，打通了28条出省大通道，是全国继河南省、辽宁省之后第三个实现全省县县通高速的省份，全面实现了县县

① 参见《江西省中长期铁路网规划（2016—2030年）》。

② “五纵五横”：“五纵”指合福通道、阜鹰汕通道、京九通道、银福通道、蒙吉泉通道；“五横”指沿江通道、岳九衢通道、沪昆通道、衡吉温通道、韶赣厦通道。

③ 参见《江西交通概况2020》。

通高速、县城半小时上高速，构建了南昌市到设区市省内 3 小时、到周边省会城市省际 5 小时的经济圈，“四纵六横八射十七联”[①] 高速公路规划网基本建成，形成了“纵贯南北、横跨东西、覆盖全省、连接周边”的高速公路网络。

（三）航空交通

按照江西全省未来规划构建的“一干九支”机场布局[②]，目前已经形成了“一主一次五支”机场格局，即：一主指南昌昌北国际机场，一次指赣州黄金机场，五支指景德镇罗家机场、九江庐山机场、吉安井冈山机场、宜春明月山机场、上饶三清山机场，五大支线机场全部形成了国内 4C 级支线机场通航能力。2017 年江西省旅客年吞吐量达到 1415 万人次，特别是 2017 年 12 月 6 日南昌昌北国际机场旅客吞吐量首次成功突破 1000 万人次，成功跨入千万级枢纽机场行列，成为全国第 31 家“千万级机场”。江西省还将建设鹰潭、抚州、瑞金 4C 级支线机场；全省计划建设 20 个左右通用机场，基本覆盖全省航空研发制造产业聚集区、5A 级旅游景区、地面交通不便县（市）、重点林区和农产品主产区。

（四）水运交通[③]

江西省水运交通以赣江及鄱阳湖航道为主，联通抚、信、饶、修等 101 条主要通航河流，全省航道通航总里程 5716 千米，其中，一级航道 156 千米（长江江西段），二级航道 175 千米，三级航道 357 千米，四级航道 87 千米，五级航道 110 千米，六级航道 382 千米，七级航道 1160 千米，等外航道 3289 千米。2000 吨级船舶可从长江直达南昌港，全省高等级航道里程达 688 千米。沿江环湖有南昌港、九江港两个全国内河主要港口和一批区域性重要港口。2019 年全省水路运输完成客运量 197.7 万人，旅客周转量 2751 万人千米，因公路网络、铁路网络建设得到进一步完善，这两个统计量同比继续下降，2019 年分别下降 21.9%和 18%。

随着向莆铁路、沪昆客专杭南长段、合福高铁、沪昆高铁的建成通车，京九高铁、赣深高铁的开工建设，江西省铁路客运能力将进一步加强。同时，水运、客运量和机场旅客吞吐量的不断增加，将进一步增强江西省旅游交通的客运能力。

---

① “四纵六横八射十七联”高速公路网：“四纵”指婺源至上饶至铅山、济南至广州、大庆至广州、上栗至莲花；“六横”指彭泽至瑞昌、婺源至修水、莆田至炎陵、泉州至南宁、厦门至成都、寻乌至龙南；“八射”指南昌至九江、南昌至德兴、南昌至玉山、南昌至黎川、南昌至定南、南昌至萍乡、南昌至上栗、南昌至铜鼓；“十七联”指南昌南外环、南昌绕城、九江绕城等 17 条高速公路连接线。

② “一干九支”机场布局：“一干”指南昌昌北国际机场；“九支”指现有的赣州黄金机场、吉安井冈山机场、景德镇罗家机场、九江庐山机场、宜春明月山机场、上饶三清山机场，以及 2020 年 6 月开工建设的瑞金机场、未来规划建设的抚州机场和鹰潭机场。

③ 《江西交通概况 2020》。

三、经济基础因素

经过多年的培育和发展，江西省旅游产业规模不断扩大，产业效益不断提升，为发展文化旅游奠定了坚实的基础。

1. 江西人民消费水平提升

2019 年，江西省居民人均可支配收入达到 26262 元，比上年增长 9.1%。其中，城镇居民人均可支配收入 36546 元，比上年增长 8.1%；农村居民人均可支配收入 15796 元，比上年增长 9.2%。全省居民人均消费支出达到 17650 元，比上年增长 11.8%。其中，城镇居民人均消费支出 22714 元，比上年增长 9.4%；农村居民人均消费支出达到 12497 元，比上年增长 14.8%。人民日益富足的生活使得消费水平提高，同时，反映江西省旅游业发展势头迅猛。

2. 旅游业经济崛起

2019 年，江西省接待国内旅游者 79078.28 万人次，比上年增长 15.7%；国内旅游收入 9596.67 亿元，比上年增长 18.5%。接待入境旅游者 197.17 万人次，增长 2.8%；国际旅游外汇收入 8.65 亿美元，比上年增长 16.1%。伴随着国内旅游业经济的快速发展，江西省旅游产业也步入了发展快车道。未来将优化旅游产品供给，构建现代旅游业体系，努力实现旅游业高质量发展。

3. 品牌打造深入推进

“江西风景独好”旅游形象品牌自推出以来，产生了巨大的市场影响力，已连续两年获选全国十大广告营销传播经典案例。江西省策划举办的一系列大型宣传推广活动，在国内外取得良好反响，品牌打造得到推进，市场效应得到强劲释放。特别是大力开发庐山、三清山、龙虎山和鄱阳湖国家湿地公园等绿色生态资源、丰富的山水林田湖草等自然资源，打造美丽中国“江西样板”，推进了一批国家级和省级旅游度假区的建设，为未来打造自然人文生态旅游体验带和最美生态旅游目的地奠定了坚实的基础。

4. 以文化产业为主活力迸发

江西省文化产业发展指数进入全国第一方阵，《中国省市文化产业发展指数报告 2016》显示，江西省文化产业综合指数全国第九，生产力指数位居第七，驱动力指数位居第十。2019 年，江西文化及相关产业增加值达到 986.8 亿元，是 2015 年 613.9 亿元的 1.6 倍；文化及相关产业增加值占 GDP 的比重由 2015 年的 3.7%提高至 2019 年的 4.0%。江西省文化产业从文化制造业为主体向文化制造业、文化服务业双轮驱动转变。2019 年，江西省文化制造业增加值、文化服务业增加值、文化批发和零售业增加值占全省文化及相关产业增加值的比重分别为 48.0%、41.7%、10.3%。文化产业向江西省支柱性产业不断迈进，成为江西省经济发展中最具活力、最具发展潜力的重要产业。同时，江西省还建设优秀传统文化旅游体验带，促进文化遗产保护利用与旅游产业融合发展，打造中华优秀传统文化体验地，重点推进世界著名陶瓷文化旅游目的地、客家文化（赣南）生态保护实验区、九江庐山文化旅游示范区的建设。

四、政府行为因素

江西省在立足省情的基础上，采取了一系列的政策措施，使江西省旅游业得到了快速发展。江西省在不同阶段相关政策和法规的出台，如表 5-6 所示，为江西省旅游业的进一步发展提供了良好的政策支持和制度保障。例如，江西省充分发挥其作为全国红色旅游首倡地的优势，大力发展红色旅游，充分挖掘井冈山、瑞金、安源、南昌等红色文化资源，打造红色旅游融合发展示范区和长征文化线路旅游品牌，努力推动红色旅游实现高质量发展。

表 5-6 江西省旅游业发展的相关政策进程

年份	相关政策及内容
2000	《关于加快旅游业发展的决定》，提出“红色旅游”概念
2001	《江西省旅游业“六个一”工程实施方案》，提出“江西：红色摇篮、绿色家园”主题形象口号
2004	最先在全国出台省级红色旅游发展纲要
2009	江西提出建设旅游大省战略目标
2010	江西出台全国首个生态旅游地方标准，并积极谋划乡村旅游发展大计
2011	《江西省地方税务局支持旅游产业发展加快旅游大省建设税收优惠政策和服务措施 30 条的通知》
2012	《江西省旅游业发展“十二五”规划》，提出智慧旅游
2013	2013 年，江西省作出旅游强省的战略决策；制定了《江西省省级生态旅游示范区评定办法（试行）》
2014	制定江西省地方标准《导游员星级的划分与评定》（DB36/T 773-2014）
2015	《江西省旅游条例》的颁布与实施；旅游强省战略的进一步实施与强化
2019	《江西省旅游产业高质量发展三年行动计划（2019—2021 年）》

资料来源：根据江西旅游网相关材料整理而成。

通过对旅游相关政策的落实，以及相关法律法规的完善，江西省采取了一系列的措施，举办了一系列有影响力的活动，如表 5-7 所示；2016～2020 年，江西省先后在鹰潭市、九江市、抚州市、宜春市、赣州市召开了每年一次的全省旅游业发展大会。这些来自政府方面的主动引导，极大地促进了江西省旅游业的发展，为江西旅游大发展创造了很好的条件。

表 5-7 江西省旅游业发展的重要举措

年份	重要举措
2006	在井冈山举办中国红色旅游博览会
2010	强势推出"江西风景独好"的旅游品牌；建成世界第一的"和谐钟塔"；中国景德镇国际陶瓷博览会
2011	"江西风景独好"的一系列创意营销；中国红色旅游博览会在南昌成功举办；鄱阳湖国际湿地旅游文化节
2012	智慧旅游的提出与宣传推广
2013	江西旅游商品展销会
2014	智慧旅游的深入开发与推广；"江西风景独好"品牌的进一步打造
2015	江西旅游商品博览会的成功举办
2016~2020	每年召开一次全省旅游产业发展大会

资料来源：根据江西旅游网相关材料整理而成。

第四节 旅游业发展存在的问题与对策

江西省风光秀丽，人杰地灵，历史悠久，旅游资源丰富，种类多、品质高，涵盖了世界遗产、世界地质公园、国家级风景名胜、省级乡村旅游示范点大量而质优的旅游资源。江西省旅游资源集红色旅游、自然风光、名胜古迹三者于一身，经过几十年的发展逐渐形成了以山、湖、城、村为主体的旅游产业体系和"红色摇篮·绿色家园·观光度假休闲旅游胜地"的品牌形象。但是，江西省旅游产业发展和规划仍然存在很多问题亟待解决。

一、旅游业发展存在的问题

（一）旅游资源有机组合有待提高，整体协调性不足

江西省的旅游资源主要以自然山川、历史文化古迹和红色文化为主。彼此之间本是典型的山水互补型景区，可以形成庐山看瀑布、湿地观候鸟的旅游路线，但实际上旅游线路各自规划，没有相互融合、相互协调、形成组合，景点就显得相对孤立，没有形成一条完整旅游路线，资源不能得到充分整合和开发。

（二）旅游产业规模相对偏小，产业竞争力不足

由于江西省经济水平还处于较落后的水平，经济实力有限，无论资金投入

还是人才供给都捉襟见肘，所以江西省旅游产业规模还比较小，投入与发展不协调，各大旅游区的服务基础配套设施不全。旅游交通落后，旅行社普遍存在“小、脏、乱、差”等现象，旅游竞争力不强。旅游资源条件与产业发展水平不一致，影响了江西省旅游产业的竞争力。

（三）旅游产品类别单一，服务水平与从业人员素质有待提高

随着生活水平的提高，人们消费观念也逐渐发生了转变，越来越重视来自精神领域的享受，旅游正成为大众的兴趣爱好之一。目前江西省旅游业仍然存在着产品档次不高、观赏性差、体验性不强、旅游景点少而分散等问题，而且江西省对省内特色旅游资源开发程度也不够。全省旅游景点的服务水平和服务质量整体上不高，相应的服务设施、旅游服务人员体系不完善导致服务人才不足、不全，部分景区从业人员存在服务态度恶劣、强迫消费者消费的情况。

（四）旅游基础配套设施不健全，旅游交通环境急需改善

江西省经济水平相对落后、整体水平不高，对旅游基础配套设施建设的投入有限。资金和人力投入的不足直接导致景区交通不便，省际省内旅游景区之间的道路不顺畅，高速公路网络不够发达，航线航班少，给入境旅游的人们带来诸多不便，严重制约着旅游业的发展。

（五）旅游业的开放程度较低，国际化发展比较缓慢

政府、旅游协会、旅行社等单位组织旅游博览能力薄弱；专业旅行社的国际竞争力不强。大多数规模较大的企业是大型国有集团公司的附属企业，不但没有走向国际市场，而且在国内市场上也缺乏充分的市场洗礼；众多中小型公司虽然市场适应能力强，但是由于成立时间短、知名度低，同样缺乏竞争力。

二、促进江西省旅游业发展的对策

（一）加强旅游资源之间的互补和有效结合，促进全省旅游服务发展

旅游资源不能得到确定有效的整合，将影响旅游服务的发展，因此，促进旅游资源的互补和有效结合至关重要。要加大对旅游资源的开发，形成旅游产业战略布局，来满足日益增长的旅游需求。政府要加大宏观调控，加强自己的服务功能，促进部门之间的通力合作，增强旅游的活力。政府要对生态旅游进行全区域的统筹规划、地域组合、差异发展，加大相关资金投入，让各主要旅游区既有自己的鲜明特点，又可以与其他旅游景点相得益彰、共同发展。需要完善旅游发展布局，推进建设以南昌为旅游中心城市，九江、上饶、萍乡、赣州为旅游门户城市，景德镇、鹰潭、抚州、吉安、宜春、新余为旅游节点城市的城市旅游体系，促进全省旅游服务水平的高品质提升。

（二）扩大旅游市场规模，提高旅游产业竞争力

江西省的旅游市场规模小，对旅游业的发展作用有限，也制约着旅游产业

竞争力的提升。需要尽快加大对旅游产业的投资力度，加快开放旅游市场，扩大旅游市场的规模，使投入与发展水平相协调，提升旅游产业的竞争力。要以开放的姿态规划发展，积极引导其他渠道投资旅游业的发展，形成旅游投资多元化。加强旅行社的发展，改善接待条件，提高服务水平，扩展旅游服务供应链，进一步推动旅游景区的游、购、娱的开发建设。

（三）加强各类旅游资源开发，提升旅游服务质量和从业人员素质

江西省旅游资源种类相对丰富，特别是生态旅游资源、红色旅游资源更具特色和优势，需要加强各类旅游资源的开发，加大投入，挖掘并形成一些独具特色的旅游景区。江西旅游强省建设也离不开旅游服务质量的提升和从业人员队伍整体素质的提升。要树立服务意识和优质服务导向，保持景区的良好形象，整合旅游收费项目，加强对景区收费的综合监督与管理，切实提升旅游服务质量，从而提高景区竞争力。需要加强各类旅游人才的培育，打造高素质的专业人才队伍，大力提升从业人员的服务水平，切实提高服务质量。

（四）建立健全基础服务设施，加强旅游服务环境建设

要完善江西省内各大景区的交通设施建设，加强省内各主要城市以及主要景区之间的互通，加强高速公路、旅游公路的建设，形成发达的交通格局，强化城际间的联系；政府、企业加大投入，用于旅游交通建设，完善交通体系；加快完善旅游配套设施，加强对餐饮业的管理，强化服务意识。旅游服务环境建设需要发挥政府的政策引导作用，采取相关的政策和法律法规，规范旅游市场的行为，进一步加强对旅游行业的管理，保证江西省旅游业健康有序地发展。

（五）增强品牌意识，提高旅游业的国际化水平

加强江西省旅游形象宣传与推广活动，积极打造精品景区和经典旅游线路，加强对主要重点景区的品牌打造，增强品牌意识。要进行科学合理的定位，要结合本地区的资源优势及特点，确定重点旅游景区发展方向，培育更加富有特色的旅游产业与旅游景区。需要在旅游资源综合开发上上规模、上档次，增强对广大海内外游客的吸引力，积极争取国外著名的旅游公司来我国开展旅游宣传，积极组织江西省的旅游企业到国外举办展览活动。加强与国外公司合作，通过合展、合资等形式积极组织国内外展览公司联合办展，提高江西省旅游产业国际化水平。

第三篇

区域与城市

第六章　区域空间格局

党的十九大报告指出，我国社会的主要矛盾已经转变为人民日益增长的美好生活需要和不平衡不充分的发展之间的矛盾，越来越重视区域经济差异问题。江西省是全国唯一同时毗邻长三角、珠三角和海西经济区的省份，但在国家政策格局中被明确定位为中部省份。江西省周边多为较发达省份，而江西省自身发展水平却明显低于周边地区，成为周边沿海经济核心区的共同腹地，形成了中国东南区域发展格局中典型的洼地景观。江西省的空间发展环境具有一定的复杂性和特殊性，因此，对江西省空间发展的认识程度将在很大程度上影响江西省区域空间格局全局发展的顶层设计。

第一节　区域经济差异

江西省是国家“中部崛起”战略的主要成员之一，具备得天独厚的先天条件，近年来经济发展也是稳中求进，保持较高的增长速度。2010 年以来，江西省的地区生产总值由 9451.26 亿元快速增长到 2015 年的 16723.78 亿元，按可比价格计算，“十二五”期间的年均增长率达 10.5%，表明江西省的整体经济得到了显著的提升；2020 年全省 GDP 达到 25691.50 亿元，按可比价格计算，“十三五”期间的年均增长率达 7.6%，江西省综合实力实现新跨越，GDP 总量的全国排名上升到第 15 位。从人均地区生产总值上看，2015 年，江西省的人均 GDP 达到了 36724 元，与 2010 年江西省的人均 GDP 水平 21253 元相比，2015 年是 2010 年的 1.73 倍，按可比价格计算，年均增长率为 10.4%，这与我国经济发展呈显著相关性，区域发展维持了相对稳定的增长态势。

但江西省存在很明显的“北高南低”的经济发展格局，赣北和赣南地区[①]经济水平相差悬殊，赣南地区的经济发展水平普遍低于赣北地区，从各个地区的

① 江西省三大地理区域：赣北地区，包括南昌市、九江市、景德镇市、上饶市、鹰潭市、萍乡市、宜春市、新余市；赣中地区，包括吉安市和抚州市；赣南地区，包括赣州市。

经济发展条件和自然环境方面进行比较分析，无论是区位条件、资源禀赋、主导产业类型、政策因素、历史基础都存在较大的差别。江西省内的经济发展水平相差较大，经济差异主要存在于江西省的北部地区内部，其次是南部地区和北部地区之间的差异，南部地区内部的差异相对较小；集体表现为呈团块式的分布，主要以市辖区为增长极，周围县域发展水平较高，南昌市、新余市整体区域发展很好，九江市的部分县域发展较好，其他地区的经济发展相对落后。

一、区域经济差异的时间演变

表 6-1 列出了 2010~2019 年江西省 11 个地级市人均 GDP 的标准差和变异系数（标准差系数），大致反映出江西省 2010~2019 年各区域的绝对差异和相对差异。

表 6-1　江西省 11 个地级市人均 GDP 2010~2019 年变化情况　单位：元

年份	极大值	极小值	平均值	极差	标准差	变异系数
2010	55492	13397	25766	42095	13057.4	0.507
2011	68155	15895	31444	52260	16049.6	0.510
2012	72266	17873	34819	54393	16961.3	0.487
2013	73275	19768	37967	53507	17387.8	0.458
2014	77730	21708	41256	56022	18438.2	0.447
2015	81354	23148	43618	58206	19448.5	0.446
2016	88548	25761	47782	62787	21094.7	0.441
2017	94165	29389	52123	64776	22073.1	0.423
2018	97364	32596	53509	64768	21594.8	0.404
2019	100415	36839	57553	63576	20285.3	0.352

资料来源：根据《江西统计年鉴》（2001~2020）、《中国城市统计年鉴》、省市统计公报整理。

江西省人均 GDP 由 2010 年的 21253 元增长为 2015 年的 36724 元，到 2019 年达到了 53164 元，2015 年、2019 年分别是 2010 年的 1.73 倍、2.50 倍，江西省的经济发展速度较快。2010~2017 年，江西省的 11 个地级市的人均 GDP 的极差和标准差均为逐年递增的趋势，各个地级市的绝对差距越来越大，但从 2017 年开始，人均 GDP 的极差和标准差均呈现出逐年减小的趋势；2010 年最低的赣州市与最高的新余市相差 42141 元，2015 年最高和最低的仍分别为新余市和赣州市，两者相差 58206 元；2019 年南昌市和上饶市分别成为全省人均 GDP 最高的和最低的地市，两者相差 63576 元。整体而言，全省各地级市之间人均 GDP 的绝对差距开始出现缓慢缩小的趋势，各地级市之间的经济发展差异相对放缓。

江西省 11 个地级市的人均 GDP 的变异系数的变化，除了 2010~2011 年有所上升之外，2011~2019 年表现为持续下降的态势。其中，2011~2013 年下降幅度最大，2013 年后下降速度有所减小，呈缓慢的下降趋势。2011~2019 年相对差距则呈现出稳定下降的趋势，江西省 11 个地级市的相对差距在不断缩小，各地级市之间经济发展的差距总体呈现出缩小的趋势。

二、区域经济差异的空间演变

江西省经济重心的移动轨迹以南北方向为主，东西方向上变化不大。2010~2015 年，江西省县域的经济重心均位于丰城市境内；重心以 0.3 千米/年的速度向西北方向迁移。从重心迁移轨迹可以看出，江西省县域经济发展呈现出北部和西部经济好转，南北部间经济近年来协调发展的趋势，这与国家的赣南等原中央苏区振兴发展战略实施以来的区域发展政策有关。

江西省县域经济的空间分布为东北—西南格局，2010~2015 年，东北—西南的格局呈现逐渐弱化的态势。

三、区域经济发展时空特征

（一）县域经济发展水平格局

以各市域人均 GDP 的平均值及其 0.5 倍和 1.5 倍为标准，参照世界银行的区域经济分类标准，分为低水平、中低水平、中高水平和高水平四类，反映江西省县域经济发展格局演化特征（见图 6-1）。

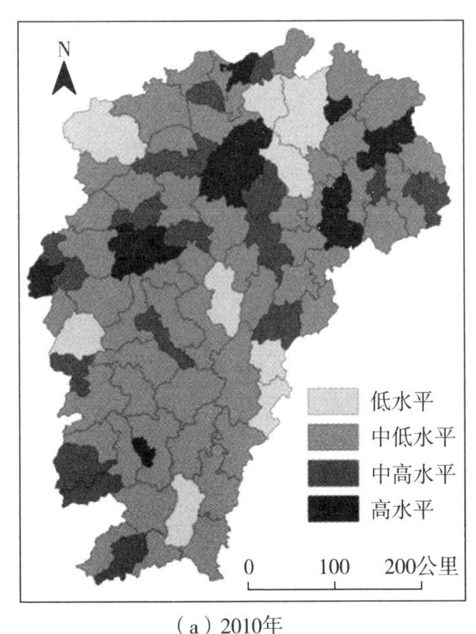

（a）2010年

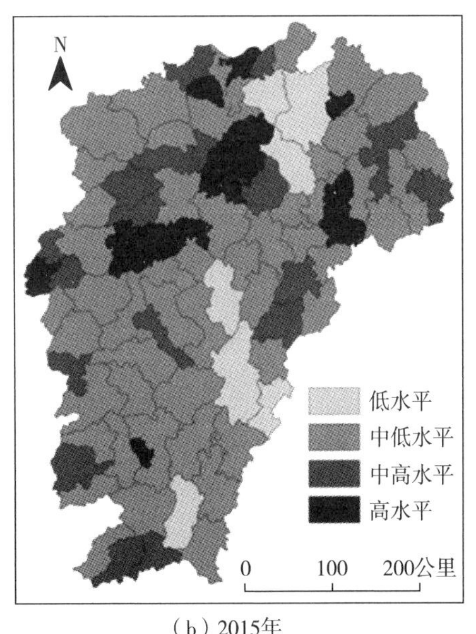

（b）2015年

图 6-1　江西省县域经济发展水平空间格局

如图 6-1 所示，江西省县域经济发展的南北相对差异逐渐趋缓。人均 GDP 处于低水平的县域从 2010 年的 9 个减少到 2015 年的 7 个，所占比重由 9%下降到 7%，江西省县域经济的发展处于低水平的所占比例较小，并有下降的趋势；处于中低水平的县域较为稳定，所占比例最大，为 56%，江西省绝大多数的县域处在中低水平；处于高水平的县域有所增加，大致多分布在赣北地区的地级市的市辖区，如南昌市、九江市、景德镇市、鹰潭市、新余市和萍乡市，此外还有赣州市的市辖区。2010~2015 年，江西省县域经济发展的区域经济整体水平不断提升，低水平区域有所减少；县域经济间的差距有所减小，中高水平和高水平地区有所增加，说明国家的赣南等原中央苏区振兴发展战略的相关政策以及江西省提出的四大区域规划的带动作用明显，区域经济差异不断缩小。

江西省县域经济发展格局呈现出圈层扩散的特征。县域经济发展以地级市的市辖区为高水平的核心，呈等级圈层扩散趋势，如南昌市、九江市、鹰潭市、新余市等。分地域来看，赣北地区的经济发展水平不断提高，其中低水平区域呈不断减少的趋势，由 2010 年的 4 个降为 3 个（即修水县由低水平转变为中低水平地区），主要分布在鄱阳湖东北部沿岸地区；处于人均 GDP 平均水平以上的县域范围扩大，2010 年占 92%到 2015 年达 94%以上，其中德安县和樟树市均由中高水平转变为高水平地区，九江市和新余市的辐射带动作用不断扩散；此外，宜丰县由中低水平跻身到中高水平，将南昌市与新余市的中高水平腹地连接成一片，更加有利于南昌市发挥省会城市的增长极作用，大南昌都市圈的建设效应明显。赣南地区的低水平板块由 2010 年分散的 4 个集聚为 2 个板块，低水平区域逐渐相对集聚，整个赣南地区的经济发展重点更为突出显著，这将有利于赣南地区经济发展水平的整体提升，进而使得江西省南北部的区域差距一步步缩小。

（二）江西省县域经济空间关联格局

江西省经济发展的空间自相关性的显著性不强，但在空间上具有集聚性特征。用 GeoDa 软件计算出 2010 年、2015 年这两个时间断面下的县域人均 GDP 的全局自相关系数为 0. 145129、0. 219513，Moran's I 指数均大于零，且均通过了显著性检验。2010~2015 年，江西省县域经济的空间自相关性有所增强，符合江西省县域经济在主要方向上有所收缩的趋势，随着赣南等原中央苏区振兴发展战略的相关政策的实施，赣北和赣南地区间集聚程度增强，北部和南部区域间经济协调发展。

2010~2015 年江西省的县域经济发展大致呈现出“赣北热，赣南冷”的空间分布，热点均集中在赣北地级市的市辖区及周边地区（见图 6-2）。

从时间上看，2010 年，热点区位于赣北地区的南昌市及周边、新余市及周

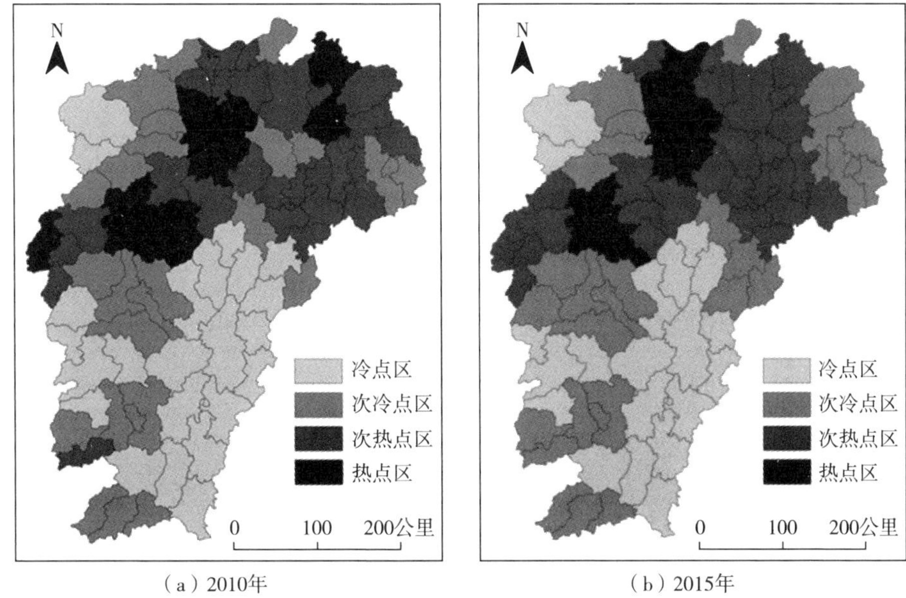

（a）2010年　　（b）2015年

图 6-2 江西省县域经济 G 指数（冷热点）空间分布

边、萍乡市及周边、景德镇市的浮梁县和乐平县；次热点区位于南昌市和新余市热点的扩散外围，此外还有鹰潭市的全部和上饶市的西北的大部分地区，次热点区域以热点区为核心，相互连接成大片的块状区域；次冷点区多分布在赣南的吉安市的大部分，以及赣州市的周边区域；冷点区则多数位于赣州市内，这是由于赣南地区多为山区，交通较赣北地区不发达，在一定程度上影响了经济发展水平的提高。2015 年，热点区范围有所缩小，主要集中在南昌市和新余市及其周边地区，次热点区则仍分布在热点区外围，其中，余干县和万年县从次冷点区转变为次热点区，将块状的次热点区连成大范围的带状区域，这得益于大南昌市不断增强的辐射能力；次冷点区和冷点区的数量呈减少的趋势，赣南地区的东部和北部、赣中地区的抚州市和吉安市的西南地区、九江市的修水县和宜春市的铜鼓县一直处于冷点区，一直是江西省县域经济发展的“低洼块地”，而赣州南部地区的全南、龙南和定南不同于周边的冷点区，一直处于次冷点区，这与珠三角地区的产业转移密切相关。从江西省县域经济的冷热点的空间格局上看，赣北地区较热，多为热点区和次热点区，赣中地区、赣南地区则相对较冷，多次冷点区和冷点区；但江西省的区域差异现象有所收缩，其中赣州市和抚州市的冷点区分布较多，经济发展与其他地级市相比较为落后；抚州市的南丰县和南城县在 2010 年均为冷点区，而在 2015 年变为次冷点区，抚州市的内部差距有所扩大，并与黎川县相连为带状分布，即：抚州市在东北和西南方向上的内部差距大；永新县由冷点区逐渐变为次冷点区，与周围地区连接成较大的块状区域，说明吉安市的市辖区的辐射作用有所增强。

总体上看，江西省县域经济的热点区比较稳定，对外的辐射力度不断增强。例如，作为省会城市的南昌市；赣北地区的多数地区属于热点区和次热点区，也较为稳定，但对于周围县域的经济发展的带动作用需要进一步加强；赣中地区、赣南地区多为冷点区和次冷点区，吉安、抚州和赣州的核心增长极响应不强。此外，赣州市的东部和北部、抚州市和吉安市的西南地区、九江市的修水县和宜春市的铜鼓县一直处于冷点区，是江西省县域经济发展的“低洼块地”，是江西省经济发展中最值得密切关注的区域。

第二节　经济空间格局及形成

一、经济空间格局

2011 年，江西省第十三次党代会上提出加快构筑“龙头昂起、两翼齐飞、苏区振兴、绿色崛起”区域发展格局，并在 2012 年召开的江西省两会上展开了广泛的讨论。在“十二五”时期，对江西省经济空间格局所做的调整基本上基于这一发展格局。2016 年 2 月，习近平对江西工作提出了“一个希望、三个着力”的指示，着力推动老区加快发展，着力推动生态环境保护，着力推动作风建设；此外，希望江西主动适应经济发展新常态，向改革开放要动力，向创新创业要活力，向特色优势要竞争力，奋力夺取全面建成小康社会决胜阶段新胜利。为此，江西省委、省政府经过长期的实践探索和调研，逐步形成了“龙头昂起、两翼齐飞、苏区振兴、绿色崛起”的国土开发总体战略格局。

（一）昌九龙头

“龙头昂起”，就是以昌九为主的鄱阳湖生态经济区建设为龙头，加快打造南昌核心增长极、推进九江沿江开放开发、建设昌九工业走廊，带动江西省科学发展、绿色崛起。也即集中力量加快推进昌九一体化，昂起鄱阳湖生态经济区建设的龙头。南昌、九江地缘相接，相互呼应。昌九一体化范围包括南昌市、九江市所辖全部县（市、区）、开发区，国土面积 2.63 万平方千米。两市地区生产总值占江西全省的三成以上，推动昌九一体化是撬动环鄱阳湖城市群的关键所在，只要两市连成南北互动的经济走廊，就为江西对接“一带一路”和长江经济带构建起了经济高地。

从地区生产总值来看，2012年，昌九两市GDP总量为4420.62亿元，2015年增长至5902.69亿元，涨幅明显，增长率分别为33.53%；从财政收入方面来看，2012年，昌九两市一般公共预算财政收入为382.01亿元，2015年达到636.54亿元，增长率为66.60%，增长显著，上升势头明显；从工业方面来看，2012年，昌九两市规模以上工业增加值为1588.55亿元，近几年工业发展势头迅猛，2015年其工业增加值达2487.44亿元，增长率达56.58%；从固定资产投资方面看，2012年，昌九两市固定资产投资总额为3599.36亿元，2015年涨至6119.99亿元，同比增长70.03%，上升态势良好；在社会消费方面，2012年，昌九两市社会消费品零售总额为1507.06亿元，2015年增长至2252.64亿元，增长率为49.47%，上升势头比较良好。总体看来，南昌与九江两市各方面发展均处于较好水平，财政收支运行良好，工业增势强劲，消费市场平稳运行。

2012年，江西省人均地区生产总值为2.88万元，相比较江西省人均水平，昌九两市人均地区生产总值为4.43万元，高出江西省人均水平53.82%，发展状态明显优于江西省平均水平；2015年，两市人均地区生产总值为5.77万元，对比2012年有明显提升，且高出同年江西省人均水平57.22%；人均消费方面，2015年昌九两市人均社会消费品零售总额为2.76万元，而同期江西省人均值为1.33万元，昌九两市均值超过江西省均值的2倍，优势明显；工业化方面，2015年江西省人均规模以上工业增加值为1.64万元，而昌九人均规模以上工业增加值为2.72万元，比江西省人均水平高1.08万元；财政收入方面，2015年，昌九两市人均一般公共预算财政收入为0.70万元，江西省人均一般公共预算财政收入0.49万元，高出江西省平均水平42.86%，相比2012年在江西省的突出地位更加显著；固定资产投资方面，2012年，昌九两市人均固定资产投资为3.89万元，同期江西省人均水平为2.37万元，此时高出江西省人均水平64.14%，到2015年，昌九两市人均固定资产投资为6.19万元，高出江西省人均水平61.61%，基本保持良好发展势头。

截至2017年11月，在政府实力上，南昌及九江两市财政总收入增长率分别为14.9%、8.7%，同期江西省增长水平为8.1%，说明南昌市及九江市政府实力优越；在工业化水平上，两市增长率分别为9.5%、9.2%，略优于江西省平均水平9.0%；在固定资产投资上，江西省增长率为12.3%，昌九两市水平与江西省水平相当；在社会消费水平方面，两市增长率分别为13.1%、16.8%，南昌市消费水平与江西省总体水平持平，但九江发展态势明显高于江西省总体水平。

（二）东西两翼

“两翼齐飞”，即以沪昆线、京九线为轴线，加快发展以上饶市、鹰潭市为复合中心的赣东北区域经济增长板块，以萍乡市、宜春市、新余市为复合中心的赣西区域经济增长板块。

1. 赣西区域经济增长板块

该板块主要包括新余市全市、宜春市全市、萍乡市市辖区和上栗县。

2012 年，赣西板块 GDP 总值为 2681 亿元，占江西省比重为 20.7%，2015 年 GDP 总值为 3300 亿元，占江西省的比重为 19.7%，占江西省比重比较低，年末人口由 2012 年的 793 万人增加到 808 万人，人口总量增加了 1.9%，人口总量增幅较小；在政府财政收入方面，2012 年，一般预算收入 282 亿元，2015 年增长到 407 亿元，增加了 125 亿元；在投资方面，赣西板块 2012 年固定资产投资总额为 2011 亿元，到 2015 年增至 3240 亿元，增长率为 60.1%，增幅较大；社会消费方面，2015 年赣西板块总值为 1002 亿元，相比 2012 年增加 312 亿元，增长速度较快；在赣西板块规模以上工业发展方面，2012 年规模以上工业总产值为 4432 亿元，2015 年为 6479 亿元，增幅接近 50%。

赣西板块与江西省平均水平相比，2015 年，整个板块年末人口 808 万，人均 GDP 为 40847 元，相比于江西省平均水平的 36724 元略高；消费能力方面，2012 年赣西板块人均社会消费品零售总额为 8707 元，2015 年增长到 12402 元，消费能力增长较快，消费能力略低于江西省平均水平。综合各方面来看，实施“龙头昂起、两翼齐飞、苏区振兴、绿色崛起”发展战略以来，赣西板块社会经济水平具有一定的提升，但相较于昌九龙头而言发展较为缓慢，甚至有部分指标出现下滑，这表明昌九龙头具有一定的虹吸效应，极化效应在增强，要注重区域之间的均衡发展。

截至 2017 年，赣西板块第三季度 GDP 为 3938.0 亿元，占江西省比重的 19.7%，具有一定的提升，财政总收入方面，新余、宜春、萍乡三市分别为 144.18 亿元、354.26 亿元和 146.16 亿元；政府财政实力具有较大提升；规模以上工业增加值三地的增长率分别为 8.5%、9.2%和 8.8%，仅宜春市高于江西省平均的 9.0%；固定资产投资方面，增长率分别为 12.3%、13.10%、12.8%，均高于江西省平均水平，表明赣西板块投资水平较高，投资环境较好。

2. 赣东北区域经济增长板块

这一板块主要包括上饶市、景德镇市和鹰潭市。

赣东北区域增长板块 2015 年地区生产总值为 3062 亿元，占江西省的 18.3%，与 2012 年相比，地区生产总值增长了 686 亿元，增长率为 28.9%，年均增长率为 9.6%；在投资水平上，2015 年固定投资总额为 2783 亿元，是 2012 年的 1.4 倍，增长值为 783 亿元；在消费水平上，2015 年全社会消费品零售总额为 1080 亿元，比 2012 年增长了 47.4%；在政府实力方面，2012 年政府一般公共财政收入为 259 亿元，到 2015 年为 396 亿元，增长率为 52.9%；在工业发展水平上，2015 年规模以上工业总产值为 6005 亿元，是 2012 年的 1.3 倍，说明产业结构不断优化。

整个赣东北区域增长板块与江西省平均水平相比，2015 年，整个区域板块年末人口 950.9 万，人均 GDP 为 32202 元，略低于江西省的平均水平 36724 元，占平均水平的 87.7%，相比于 2012 年的 87.9%，略有下降。消费水平上，2015 年人均社会消费品零售总额为 11362 元，比江西省平均水平低了 1617 元，由 2012 年占平均水平的 87.3%上升到 87.5%。工业化水平上，2015 年人均规模以上工业产值为 63151 元，是平均水平的 93.7%，比 2012 年下降了 9 个百分点。2012~2015 年，人均一般公共财政收入占比由 90.7%下降到 87.8%，人均固定资产投资额占比由 84.2%下降到 76.8%。

截至 2017 年底，在政府实力上，景德镇市、鹰潭市、上饶市财政总收入增长率分别为 7.2%、9.3%、5.5%，说明景德镇市和鹰潭市的政府实力增长较为明显；在工业化水平上，增长率分别为 8.4%、9.0%、9.1%，与江西省平均水平 90%大致相当；在固定资产投资上，景德镇市和鹰潭市分别以 13.5%、12.3%的增长速度超过江西省平均增长水平，上饶市增速为 11.5%，略低于江西省平均增长水平；在社会消费水平上，上饶市增长率为 12.7%，高于江西省 12.3%的平均增度，景德镇市和鹰潭市的增长率分别为 11.8%、11.9%，略低于江西省平均增长率，消费能力有待提升。

（三）苏区振兴

“苏区振兴”，即实现赣州、吉安、抚州等原中央苏区振兴发展。《赣闽粤原中央苏区振兴发展规划》涉及江西省 54 个县（市、区），包括赣州市、吉安市、新余市全境，抚州市黎川县、广昌县、乐安县、宜黄县、崇仁县、南丰县、南城县、资溪县、金溪县，上饶市广丰县、铅山县、上饶县、横峰县、弋阳县，宜春市袁州区、樟树市，萍乡市安源区、莲花县、芦溪县，鹰潭市余江县、贵溪市，总面积 10.24 平方千米。

2012 年赣南苏区地区生产总值为 6834.06 亿元，占江西省的一半以上，为 52.78%，其中赣州市地区生产总值最高为 1508.49 亿元，占 22.07%。2015 年赣南苏区地区生产总值为 6992.07 亿元，占江西省的 41.81%。2012 年赣南苏区总人口为 2578 万，占江西省的 57.35%，2015 年总人口为 2591 万，占江西省的 56.91%。2012 年人均生产总值为 26505 元，接近江西省的 28800 元；到 2015 年人均地区生产总值为 26982 元，是江西省的 73.47%。2012 年、2015 年赣南苏区固定资产投资分别为 6198.78 亿元和 6937.78 亿元，分别占江西省的 59.73%和 40.83%。2012 年和 2015 年赣南苏区规模以上工业总产值分别为 14150.71 亿元和 11826.76 亿元，分别占江西省的 68.00%和 38.43%。

截至2017年11月，赣州市财政总收入增长率为11.1%，对比江西省平均水平8.1%，高出3个百分点，政府实力显著提高；而新余市增长率为3%，在财政收入方面增长水平排位江西省较后，说明新余市需要在政府实力方面加大努力；吉安市增长率则略高于江西省平均水平。从规模以上工业增加值的增长百分比看，赣州市、新余市和吉安市均大致处于平均水平9.0%。从固定资产投资上看，赣州市、新余市、吉安市的固定资产投资分别为2231.94亿元、972.54亿元、1824.26亿元，增长率均高于江西省平均水平，尤其是赣州市增长了14.0%，排江西省第一，说明赣州市在加大投资水平上的力度明显增强。从限额以上消费品的增长率看，新余市和吉安市分别为16.1%和16.3%，两者增长率大致处于同一水平，而赣州市为15.3%，增长率相对不高，说明赣州市在消费水平上优势较小，要进一步加大市场经济建设力度。

二、经济空间存在的问题

（一）缺失核心增长极

核心增长极是区域发展的龙头，是区域生产力要素的集聚和扩散中心，在区域发展中起难以替代的引领和示范作用。长期以来，江西省一直存在“小马拉大车”现象，突出表现即省会南昌市综合实力不强，作为中心城市的带动作用稍显不足，难以引领带动江西省的发展。南昌市GDP占全省GDP的比重由2010年的23.35%略微提高到2015年的23.92%，尽管在2017年小幅上升到24.0%，但在2019年又降到了22.60%，与2015年相比下降了1.32个百分点。这种局面不仅影响了省内层面的发展，更影响了江西省在国家空间开发中的地位。在全国城镇体系空间开发中，南昌市仅位于沪昆城镇发展轴上，在南北方向仅作为重要联系通道的节点城市。而周边的长沙市、武汉市都处于两条城镇发展轴的交汇处，合肥市则于2010年作为正式成员被纳入长三角地区。由此可见，核心增长极的缺失，加剧了江西省在国家空间开发格局中被边缘化的不利局面。

（二）空间发展缺少清晰的对外导向

江西省是全国唯一同时毗邻长珠闽的省份，依托此地缘优势理应产生明显的空间邻近效应，然而江西省似乎并没有因邻近沿海经济核心区而获取显著效益。原因是什么呢？在外界看来，一方面，江西省与珠三角和福建沿海地区之间存在大面积的落后山区边缘地带，这对江西省的发展产生了不利的空间阻隔效应。另一方面，江西省的空间发展缺乏强力而清晰的对接沿海经济核心区的战略，江西省的空间开发重心自20世纪90年代初开始始终停留在昌九走廊地带。尽管期间曾提出对接长珠闽的发展战略，但之后又被昌九一体化的升级开发所取代，毗邻广东省、浙江省、福建省的赣州市、抚州市、上饶市等地的开发长期未在省级层面被摆在突出位置，发展积极性和潜力受到长期压制，社会发展水平持续落后。

（三）昌九走廊对江西省带动有限

20世纪90年代初，昌九走廊建设作为呼应浦东开发和沿江开发的重大战略成为江西省空间开发的重心，昌九走廊地带成为江西省经济最发达地区和江西省发展的龙头。然而，从空间发展的角度看，昌九走廊建设虽然取得了巨大成绩，但其持续20年的开发并未使江西省摆脱落后省份的局面，也未能对省内其他地区产生显著的带动作用，这不得不引起人们的思考。一是国家经济地理格局的重塑使江西省的对外联系主导方向发生了改变，而九江市并不在最重要的对外主导联系方向上；二是昌九走廊在空间上远离江西省国土几何中心、经济重心，制约了其对江西省的带动作用，江西省内部各中心城市联系量最强的地区为南昌、抚州、新余三个城市之间的三角形地带，昌九走廊不仅明显偏离几何中心，同时也偏离了江西省经济发展的重心区域；三是交通方式的变革导致九江市在江西省的城市地位出现下降，九江市作为赣江流域门户城市和长江沿江城市，依托水路的城市地位无疑受到了巨大冲击。

（四）城市群板块缺失

城市群作为极具活力的面状经济体，无疑成为大区域发展至关重要的增长极和动力源，同时也是重新塑造全国生产力空间格局的关键力量，成为国土空间开发集中化的关键着力点。在中部崛起的大背景下，湖南省、湖北省、河南省、安徽省相继实施了清晰的城市群发展战略，在国内产生了较大的影响力。长株潭城市群和武汉城市圈早在2007年已上升为国家战略，成为两型社会建设重要的试验区。河南省的中原城市群以较高的城市密度和较大的规模总量进入全国前八大城市群行列，在城市群基础上规划的中原经济区建设已上升为国家战略。安徽省以皖江城市带为依托，全力“东进”，成为受长三角北翼地区辐射带动的重要城市群板块。相比之下，江西省虽然于2006年提出了环鄱阳湖城市群，但在外界看来，由于城市分布不够紧凑，经济总量少，城市群大部分区域发育程度过低，并没有形成较强的集聚带动作用和较大的影响力。因此，从实质意义上来看，江西省的城市群板块在省际博弈中一直处于缺失状态。

（五）苏区“小马拉大车”现象突出

中心城市是生产力各要素发生集聚与扩散的交汇点，在区域发展过程中起着重要的集聚与示范带动作用。赣南原中央苏区处于湖南、广东、福建、江西四省交界地带，是一个典型的欠发达区域。苏区面积达8万平方千米，仅有赣州市、吉安市两个设区市，中心城市数量过少。苏区城镇化率低，没有形成增长极，城镇人口数量增长较为缓慢。

2005 年、2010 年、2015 年，赣州市和吉安市的 GDP 之和占江西全省 GDP 的比重仅分别为 20.16%、19.02%、19.60%，而两市人口之和占全省人口的比重分别为 29.86%、29.59%、29.45%。与 2005 年相比，2010 年两市 GDP 之和占全省的比重下降了 0.56 个百分点，两市人口之和占全省的比重下降了 0.41 个百分点；与 2010 年相比，赣州市和吉安市受到原中央苏区政策支持的影响，2015 年两市 GDP 之和占全省的比重略有增加，大约增加了 0.58 个百分点，两市人口之和占全省的比重略微下降了 0.14 个百分点。2005 年、2010 年、2015 年数据显示，赣州市人均 GDP 水平与全省平均水平相比总体上呈现下降态势，且基本上位居全省倒数第一位或倒数第二位；2005 年、2010 年、2015 年吉安市人均 GDP 均为全省倒数第三。整体而言，2005 年、2010 年、2015 年，江西苏区（赣州市和吉安市）的人均 GDP 水平仅分别相当于全省平均水平的 67.51%、65.92%、66.54%。因此，尽管苏区振兴已经上升为国家战略，但其区域发展的“小马拉大车”局面尤其严峻，这成为苏区振兴亟待解决的现实问题。

第三节　区域合作与一体化

有效的区域合作与一体化政策与措施是实现区域发展的重要途径与手段。长久以来，江西省内各地区间，尤其是昌九、昌抚、赣西、赣东北等区域均有较高水平的区域合作与一体化水平，同时江西省各地区与国内其他地区，特别是与江西省周边地区，诸如湖南、湖北、浙江、福建等的部分地区也有深厚的区域合作传统。这些极具区域性的区域合作和对外开放合作在空间上形成了多层级、多方向且不断发展的经济发展空间结构，是江西省经济发展现状与未来趋势的直接载体。

一、省内区域合作与一体化

（一）昌九一体化

南昌市是江西省省会城市，是江西省政治、经济、文化中心，具有人才、资金、技术和产业等方面优势，而九江市是江西省内唯一的长江沿江城市，拥有 152 千米江岸线的天然优势，具有极佳的港口与交通优势，是江西省沿江开放的门户城市。昌九联动发展有利于建设环鄱阳湖城市群核心，扩大省会南昌的辐射能力，发挥九江的交通优势。

二十多年来，国家与江西省通过各种规划与政策措施，促进昌九一体化

（同城化）发展。早在 1992 年，江西省委、省政府便以昌九公路为轴，在其两侧以工业为主展开布局，建设昌九工业走廊，以融入当时如火如荼的国家沿江开放战略。昌九工业走廊长 161.4 千米，沿途包括南昌、九江两个设区市的市区和南昌、新建、永修、德安、九江五个县，属于典型的单轴开发模式，尽管有政府财政和外资的支持与涌入，但受制于经济环境不佳，走廊建设陷入瓶颈。进入 21 世纪后，为更充分利用九江港口优势，开发并利用长江岸线资源，昌九工业走廊从沿路发展拓展向沿路（昌九高速、京九铁路等）和沿江（长江）开发并重，空间治理模式从单轴模式向双轴模式（T 形）转变。2006 年，《江西省昌九工业走廊"十一五"区域规划》出台，昌九两市被整体纳入该规划，标志着昌九地区联动发展从工业走廊建设向城市群建设转变。2010 年 9 月，昌九重要联系纽带昌九城际铁路正式通车，为昌九高速发展增添了新的动力。2012 年，南昌、九江共同签署了《昌九战略合作协议》，以实现抱团发展，并首推"昌九一体化"概念。2013 年 7 月，江西省委书记讲话中认为，江西省实现"龙头昂起"，重中之重是集中力量加快推进昌九一体化。2014 年 9 月，江西省发改委印发《昌九一体化发展规划（2013—2020 年）》，作为昌九同城化发展的指导性文件，确定其规划范围包括南昌市、九江市所辖全部县（市、区）、开发区，国土面积 2.63 万平方千米。

（二）昌抚一体化

昌抚一体化概念最早出现在 2011 年 2 月江西省发布的"十二五"规划中，为提升南昌市中心城市辐射能力，带动抚州市发展，形成昌抚经济圈，带动周边小城镇发展，进而推动整个城市群建设，实施昌抚一体化是重要举措，同时，昌抚一体化战略也是南昌一小时经济圈、南昌大都市区建设的重要组成。加快昌抚一体化建设，能够发挥南昌市人才、科技、教育等方面的资源优势，与抚州市资源互补，抚州市能够接受南昌市的辐射和带动，南昌市作为江西省经济核心，则能够通过抚州市联系闽台，也能通过抚州市享受国家支持海西经济区建设的政策的延伸效应，因此，通过昌抚一体化能够实现两市优势互补、互动共赢发展。

2013 年 6 月，南昌、抚州两市签订《关于加快推进昌抚一体化战略合作框架协议》，明确了合作原则、合作机制等，正式开启了两市融合发展的步伐，2013 年末《昌抚一体化战略规划纲要》编制完成；2014 年 9 月，江西省出台《关于支持抚州深化区域合作加快发展的若干意见》；2015 年 9 月，在昌抚一体化对接交流会上，南昌、抚州两市签下《关于进一步推进昌抚联动发展合作协议》；2017 年 7 月，江西省发展改革委又印发了《昌抚合作示范区（南昌）总体规划（2016—2025）》，规划以南昌市进贤县构建昌东南特色生态城镇群，建设生态文明创新试验区，以推动昌抚一体化发展。在一系列的合作协议、政策、规划的支撑下，昌抚地区在交通、产业、旅游、公共服务等方面向着实现一体化、同城化快速发展。

（三）赣西一体化

赣西地区交通优势明显，自然矿产资源丰富，历史文化悠久，总体经济实力和城市综合竞争力不断增强，在江西省总体经济格局中占有举足轻重的地位，同时作为江西省老工业基地，赣西正处于经济转型发展关键期。新余、宜春、萍乡三市单个中心城市规模有限，功能体系并不完善，均需借助南昌市和长沙都市区（长株潭城市群）等周边地区资源整合发展才能融入核心或次区域格局，以争取资源和发展机遇。赣西地区各县市地缘相邻，发展机遇与面临挑战相近，城市之间的竞争难以避免，但血缘相亲、比较优势与阶段任务各不相同，城市组合发展融入区域竞争格局有其必然，具有竞争的相对性和合作的绝对性。

早在 2014 年 3 月，首届赣西经济转型加快发展区域合作会议便推出九项共同推进项目，包括推进袁河流域水资源保护与开发利用，建设碳排放权交易平台、赣西科技专家服务网络平台，推进赣西旅游合作联盟、医保异地就医即时结算、警务合作，推进赣西区域循环经济试点、赣湘开放合作试验区建设、三市间城市快速干道建设。宜春、新余、萍乡三市合作，不再是简单意义上的“抱团”，而是三方的人才、技术、金融、管理等优质资源与良好生态、政策、区位、产业等后续优势的有效叠加。共推循环经济试点，加快新余高新区、宜春经开区、萍乡经开区循环化改造，努力形成企业小循环、产业中循环、区域大循环发展模式，充实赣西一体化概念。

为加快赣西地区城镇密集带建设，提高区域整体竞争力，以及协调和促进三市城市发展，打造环鄱阳湖生态城市群与长株潭城市群之间的新兴城镇成长地带，需要突出新宜萍核心地区一体化协调发展，促进新宜萍城镇群有序发展和资源整合，建立生态型城镇群。为此，新宜萍三市从顶层设计出发，达成一系列交流机制，出台了一系列有关经济、产业、交通等方面的合作发展的协议，并且由江西省住建厅组织，省城乡规划设计研究院编制了《新宜萍城镇群发展战略规划（2015—2030）》，并于 2016 年 12 月正式印发，规划区范围包括新余、宜春、萍乡三个中心城区，即渝水、袁州、安源、湘东四区，以及周边联系密切的分宜、万载、上高、芦溪、上栗、莲花六县，而实际上该规划区为赣西核心地区，因而其实际规划范围涵盖新余、宜春、萍乡市域，即三市所辖的全部十县三市四区，辐射范围还包括吉安市的安福县、峡江县、新干县。

（四）赣东北合作

赣东北指江西省东北部的三个地级市：上饶、景德镇、鹰潭。赣东北有着特殊的地理与人文特点，与皖南、浙西、闽北接壤，是江西省与环鄱阳湖城市群联系皖江城市带、长三角城市群与海西经济区的重要窗口与交通枢纽，其中鹰潭市与上饶市被纳入海西经济区的规划范围；赣东北是江西省文化多样性最集中的地区，除了赣文化外，吴越文化与徽文化也是本土文化的重要组成部分，并有着悠久的历史。

正是由于独特的人文环境与优越的区位交通优势，赣东北有着对外开放合作的深厚传统，2015 年，赣东北利用省外资金 1119.9 亿元，实际利用外资 13.35 亿美元，出口总额 54.56 亿美元，分别占江西省的 21.4%、14.1%、16.5%，长三角及海西经济区是赣东北主要游客客源地。赣东北三市历来是江西省接受长三角、闽三角经济辐射，承接产业转移的重心地区，再生铜加工、五金水暖、水泥等行业基本为浙商投资，仅上饶市就有 6 万浙商，上饶市连续多年成为浙商、闽商最佳投资城市。景德镇市吸引了全国各地约 3 万陶瓷创作者或爱好者在域发展，形成了内地独有的“景飘”现象。赣东北每年有大量优质稻米、生猪、水产品、水果、蔬菜和特色农产品进入沪杭厦漳等中心城市。上饶市、鹰潭市与宁波市共建的无水港，铁海联运、陆海联运、“五定班列”、“海铁联运天天班”等作业项目开通运营多年。

在不断扩大对外开放合作的同时，赣东北逐步促进自身发展的协调，以形成对外开放发展的合力，为更好地扩大对外开放，赣东北三市通过了一系列机制、交通、产业、旅游、规划等方面的政策措施，包括《赣东北扩大开放合作加快发展联席会议工作机制》《上饶、景德镇、鹰潭三市重大合作事项框架协议》《赣东北扩大开放合作加快发展共同宣言》等。2016 年 10 月，江西省发改委印发《赣东北扩大开放合作十三五发展规划》，便是要在扩大对外开放的同时，坚持分工合作与统筹协调，推动区域一体化发展。

（五）鄱阳湖生态经济区

2009 年 12 月，国务院正式批复环鄱阳湖城市群《鄱阳湖生态经济区规划》，规划范围包括南昌、景德镇、鹰潭三市，以及九江、新余、抚州、宜春、上饶、吉安六市的部分县（市、区），共 38 个县（市、区），国土面积 5.12 万平方千米。这标志着鄱阳湖生态经济区正式上升为国家战略，明确提出以省会城市（南昌）为核心，区域内其他 5 个中心城市（九江、景德镇、鹰潭、新余、抚州）为重点，加快构建鄱阳湖城市群，形成以点带轴、以轴促面的城镇集群发展模式。鄱阳湖生态经济区是以江西省鄱阳湖为核心，以鄱阳湖城市圈为依托，以保护生态、发展经济为重要战略构想的经济特区。该规划确定鄱阳湖生态经济区的定位为“全国大湖流域综合开发示范区、长江中下游水生态安全保障区、加快中部崛起重要带动区、国际生态经济合作重要平台、连接长三角和珠三角的重要经济增长极、世界级生态经济协调发展示范区”，同时指出鄱阳湖承担着重要的生态功能，又是我国中部地区正在加速形成的增长极之一，因而在我国区域发展和生态保护中具有重要意义，建设鄱阳湖生态经济区，对促进区域协调发展、实现人与自然和谐可持续发展具有重大意义。

（六）环鄱阳湖（生态）城市群

在国家发展战略与江西地方发展战略的长期支持下，环鄱阳湖生态城市群建设不断推进。2015 年 12 月，中国城市规划设计研究院、江西省城乡规划设计研究院共同完成了《环鄱阳湖生态城市群规划（2015—2030）》，于 2016 年 8 月进行了公示。

环鄱阳湖城市群的形成是在中部崛起、鄱阳湖生态经济区、长江经济带建设、长江中游城市群建设等国家宏观政策引导下的江西省长期发展和面向未来发展的产物，是在适应国家发展战略和江西省加快发展的愿望的背景下提出的，是在诸多前期国家级政策与规划引导和江西省地方发展战略规划的铺垫下形成的，尤其依托于鄱阳湖生态经济区建设，在生态鄱阳湖的基础上发展城市群经济。江西省与各地级市的前期规划与长期良好的社会经济发展也为环鄱阳湖城市群的孕育与环鄱阳湖生态城市群的出台奠定了良好的发展基础，也是环鄱阳湖诸多县市区域经济社会发展与联系不断加强，区域经济一体化建设取得初步成果的结果。

具体来说，《环鄱阳湖生态城市群规划（2015—2030）》是国务院批复的《长江中游城市群发展规划》中江西省实施规划的内容部分，是江西省落实共建“一带一路”倡议、长江经济带战略，促进昌九一体化发展的重要载体，是实施《江西省城镇体系规划（2012—2030）》的重要区域性规划。该规划范围与《长江中游城市群发展规划》确定的江西省相应辖区范围一致，因此，相比《鄱阳湖生态经济区规划》中提到的经济区范围作了大面积扩容。《环鄱阳湖生态城市群规划（2015—2030）》明确提出环鄱阳湖城市群的发展定位，囊括经济、交通、工业、生态、城乡、旅游等诸多方面。《环鄱阳湖生态城市群规划（2015—2030）》指出，环鄱阳湖城市群是以中国第一大淡水湖——鄱阳湖为核心，由环绕鄱阳湖的城市组成的，涉及南昌、九江、景德镇、上饶、鹰潭、宜春、新余、萍乡 8 个地级市全部行政辖区和抚州市辖区、东乡县、金溪县、崇仁县，吉安市新干县、峡江县，区域面积为 9.23 万平方千米。

（七）赣南等原中央苏区振兴发展

2014 年 3 月，国务院批复《赣闽粤原中央苏区振兴发展规划》，规划范围以江西省、福建省和广东省三省原中央苏区为核心，其中江西省包含赣州市、吉安市、新余市全境及抚州市、上饶市、宜春市、萍乡市、鹰潭市的部分地区等原中央苏区，打造全国有色金属产业基地、先进制造业基地和特色农产品深加工基地，重要的区域性综合交通枢纽，我国南方地区重要的生态屏障以及红色文化传承创新区、著名生态和文化旅游目的地。

赣南原中央苏区振兴发展要推动赣南核心区建设，以赣州市中心城区为龙头，依托赣州、龙南、瑞金国家级经济技术开发区及赣南承接产业转移示范区等，优化赣州城市功能与布局，加快瑞金、龙南两个次中心城市建设。加快赣中组团（江西省吉安市）、赣东组团（江西省抚州市、上饶市、鹰潭市部分地区）、赣西组团（江西省新余市、宜春市、萍乡市部分地区）发展。另外，推动相关地区以优势资源为基础，以科技创新为动力，加快构建特色鲜明、结构合理、具有较强竞争力的现代产业体系；按照统筹规划、合理布局、适度超前的原则，推进交通、能源、水利和信息等基础设施项目，加快建设功能完善、安全高效、保障有力的现代化基础设施体系，增强区域发展支撑能力；按照建设生态文明的要求，以江河源头保护为重点，加大生态建设与环境整治力度，提高资源集约节约利用水平，着力构建生态安全屏障；大力发展社会事业，加快建立健全覆盖城乡的基本公共服务体系；实施中心城市带动战略，加快新型城镇化进程，加强县域发展和新农村建设，构建城乡经济社会一体化发展新格局；建立完善区域内和区域间更加紧密的合作机制，探索区域联动发展新模式，打造高水平开放合作平台，建立内陆开放型经济体系等。

二、对外开放与区域合作

（一）融入长江中游城市群

环鄱阳湖城市群是长江中游城市群的重要组成部分，而长江中游城市群则是长江经济带三大城市群之一，融入长江中游城市群建设，以推动江西省与湖南省、湖北省合作，推动环鄱阳湖城市群与武汉都市圈、长潭株城市群融合，对江西发展极为重要，为此江西省通过一系列措施，以促进各地区融入长江中游城市群发展。

2012 年 1 月，湖北、湖南、江西三省政府共同签订《加快构建长江中游城市集群战略合作框架协议》，指出位于长江中游的武汉城市圈、长株潭城市群、环鄱阳湖生态经济区正在逐步成为国家促进中部崛起战略和湘鄂赣三省区域经济发展的重要支撑和核心引擎。在经济全球化和区域经济一体化的背景下，特别是在我国区域经济竞相发展和城市集群带动作用日益显著的客观趋势下，有必要统筹谋划长江中游地区城市群的发展，共同加快构建我国内陆地区开放开发的新高地、重大生产力布局的新平台、扩大内需的新市场和促进全国区域经济协调发展的新纽带。以武汉市、长沙市、南昌市为核心，组合沿长江、环洞庭湖、环鄱阳湖的若干城市，通过整体规划和集成，形成跨省域的经济一体化城市集群，将是未来一个时期中国经济新的重要增长极。

长江中游城市群省会城市是推动城市群建设的主力军，南昌市积极联合武汉市、长沙市、合肥市，通过制定一系列合作政策共识，推动城市群健康发展。2013 年 2 月，在武汉召开的“长江中游城市群四省会城市首届会商会”上，长沙、合肥、南昌、武汉四省会城市签下《长江中游城市群暨长沙、合肥、南昌、武汉战略合作框架协议》，即《武汉共识》，一年后四城市又发表《长沙宣言》，四省合作从共识走向行动，抱团发展，合作内容包括宏观发展战略、产业、创新、市场、基础设施、生态等诸多方面，将城市群建设推向更高层次。

（二）融入长江经济带

长江经济带覆盖上海、江苏、浙江、安徽、江西、湖北、湖南、重庆、四川、云南、贵州 11 个省份，面积约 205 万平方千米，人口和地区生产总值均超过全国的 40%。长江是货运量位居全球内河第一的黄金水道，长江通道是我国国土空间开发最重要的东西轴线，在区域发展总体格局中具有重要战略地位，其战略定位为建设具有全球影响力的内河经济带、东中西互动合作的协调发展带、沿海沿江沿边全面推进的对内对外开放带、生态文明建设的先行示范带。

从地理位置上看，江西省作为长江流域省份之一，相对长江中部沿江的其他省份（湖北省、湖南省、安徽省）来说，江西省在沿长江区域范围的拓展上受到一定限制，仅九江市有 152 千米的沿江岸线。但作为一个地理单元，江西省全境都在长江流域和长江经济带当中。在机遇面前，江西省主动融入长江经济带，是发挥江西“承东启西、连接南北”独特的区位优势，拓展发展空间，纵深推进昌九一体化，推动江西实现发展升级、小康提速、绿色崛起的重要机遇。对此，近年来江西省委、省政府对江西省整体融入长江经济带非常重视，2015 年 4 月，江西省政府下发《江西省人民政府贯彻国务院关于依托黄金水道推动长江经济带发展指导意见的实施意见》，提出充分发挥长江黄金水道、京九和沪昆通道功能，以昌九一体化为核心，以沿线城镇为依托，加强环鄱阳湖城市群与武汉城市圈、长株潭城市群协作融合，共同推进长江中游城市群建设，拓展与长三角及周边城市群的互动发展，提升城镇化发展质量和水平。

九江市作为江西省唯一沿江地区，作为长江中游的关键节点和重要支点，是江西省融入长江经济带的主阵地、主平台和主抓手。九江市通过充分发挥沿江临港的独特优势，大力推进新型工业化，主动融入长江经济带建设，着力打造长江经济带重要节点城市和省域门户城市。2012 年 12 月，九江市与湖北省黄冈市跨江合作开发迈出实质性一步。两市市长在黄冈签订框架协议，就携手“一江两岸”建设达成共识，“一江两岸”经济协作区是相关地区融入长江经济带的跨区协作新模式。

昌九、昌抚一体化是江西省融入长江经济带的重要战略节点。早在2012年6月，江西省抚州市人民政府启动编制《实施昌抚经济一体化战略规划纲要》，推动实现昌抚经济一体化。2014年9月，江西省发展改革委印发的《昌九一体化发展规划（2013—2020年）》明确提出，昌九一体化发展战略定位之一为建设长江经济带开放开发重要支点。目标通过发挥昌九连接长江上下游的区位优势，全面融入长江经济带建设，提升基础设施互联互通水平，主动参与国内国际分工，打造开放型经济新优势，建设长江经济带开放合作重大平台。

2017年，《江西省长江经济带发展实施规划》获得国家长江经济带领导小组同意，这代表江西省实施长江经济带战略的顶层设计已经基本完成。该实施规划的总体思路是：牢牢把握生态优先、绿色发展的主线。坚持共抓大保护，不搞大开发，始终把修复生态环境摆在压倒性位置。

2017年5月，《江西省2017年推动长江经济带发展工作要点》发布，指出坚持生态优先、绿色发展，共抓大保护、不搞大开发，继续把长江经济带生态环境保护工作放在首位，着力推进生态环境保护、综合立体交通走廊建设、创新驱动产业转型升级、新型城镇化、对外开放合作等重点领域工作。

（三）融入“一带一路”

“一带一路”一端连接发达的欧洲经济圈，另一端则是活跃的亚洲，中部广大亚非国家发展潜力巨大，作为世界上最长的经济发展轴，“一带一路”有着广阔的发展前景，参与“一带一路”建设将对区域发展产生巨大效益。

2015年2月，江西省商务厅提出要拓宽陆上、海上、空中、数字四大通道，将江西打造成为“丝绸之路经济带”和“21世纪海上丝绸之路”的连接点和内陆开放型经济高地。到2020年初步构建江西省宽领域、多层次、全方位的对外开放新格局，为江西省“五年决战同步全面小康”提供强大支撑。2015年3月，国家发展改革委、外交部、商务部联合发布的《推动共建丝绸之路经济带和21世纪海上丝绸之路的愿景与行动》将江西省南昌市列为“一带一路”重要节点城市，说明江西省参与“一带一路”建设有着良好的前景。

福建省是“一带一路”倡议的重要省份，推动江西省与福建省对接，尤其在交通上的对接尤为重要。2016年9月，钟业喜教授主持的江西向莆铁路经济带战略相关规划《江西向莆铁路经济带“十三五”发展规划》正式印发，向莆经济带战略是江西省做出的对接“一带一路”和长江经济带国家战略，探索跨省合作、推进区域一体化、实现苏区振兴发展的重要举措。向莆铁路经济带建设将成为江西省经济发展重要支撑带，成为连接福建、台湾的便捷通道，成为闽台产业转移集聚带，对推动江西省融入“一带一路”建设起到关键作用。

（四）融入“泛珠三角”

“泛珠三角”包括珠江流域地域相邻、经贸关系密切的福建、江西、广西、海南、湖南、四川、云南、贵州和广东9个省份，以及香港、澳门2个特别行政区，简称“9+2”。“泛珠三角”9+2模式的提出，与江西省制定的对接“长珠闽”的发展战略不谋而合。江西省通过制度安排、资源整合、产业对接以及构建合理的城市体系，主动融入“泛珠三角”，成为区域经济合作组织中的一员，推动区域经济一体化进程，将对推动江西省在中部地区崛起起到积极作用。对接粤港澳，做大做强经济板块实力，优化板块生产要素组合和产业结构合理分工，有利于江西省更好地承接沿海地区产业的梯度转移，接受广州、香港、深圳这些经济中心城市的辐射，从而加快江西省开放型经济发展。

2004年11月，为落实“泛珠三角”9+2政府签订的框架协议，进一步推动“泛珠三角”区域合作与发展，江西省成立了“泛珠三角”区域合作与发展协调领导小组。2016年9月，江西省人民政府办公厅印发《江西省深化泛珠三角区域合作实施方案》，指出江西省规划从推动产业协同发展、促进统一市场建设、加快基础设施互联互通、推进创新驱动发展、加强社会事业领域合作、培育对外开放新优势、推进生态文明建设、深化与港澳合作、加强各项保障措施，以推进江西省融入“泛珠三角”建设。

经过多年发展，粤港澳特别是香港已成为江西省利用外资第一大来源地，截至2016年底，香港累计在赣投资设立港资企业11457家，实际利用港资495.83亿美元，占江西省实际利用外资比重达64%。香港成为江西省第三大贸易伙伴，随着大批港资企业落户投产江西，赣港两地贸易规模不断扩大。2016年，赣港两地进出口贸易总额36.61亿美元。江西企业赴港投资日益活跃，截至2016年底，江西企业在香港投资设立了140家企业，协议投资额14.56亿美元，对香港实际投资额为3.74亿美元。经营范围从最初的进出口贸易逐步向商务服务、旅游服务、产品研发等多个领域拓展。

（五）对接长三角

长三角，即长江三角洲地区，具有区位条件优越、自然禀赋优良、经济基础雄厚、体制比较完善、城镇化发展水平高等特点，是我国综合实力最强的区域，2010年5月出台的《长江三角洲地区区域规划》划定的区域范围包括上海、江苏、浙江3个省份的16个城市，而2016年6月出台的《长江三角洲城市群发展规划》则囊括江苏、浙江、安徽、上海，共26个城市。长三角地区以城市群建设为依托，实现了对外开放、经济发展、城镇化等多层次、全方面、高速、高质量发展，是我国经济社会发展的核心地区之一。

随着长三角地区不断扩容，其对外经济辐射联系也不断加强，而江西省作为浙江省、安徽省的接壤省份，与长三角山水相连，是长三角“两省一市”主要辐射地区，属泛长三角经济区范围。江西省在面临加快崛起的历史重任，产业等方面却有巨大不足的情况下，加快对接长三角、融入泛长三角，借助外界的支持与合作是重要的手段之一。

尽管江西省与长三角地区发展水平差距较大，但随着沪昆高铁的运营，两地经济联系将越来越紧密。随着长三角地区推进产业结构升级和产品结构优化，传统产业转移便需要一个强大的经济“腹地”作为支撑。江西省在能源、劳动力和各种初级加工产品等方面具有许多优良条件，已经成为构建长三角经济“腹地”不可多得的区域，“泛长三角”区域内部经济体成员开展合作的潜力巨大，正面对着前所未有的发展良机。随着泛化进程加快，必然会有越来越多的国内国际资本在长三角周边腹地寻找投资合作机会，人才、技术、信息等经济要素也会在更大范围内流动，这无疑给江西省经济发展提供了一个难得的机遇。这将有利于江西省建立新的开放平台，拓宽发展渠道；有利于江西招商引资，通过与沿海发达地区的互动，更新观念，创新体制，促进发展。

（六）连接台海经济区

台湾海峡经济圈是以台湾海峡为纽带，以海峡两岸经济互补性、地缘临近性以及文化同源性为背景，以两岸经济功能性一体化发展为基础、两岸经济机制性一体化为共同愿景的经济区域。存在大（祖国大陆与台湾）、中（长江以南沿海地区与台湾）、小（福建与台湾）“三层重叠”的空间结构。

海峡西岸经济区是以福建为主体，面对台湾，邻近港澳，范围涵盖台湾海峡西岸，包括浙江南部、广东东部和江西部分地区，与珠江三角洲和长江三角洲两个经济区衔接，依托沿海核心区福州、厦门、泉州、温州、汕头五大中心城市及以五大中心城市为中心所形成的经济圈，构筑地域分工明确、市场体系统一、经济联系紧密的对外开放、协调发展、全面繁荣的经济综合体。涵盖经济、政治、文化、社会等各个领域的综合性概念，总的目标任务是“对外开放、协调发展、全面繁荣”。海西经济区包括：福建省的福州市、厦门市、泉州市、莆田市、漳州市、三明市、龙岩市、南平市、宁德市、平潭综合实验区，广东省的汕头市、揭阳市、潮州市、梅州市，江西省的抚州市、上饶市、鹰潭市、赣州市，浙江省的丽水市、温州市、衢州市，共计20个地级及一个实验区。

江西紧邻福建，向莆经济带的建设加强了两省的联系，未来应进一步充分发挥向莆铁路通道作用，以抚州为重点发展对象对接台海经济圈。完善铁、路、空、水交通网络的建设；鼓励和引导产业向向莆经济带沿线集聚，集中布局一批产业合作区和试点示范区，打造汽车、新能源、生物医药等重点产业基地，支持在科技金融、养老服务、现代农业、健康医药等领域先行先试；积极推进昌抚一体化发展，加快昌抚合作示范区、赣闽产业合作示范区建设，向项目用地、城镇规划、产业承接等方面重点倾斜；推动向莆铁路全线开通货运业务，支持抚州海西综合物流园建设；加快推进向莆旅游黄金线建设，完善景区道路、标识标牌、应急救援等基础设施和服务设施。通过积极推进抚州进一步开放开发，将抚州作为对接台海经济圈的桥梁，是江西扩大开放、融入国际市场的重要路径，从而有利于江西进一步迈向高质量发展。

三、推动江西区域格局重塑

（一）壮大南昌都市圈，提升江西内聚力

尽管江西省于2006年提出构建环鄱阳湖城市群的战略构想，外界对江西省的城市群方案一直缺乏认同，环鄱阳湖城市群在国家层面并没有产生明显的影响力。

综合考虑区域主体功能定位和构建江西省区域发展新格局的战略需求，2019年7月江西省人民政府印发了《大南昌都市圈发展规划（2019—2025年）》，将大南昌都市圈范围界定为南昌市、九江市和抚州市临川区、东乡区，宜春市的丰城市、樟树市、高安市和靖安县、奉新县，上饶市的鄱阳县、余干县、万年县，含国家级新区赣江新区，国土面积4.5万平方千米。

大南昌都市圈重点打造“一核两极两轴、三组团多支撑”的区域格局。一核：重点是优化提升南昌市中心城区和赣江新区核心主导地位；两极：强化九江、抚州两市中心城区战略增长极功能；两轴：构建九江—南昌—抚州和沿沪昆高铁通道两大发展轴；三组团：培育丰樟高、奉靖、鄱余万都组团发展能力；多支撑：增强其他县市支撑功能。通过增强都市圈发展核心和战略增长极的向心集聚力为先导，着力培育其对周边县市和广阔腹地的辐射带动力，夯实九江—南昌—抚州和沿沪昆高铁通道两大发展轴的龙头引领功能，引领全省高质量跨越式发展。

九江—南昌—抚州纵向发展轴是都市圈战略主轴。依托京九和昌福运输通道，发挥“一核两极”引领带动作用，提升瑞昌市、庐山市、德安县城、共青城市、永修县城、南昌县城等沿线主要节点区域功能。该轴线北拓长江中游城市群，东进海西经济区并与福建自贸区对接，是江西省通江达海的核心主轴。

沿沪昆高铁通道为横向发展轴。依托沪昆高铁通道，发挥南昌市、抚州市引领带动作用，提升进贤县城、南昌县城、高安市等沿线主要节点区域功能。该轴线东进杭州、上海，西拓长沙、昆明，分别与长江三角洲城市群和长株潭城市群对接，是江西省东西双向开放的核心主轴。

大南昌都市圈还有一个关键着力点，即共同打造长江中游城市群。由于湖

北省、湖南省、安徽省均有自己打造的城市群，江西省须拿出自己的城市群来与国家战略相呼应，并得到外界认同。鉴于环鄱阳湖城市群方案长期缺乏外界认同，因此，应以大南昌都市圈为核心板块对接长江中游城市群战略。

（二）培育赣州增长极，强化双核驱动力

一个省或一个较大规模的区域如何才能实现整体性起飞，而不是形成发展“飞地”？例如，沿海发达地区，从北到南，几乎都有双中心，辽宁省沈阳市是中心，大连市是另一个中心，甚至人们更喜欢去大连市工作；山东省的青岛市甚至比济南市更大，更有吸引力；浙江省有杭州市，而宁波市、温州市发展得也不差；福建省的福州市和厦门市都发展得很好；广东省不仅广州市发达，深圳市也已成为新的中心。这就是典型的“双核结构”或“双中心论”。双中心能促进一个地区的经济全面发展，原因很简单，就是资源分配有效率，作为行政中心的省会并不“一市独大”，资源分配在很大程度上向一个“非省会”城市倾斜，能提高资源配置效率，特别是两者形成强有力的竞争（竞赛）关系，你追我赶，结果，这一地区经济增长不仅效率高，而且在省会之外多了一个新增长点，这样的地区不发展、不发达都不可能。相反，中西部地区，几乎所有的省份都是省会“一市独大”，资源配置过度集中，形成不了有效的区域竞争格局。从这个角度上来讲，在昌九一体化的基础上，积极培育赣州市增长极意义重大。

以赣州中心城区为龙头，赣江、章江、贡江为纽带，推进行政区划调整，在南康撤市设区的基础上，增设市辖区，推动南康、赣县、上犹与中心城区同城化发展，科学规划建设章康新区，构建三江六岸联动的“Y”字形城市框架。加快推进中心城区六大片区建设，完善城市基础设施和公共设施，开展城市轨道等立体交通规划预研，不断提升城市功能和品位，增强要素集聚和综合服务功能，优化人居环境，促进人口集聚，打造引领赣州市振兴发展的核心增长极。

按照“以点带轴，由轴连圈”的发展模式，构建一核两廊三圈区域发展格局。“一核”即以赣州特大城市为核心，包括赣州中心城区、赣县、南康市和上犹县；“两廊”即由赣州中心城区向南北延伸的赣粤产业走廊、向东西延伸的赣闽产业走廊；“三圈”即以中心城区为中心节点、瑞金市和龙南县两个次中心为核心的3个“半小时城市圈”。“一核两廊三圈”既相互独立，又协作对接，形成以中心城区为龙头总牵引，强化中心城区的核心辐射带动作用，通过加密完善高速公路、快速干道、高速铁路等立体交通网络，促进城市间基础设施一体化，推动“同城化”进程，形成结构合理、功能互补、资源共享、全市联动、城乡一体的赣南城市群。

（三）打造赣江新区，促进江西发展升级

2016年6月，国家发展改革委印发《江西赣江新区总体方案》，正式批复同

意设立江西省赣江新区，赣江新区新晋为全国第 18 个“国家级新区”。这是国家为构建长江经济带发展的重要支点，加快中部地区崛起步伐的重要部署。赣江新区位于南昌市北部的赣江之滨，包括南昌市青山湖区、新建区和共青城市、永修县的部分区域。

目前，作为长江经济带的龙头，有上海浦东新区、浙江舟山群岛新区，作为长江经济带的龙尾，有成都天府新区、重庆两江新区、贵州贵安新区。而作为国家重点打造的长江经济带“龙腰”地位的长江中游，有湘江新区和赣江新区。因此，江西省要积极谋划推动，抢抓战略机遇，打造赣江新区，提升省域竞争优势。

赣江新区的发展应考虑以下基本要素：一是赣江新区在闽台通往中国广大腹地的战略大通道上（向莆铁路—昌九城际），具有重要战略意义；二是赣江新区位于昌九一体化区域，该区域的昌九工业走廊 1992 年就已提出，具有历史传承；三是建议将德安县整建制并入共青城市，共同打造赣江新区，共青城市在国家政策方面可以获得更大的倾斜；四是赣江新区在长江中游城市群地区，特别是长江中游城市群三极，目前江西省最弱，要形成稳固的三角形格局，需要国家的大力支持；五是赣江新区位于鄱阳湖生态经济区，在国家转型发展的大背景下，绿色崛起具有典型的示范意义。

（四）打造“闽新轴带”，提升江西战略地位

“闽新轴带”是由钟业喜等提出的通道概念①，是由福建、江西、湖北、陕西、甘肃、新疆六省连接而成的，是连接“丝绸之路经济带核心区”（新疆）和“21 世纪海上丝绸之路核心区”（福建）的最便捷的大通道。在陆海统筹双向开放背景下，将“闽新轴带”上升为国家级生产力大通道，有利于更好地对接“一带一路”，形成“陆海内外联动、东西双向互济的开放格局”，具有重要战略意义。

轴带经济突破行政区的界限，依赖市场力量，注重联动效应，通过区域之间的各种联系带动生产要素流动，强调不同区域之间的协同发展、共享发展和包容性发展。共商共建共享“闽新轴带”，将有助于建立更加有效的区域协调发展新机制，提升江西省开放发展水平。

一是有利于积极参与“一带一路”建设，推动江西双向开放开发。打造“闽新轴带”，将进一步提升南昌—抚州东南接闽台、西北连汉新欧的战略通道优势，形成陆海内外联动、东西双向互济的开放格局；将使大南昌都市区处于三条国家发展轴线（沪昆、京九、闽新）的交汇点上，充分发挥江西省承载海

① 钟业喜，等．闽新轴带区域协调发展研究［M］．北京：经济管理出版社，2018.

西面向全国的重要战略辐射通道作用，大大提升江西省相对湖南省甚至整个中部地区的战略地位和竞争优势。

二是有利于培育发展环鄱阳湖城市群，高起点融入长江经济带。江西省是长江经济带重要省份，南昌市是长江中游城市群的重要一极，打造“闽新轴带”，有利于推进昌九—昌抚一体化，放大高铁同城化、区域一体化效应，提升环鄱阳湖城市群整体实力，有力支撑长江经济带建设，实现国家依托长江黄金水道打造中国经济新支撑带的战略部署。

三是有利于建立更加有效的区域协调发展新机制，形成合作共赢区域发展新格局。打造“闽新轴带”，加快了中西部内陆抵达东部地区的速度，便于资源产品组织和集散，将西部的资源优势转为经济优势的同时解决东南沿海资源短缺问题；有利于发挥比较优势，推动江西省与闽鄂陕甘新五省共建共享物流、港口等基础设施，构建“闽新轴带”合作发展经济走廊和产业合作示范区，促进抚州市加快承接海西产业转移，建设海陆双向开放型经济新高地。

四是有利于促进生态与经济协调发展，引领流域生态文明示范建设。打造“闽新轴带”，有利于江西省突出生态特色，打好绿色产业品牌，提升江西产业竞争力；抚河流域是长江中下游水生态安全保障区和我国东南丘陵山地重要生态安全屏障，加强流域生态建设和环境保护，推进流域可持续发展，加快形成可复制、可推广的生态与经济协调发展模式，可促进国家生态文明试验区（江西）建设，打造“美丽中国”“江西样板”。

五是有利于促进革命老区跨越发展，实现与全国同步全面建成小康社会目标。打造“闽新轴带”，有助于促进陆海资源要素的流通，破除制约发展的体制机制障碍，激发经济发展内生动力，进一步提高中西部地区城镇化水平，带动落后地区脱贫致富，促进东中西部的协调发展，保证全体人民在共建共享发展中有更多获得感，为全国革命老区和欠发达地区科学发展、跨越发展积累经验、提供示范。

（五）文化引领，促进江西对接“一带一路”

文化软实力是当今国家和地区竞争的重要组成部分，应推进国家和地区文化建设，增强国家和地区实力。

江西省通过文化引领，推进加强区域合作：一是沿“21 世纪海上丝绸之路”，加强同东盟、南亚、西亚、非洲四大经济板块的经贸文化往来。二是沿“丝绸之路经济带”，加强同中亚经济板块的经贸文化往来。三是沿“一带一路”齐头并进，连接欧美经济板块。四是依托赣台两地在宗教文化、陶瓷文化、客家文化等方面有很好的交流合作条件，双方实现优势互补、合作双赢。五是江西省的佛教文化交流具有非常优越的文化底蕴，江西作为佛教大省，祖庭众多，禅宗尤为突出。

首先，“一带一路”与“长江经济带”逐步形成中国经济发展的新格局，江西省作为中部地区的重要成员，具有承东启西的地理区位优势，依靠长江经济带，向东可以成为海上丝绸之路的腹地，向西基本可以说是陆上丝绸之路经济带的重要延伸。其次，江西省利用其陶瓷、稀有金属等资源，通过这些特色产业逐步融入到海上丝绸之路；通过其人力资源、生态资源、地理区位等逐步融入陆上丝绸之路及长江经济带。最后，江西省文化资源、旅游资源也可以融入到海上丝绸之路，尤其是赣南地区的客家文化资源。

第七章　城镇化与城乡发展一体化

江西省城市化和全国城市化发展的步伐基本吻合。改革开放以来，江西省城市化进程明显加快，但相对落后于全国的城市化发展水平；21 世纪以来，江西省城市化开始进入快速发展阶段，2016 年的城市化水平达到了 53.10%。目前，江西省城市化进程正处于中期加速阶段，但应该看到江西省城市化水平的空间差异仍较为明显，城市体系有待完善。江西省在推进新型城镇化发展战略进程中，需要做强做大做优“大南昌都市圈”，积极推进江西三大城市群发展，加强核心城市的辐射作用，重视规划与政策引导、产业发展互动，着力推进城乡发展一体化。

第一节　城市化进程与特征

一、城市化进程

中华人民共和国成立以来，江西省城市化在曲折中前进，取得了很大的成就。和全国城市化发展的步伐基本吻合，江西省城市化进程经历了恢复（1949~1957 年）、膨胀（1958~1960 年）、滞缓（1961~1978 年）、加快（1979~2000 年）和快速（2001 年至今）的发展过程（刘耀彬，2007）。城市化水平由 1949 年的 9.5%发展到 1980 年的 18.8%，由 2000 年的 27.7%提高到 2019 年的 57.4%。由图 7-1 可以清晰看出 1978~2019 年江西省城镇化率的增长态势。

江西城镇人口从 1978 年的 533.12 万人，发展到 2019 年末的 2679.29 万人，比 2000 年增长了 4.0 倍。1979~1990 年每年平均提高 0.3 个百分点，1991~2000 年每年平均提高 0.73 个百分点，2001~2019 年每年平均提高 1.56 个百分点，是历史上城镇化率最快的时期，城镇化进程逐渐加快。与全国城镇化水平的差距已从 2000 年的 8.55 个百分点缩小至 2019 年的 3.18 个百分点，19 年间江西省城镇化率平均提高值高于同期全国平均提高值 0.28 个百分点。

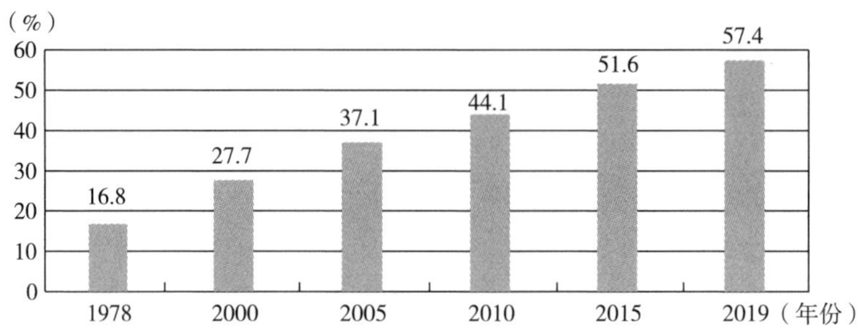

图 7-1　相关年份江西省城镇化率

江西省的城镇化发展立足实际，实施中心城市带动战略；重点围绕环鄱阳湖城市群，将其作为新型生态城镇化的发展主导，突出发展大城市和区域性中心城市，促进大中小城市和小城镇协调发展。2010 年之后，江西省逐渐将城市群培育作为推进城镇化的主体形态，以发达城市带动乡镇共同发展，提高城镇化水平。

（一）城镇化开始起步阶段（1949~1957 年）

1949 年江西省只有南昌、九江、景德镇、赣州 4 个城市，至 1957 年增加抚州、上饶、吉安，合计 7 个城市，年均增加 0. 38 个城市。如表 7-1 所示，1949~1957 年，江西城镇人口迅速增加，城镇化率明显提高。1957 年江西省城镇人口比 1949 年增加 100. 36 万，平均每年增加 12. 55 万人，城镇人口增长率比同期总人口增长快 0. 97 倍；城镇化率由 1949 年的 9. 5%上升到 12. 2%。中华人民共和国成立初期，饱受战乱的江西省百废待兴，农田荒芜、商业凋零、工业落后、城镇化水平低下。1949 年江西省总人口为 1314. 04 万，其中城镇人口 124. 83 万，城镇化率只有 9. 5%。为了尽快医治战争创伤、发展经济，江西省在国民经济恢复时期全面开展生产自救，加强交通运输和能源、原材料工业建设，使工业经济得到较快恢复和发展。1950~1952 年江西省工业产值以年均 39. 7%的速度递增。工业的快速发展，增强了城镇吸收劳动力的能力，部分农村人口向城镇迁移，城镇化水平开始上升。1949~1952 年，江西省城镇人口由 124. 83 万人增加到 171. 81 万人，其增长速度快于总人口自然增长速度，城镇化率由 9. 5%上升到 10. 3%。三年恢复时期以后，江西省和全国一样进入“一五”大规模工业和城镇建设时期，国家在江西省安排了南昌飞机制造厂、上犹江水电站、南昌发电厂和大吉山、岿美山、西华山三大钨矿六个重点工业建设项目。这些重点项目建成投产，不仅增强了江西省工业经济实力，而且吸收农民进入城镇和工矿就业，城乡人口流动性明显提高，形成城镇化发展第一次高潮。1957 年江西省工业总产值 11. 7 亿元，比 1952 年增长 67. 7%；城镇人口 225. 19 万人，

比 1952 年增长 31.1%；城镇化率提高到 12.2%。

表 7-1　1949~1957 年江西省城镇化水平

年份	总人口（万人）	城镇人口（万人）	城镇化率（%）	年份	总人口（万人）	城镇人口（万人）	城镇化率（%）
1949	1314.04	124.83	9.5	1953	1695.25	174.05	10.3
1950	1568.12	159.95	10.2	1954	1729.74	196.87	11.4
1951	1643.91	169.32	10.3	1956	1799.97	206.51	11.5
1952	1655.69	171.81	10.4	1957	1851.45	225.19	12.2

资料来源：根据《新中国五十年统计资料汇编》整理。

（二）城镇化震荡停滞阶段（1958~1977 年）

1958~1977 年江西省国民经济起伏很大，城镇化建设一波三折，进入震荡停滞阶段。这一阶段江西省城镇化水平波动较大，在经过前期非正常发展之后，1962~1977 年江西省城镇化基本处于停滞状态，这个时期城镇人口的增长主要来自城镇人口的自然增长，与城镇化没有多大关系。1977 年，江西省城镇人口 520.21 万人，比 1957 年增长 131.0%；城镇化率为 16.7%，仅比 1957 年提高了 4.5 个百分点，如表 7-2 所示。

表 7-2　1958~1977 年江西省城镇化水平

年份	总人口（万人）	城镇人口（万人）	城镇化率（%）	年份	总人口（万人）	城镇人口（万人）	城镇化率（%）
1958	1912.89	242.37	12.7	1968	2418.16	371.66	15.4
1959	1975.97	280.41	14.2	1969	2504.73	392.29	15.7
1960	2009.85	460.34	22.9	1970	2584.51	411.08	15.9
1961	2022.67	441.34	21.8	1971	2652.31	474.55	17.9
1962	2039.91	416.21	20.4	1972	2723.01	452.46	16.6
1963	2101.03	347.36	16.5	1973	2810.46	471.54	16.8
1964	2143.63	358.51	16.7	1974	2888.29	479.72	16.6
1965	2209.54	372.55	16.9	1975	2968.53	491.44	16.6
1966	2283.65	380.68	16.7	1976	3048.21	501.74	16.5
1967	2354.36	393.25	16.7	1977	3118.00	520.21	16.7

资料来源：根据《江西统计年鉴》（1959~1978）整理。

将 1960 年与 1957 年比较，江西省轻工业的比重由 61.6%降到 46.79%，重工业的比重则由 38.4%猛升到 53.1%。以钢为纲，集中全社会人力、物力和财力优先发展重工业，使大量农村劳动力流向城镇，城镇化水平迅速提高。1960 年江西省城镇人口达 460.34 万，比 1958 年猛增 217.97 万人，城镇化率由 1958 年的 12.7%迅速上升到 22.9%。江西省从 1961 年起贯彻国家“调整、巩固、充实、提高”方针，全面压缩基建投资规模，并对 1552 个消耗高、产品质量差、长期亏损、不具备发展条件的企业果断实行“关、停、并、转”，大力精简工业和城镇人口，下放了大批工人和行政机关干部，充实到农业生产第一线。1964 年 8 月 14 日，国务院批转《公安部关于处理户口迁移的规定（草案）》，对城乡人口实行严格的户籍管理，限制城乡之间人口流动。经济调整和户籍管理，使城镇化进程出现停滞甚至倒退。江西省城镇人口由 1960 年的 460.34 万人减少到 1965 年的 372.55 万人，同期城镇化率由 22.9%下降到 16.9%。1966~1977 年江西省城镇人口仅增加 139.53 万人，城镇化率在 15.4%~17.9%徘徊。

（三）城镇化稳步发展阶段（1978~2000 年）

从 1978 年党的十一届三中全会到 2000 年，江西省城镇化步入稳步发展阶段，2000 年江西省城镇人口达 1148.73 万人，比 1978 年的 533.12 万人增长 115.47%；城镇化率达 27.7%，比 1978 年的 16.7%提高 10.9 个百分点（见表 7-3）。

表 7-3 1978~2000 年江西省城镇化水平

年份	总人口（万人）	市镇人口（万人）	城镇化率（%）	年份	总人口（万人）	城镇人口（万人）	城镇化率（%）
1978	3182.82	533.12	16.7	1994	4015.45	935.04	23.3
1980	3270.20	614.59	18.8	1995	4062.54	968.92	23.9
1985	3509.80	694.24	19.8	1996	4105.46	1009.29	24.6
1990	3810.64	775.47	20.4	1997	4150.33	1050.78	25.3
1991	3864.64	814.82	21.1	1998	4191.21	1091.89	26.1
1992	3913.09	853.76	21.8	1999	4231.17	1133.36	26.8
1993	3966.04	894.42	22.6	2000	4148.54	1148.73	27.7

资料来源：根据《江西统计年鉴》（1979~2001）整理。

改革开放首先在农村取得突破，家庭联产承包责任制的普遍推行，激发了农民的生产积极性，农业劳动生产率大幅提高，使农业生产得到突飞猛进的发展，从根本上改变了农产品严重供不应求的局面，为城镇吸收更多的人口及轻纺工业的发展奠定了物质基础。在此基础上，农村乡镇企业异军突起，吸引大量农村剩余劳动力转移到非农产业，小城镇建设蓬勃发展。

1980 年国务院制定“严格控制大城市规模，合理发展中等城市，积极发展小城镇”的城镇化发展方针后，江西省确定了优先发展小城镇的政策，并于 1983 年以后积极实行地、市合并或撤地建市，实行市领导县的新体制，城镇作为区域政治、经济、交通、贸易、金融、信息及科技中心，对周边地区的辐射作用开始发挥出来。1984 年江西省农业总产值为 98.35 亿元，比 1978 年增长 99.5%；工业总产值 136.52 亿元，比 1978 年增长 85.6%；城镇人口 680.17 万人，比 1978 年增长 27.6%；城镇化率 22.3%，比 1978 年提高 5.6 个百分点。随后推进城市经济体制改革，大大加快了江西省的经济发展，使之成为城镇化的重要推动力，加上国家和本省出台了一系列户籍制度改革政策，城乡之间人口流动的壁垒逐渐松动，有些地市还采取了不少灵活措施，形成了城市经济体制改革与城镇化相互促进的良好局面。1991 年江西省地区生产总值为 479.37 亿元，比 1984 年增长 183.5%；城镇人口 814.82 万人，比 1984 年增长 19.8%。不过，由于城镇人口的增长幅度小于江西省总人口的增长幅度，同期城镇化率有所下降。1992 年邓小平“南方谈话”和当年 10 月召开党的十四大后，我国进入建立社会主义市场经济体制的新时期，市场化改革成为城镇化发展的强大动力，大大加快了城镇化步伐。2000 年，江西省人均地区生产总值 4851 元，比 1991 年的 1249 元增长 288.4%；城镇化率为 27.7%，比 1991 年提高 6.6 个百分点。

（四）城市化快速发展阶段（2001 年至今）

进入 21 世纪，江西省制定了加速城镇化发展的总体战略，把促进城镇化又好又快发展作为贯彻落实科学发展观的重大课题进行研究部署，使城镇化进入到快速发展阶段。2019 年与 2001 年相比，江西省城镇人口增加 1406.4 万人，城镇化率提高 27.0 个百分点，年均增加 1.50 个百分点。

2001 年 3 月 15 日，全国第九届人大会议通过的“十五”规划提出实施城镇化战略，走符合我国国情、大中小城市和小城镇协调发展的城镇化道路，逐步形成合理的城镇体系，促进城乡共同进步。根据规划精神，江西省把重点发展小城镇、积极发展中小城市、完善中心城市功能、发挥大城市辐射带动作用作为加快城镇化进程的重要措施来抓。2003 年 10 月召开的党的十六届三中全会提出科学发展观后，江西省城镇化进入科学发展轨道，开始追求城市与农村的经济、社会、人口、资源和环境全面协调可持续发展，城镇发展由数量扩张向品质提升转变。2006 年十届人大通过的“十一五”规划纲要提出在继续坚持大中小城市和小城镇协调发展的基础上，把城市群作为推进城镇化的主体形态，并强调要改革城乡分割的就业管理制度，深化户籍制度改革。由此，江西省城镇化指导思想进一步明确，城镇化快速发展。2007 年江西省城镇总人口为 1738.63 万人，比 2000 年增加 589.90 万人；城镇化率为 39.8%，比 2000 年提高 12.1 个百分点。2008 年 1 月 11~14 日，江西省委、省政府召开全省推进新型城镇化和城市建设工作现场会，在总结前几年城镇化工作经验的基础上，对进一步推进城镇化进行了部署。2008 年 4 月，江西省委、省政府组织领导干部到上海市、江苏省、内蒙古自治区、安徽省等进行学习考察，吹响了推进城镇化的新号角，城镇化进入快速推进通道。2009 年中央经济工作会议提出，要积极稳妥推进城镇化，提升城镇发展质量和水平。2009 年 6 月，江西省委、省政府组织开展了城镇化工作专项督查考核。2010 年江西省委、省政府出台了《关于加快推进新型城镇化的若干意见》，明确了加快城镇化的目标、城镇发展空间结构布局、城镇化发展路径，同时，完善落实鼓励农民进城的政策和配套措施，由重视土地城镇化向重视人口城镇化转变。江西省各地掀起了推进城镇化新高潮，形成稳中求进、加速发展的良好局面。2011 年召开的江西省第十三次党代会明确提出，到 2015 年江西省城镇化率要达到或接近全国平均水平的目标任务，各地在继续坚持以大开放为主战略、以工业化为核心的基础上，充分发挥投资带动效应，进一步加快城镇化发展。江西省城镇人口由 2007 年的 1738.63 万人增加到 2019 年的 2679.29 万人，全省的城镇化率由 2007 年的 39.8%提高到 2019 年的 57.4%，如表 7-4 所示。

表 7-4　2001~2019 年江西省城镇化水平

年份	总人口（万人）	市镇人口（万人）	城镇化率（%）	年份	总人口（万人）	城镇人口（万人）	城镇化率（%）
2001	4185.78	1272.89	30.4	2011	4488.44	2051.22	45.7
2002	4222.43	1359.62	32.2	2012	4503.93	2139.82	47.5
2003	4254.23	1447.29	34.0	2013	4522.15	2209.97	48.9
2004	4283.57	1524.09	35.6	2014	4542.16	2281.07	50.2
2005	4311.24	1599.47	37.1	2015	4565.63	2356.78	51.6
2006	4339.13	1678.38	38.7	2016	4592.26	2438.49	53.1
2007	4368.41	1738.63	39.8	2017	4622.06	2523.64	54.6
2008	4400.10	1819.88	41.4	2018	4647.57	2603.57	56.0
2009	4432.16	1913.81	43.2	2019	4666.13	2679.29	57.4
2010	4462.25	1966.07	44.1				

资料来源：根据《江西统计年鉴》（2002~2020）整理。

二、城市化特征

（一）城市化水平起点偏低，总体发展滞后

中华人民共和国成立以前，江西省城镇人口比重低于全国平均水平。中华人民共和国成立以来，江西省仍然定位于农业大省，使得本来工业基础薄弱的江西省缺乏城市化水平提高的原动力，城市化的速度远远低于全国平均水平，导致江西省城市化水平起点偏低。2019 年江西省城镇化水平为 57.42%，同期全国城市化水平为 60.60%，比全国低 3.18 个百分点。据有关资料表明，目前世界高收入国家的城市化水平已超过 80%，中等收入国家达到 58.00%，世界平均水平为 55.50%。与中部诸省相比，江西省的城市化水平依然偏低，处于中部六省的后位（见表 7-5）。由此可见，除了世界平均水平，无论是与全国平均水平相比，还是与中部诸省平均水平相比，江西省的城市化水平都存在十分明显的差距。

表 7-5　江西省与全国、中部诸省城市化水平　　单位：%

年份	世界平均	中国平均	江西省	山西省	安徽省	河南省	湖北省	湖南省
1978	38.21	17.92	16.75	19.18	12.62	13.60	15.09	11.50
2000	46.70	36.22	27.69	35.88	28.00	23.20	40.47	29.75
2005	48.73	42.99	37.10	42.11	35.50	30.65	43.20	37.00
2010	50.85	49.95	44.06	48.05	43.20	38.82	49.69	43.30
2015	53.90	56.10	51.62	55.03	50.50	46.85	56.85	50.89
2019	55.50	60.60	57.42	59.55	55.81	53.21	61.00	57.22

资料来源：根据《国际统计年鉴》（2020）、《中国统计年鉴》（2020）整理。

（二）城市化进程正处于中期加速阶段

尽管江西省城市化水平一直低于全国平均水平，并且增长速度不如全国（见图 7-2），但 2019 年江西省平均城市化水平为 57.42%，当年增长了 1.4 个百分点。按照国际经验水平和增长速率判断，江西省正处在城镇化水平发展的中期加速发展阶段。

（三）城市化水平空间分布呈南低北高的分异特点

江西省城市化水平空间差异最为明显的特征表现为赣南与赣北的差异。这里的南与北的分界线是浙赣线。截止到 2019 年底，浙赣线以北包括 20 区、9 市、29 县，面积 8.35 万平方千米；此线以南包括抚州、吉安、赣州 3 市管辖的 7 区、2 市、33 县，南部面积 8.34 万平方千米。南北面积相当，但人口和城市

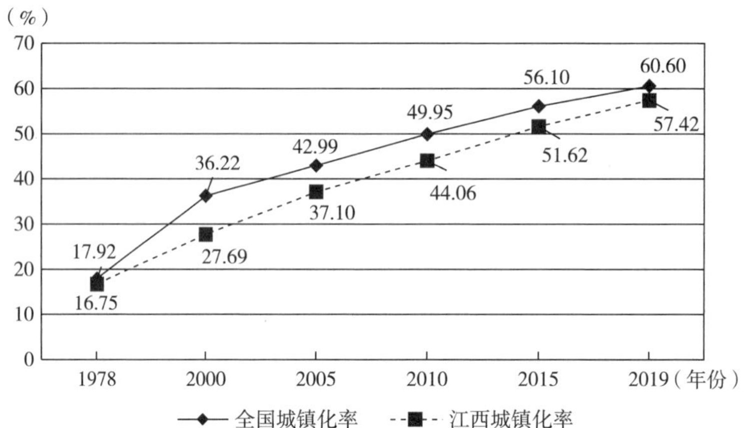

图 7-2 江西省与全国城市化水平变化比较

化水平却差异显著。从人口分布来看，2019 年江西省总人口 4666.13 万，其中北部人口 2893.32 万，占总人口的 62.01%，而南部人口为 1772.81 万，只占总人口的 37.99%；从城市分布来看，2019 年江西省城市数为 22 个（11 个地级市、11 个县级市），其中北部 16 个，占城市数的 72.73%，南部 6 个，占城市数的 27.27%；从城市人口来看，2019 年江西省共有城市人口 2679.29 万，其中，北部城市人口 1758.81 万，占城市人口总数的 65.64%，南部城市人口 920.48 万，只占 34.36%。

江西省城市化发展的地区不平衡不仅表现在城镇人口比重的地区差异上，而且城市间基础设施水平也存在较大差异。尽管改革开放以来，特别是“九五”以来，江西省加大了城市基础设施建设的力度，随着一大批防洪、供水、供电、供气、道路、环卫等设施投入使用，基础设施的“瓶颈”制约已有所缓解。但由于历史原因，城市基础设施还远不能满足城市生产和生活的需要，普遍存在交通拥挤、供水不足、居住水平低、文化设施落后和环境污染严重等问题。这些突出地表现在一些新建制的地级城市，如宜春市、鹰潭市、上饶市等。

（四）大中小城市比例不协调，城市体系整体功能难以发挥

城市体系内部结构对推动城市化合理有序的发展至关重要，尤其是大中小城市之间的比例要协调，这主要是因为城市与城市之间就如同企业一样，也存在分工与协作。企业之间相互提供要素、上下游产品、共享基础设施，产生聚集效应，形成产业集群，城市之间由于各自的环境、区位、定位、文化等的差异，同样会有相互满足不同需求的功能，这些相互补充、相互促进、联系紧密的城市集合形成城市体系。从目前的情况分析，江西省城市之间的协调性不足主要是由于大中城市占比重偏低，影响了城市对小城镇的辐射与带动作用。

2019 年，全省 11 个地级市中，市辖区常住人口中城镇人口在 300 万以上的城市有 1 个，100 万~200 万的城市有 1 个，50 万~100 万的城市有 7 个，50 万以下的城市有 2 个；全省 11 个县级市中，常住人口中城镇人口在 50 万~100 万的城市有 2 个，40 万~50 万的城市有 1 个，30 万~40 万的城市有 2 个，20 万~30 万的城市有 2 个，10 万~20 万的城市有 2 个，10 万以下的城市有 2 个。

与中部其他省份相比，江西省缺乏大城市，且城市人口集中分布在特大城市和中等城市。江西省大城市发育缓慢，城市主城区规模偏小，中等城市和小城市非农业人口中有一部分并没有居住在主城区，与中部其他省份的同类城市相比，人口、经济聚集程度不高，城市聚集作用没有充分发挥，江西省的城市经济增长核心区尚未形成。由于缺乏核心区，受沿海增长极极化影响强烈，人口和经济要素净流出现象比较严重。

（五）城市化滞后于工业化与经济非农化

改革开放以来，江西省农村劳动力得到了大解放，农村劳动力不再被束缚在土地上，农民有了自主权，乡镇企业得到较大的发展。但以“离土不离乡”“进厂不进城”为特征的发展模式，导致农村人口就业结构和农村人口的空间转移错位，城市化水平与工业化水平之间的偏差率达 10%左右。城市化滞后于工业化进程。20 世纪 90 年代中后期以来，这种差别逐步缩小。由于城市化衡量的标准不同，所以计算出来的偏差率会有不同。

表 7-6 表明，江西省城市化水平从改革开放初期直到 20 世纪末一直偏离世界各国的城市化与工业化之间的普遍关系，城市化滞后于工业化。但从 21 世纪初开始，以城镇人口占总人口比重来衡量的城市化水平与工业化之间的关系已基本符合世界各国城市化发展的普遍规律。然而，江西省城市化发展水平与经济非农化之间的差距有进一步拉大的趋势。一方面，说明江西省的工业发展没有相应促进农村人口向城镇集中，工业吸纳农村人口的能力有限；另一方面，说明江西省经济由传统型向现代型转变的过程中，没有带动社会结构实现同步转变，经济发展与社会发展缺乏协调性。大量人口集中在农村，会固化和加剧城乡二元结构的矛盾，从而严重制约江西经济顺利进入新的成长阶段。

表 7-6　江西省城市化水平与工业化、非农化水平比较

年份	GDP 中工业产值比重（A）	非农产业产值占 GDP 比重（B）	城市化水平		城市化水平与工业产值比重偏差率		城市化与非农产值比重偏差率	
			城镇人口（C）	非农人口（D）	C-A	D-A	C-B	D-B
1978	26.6	58.4	16.8	14.4	-9.8	-12.2	-41.6	-44.0
1980	27.7	56.5	18.8	15.5	-8.9	-12.2	-37.7	-41.0

续表

年份	GDP 中工业产值比重（A）	非农产业产值占 GDP 比重（B）	城市化水平		城市化水平与工业产值比重偏差率		城市化与非农产值比重偏差率	
			城镇人口（C）	非农人口（D）	C-A	D-A	C-B	D-B
1985	30.4	59.6	19.8	17.8	-10.6	-12.6	-39.8	-41.8
1990	27.2	58.9	20.4	18.6	-6.8	-8.6	-38.5	-40.3
1995	26.9	68.0	23.9	20.3	-3.0	-6.6	-44.1	-47.7
2000	27.2	75.8	27.7	22.7	0.5	-4.5	-48.1	-53.1
2005	37.3	81.8	37.1	26.3	0.2	-11.0	-44.7	-55.5
2010	46.1	87.8	44.1	27.0	-2.0	-19.1	-43.7	-60.8
2015	41.9	89.8	51.6	27.4	9.7	-14.5	-38.2	-62.4
2019	36.2	91.7	57.4	40.7	21.2	4.5	-34.3	-51.0

资料来源：杜国平，杨李红．江西城市化发展问题研究［J］．安徽农业科学，2007，35（23）：7318-7320；《江西统计年鉴》（2001、2006、2011、2020）。

江西省城镇化滞后于江西省经济发展水平。2019 年，江西省工业化率为 36.2%，城镇化率为 57.4%。依据钱纳里模型，当人均 GDP 达到 1000 美元时，城镇化率就会领先工业化率近 30 个百分点，2015 年江西省城镇化率仅领先工业化率约 10 个百分点。2019 年江西省人均 GDP 已达 53164 元，按人民币和美元之间的现行汇率折算超过了 7700 美元，应处于工业化后期阶段，城市（镇）化率应介于 60%~80%偏向上限（见表 7-7），尽管 2019 年江西省城镇化率已经领先工业化率 21.2 个百分点，但目前 57.4%的城镇化率与江西经济发展阶段的要求还存在一定的差距。

表 7-7　城市化率对应的城市化和工业化阶段

城市化率	城市化阶段	工业化阶段
10%~30%	非城市化	初期阶段
30%~60%	基本城市化	中期阶段
60%~80%	城市化	后期阶段
80%以上	高度城市化	后工业化阶段

（六）城市数量少，规模小，辐射带动作用弱

截至 2019 年，全国共有城市 680 个，而江西省只有 22 个城市，城市数量仅占全国的 3.2%。2019 年，江西省南昌市人口 560.06 万，其他 10 个地级市平均只有 410.61 万人；城市建成区平均面积 119.73 平方千米，其中省会南昌市

355.67 平方千米，其他 10 个地级市平均只有 93.13 平方千米，县级市平均有 26.44 平方千米。城市主城区规模偏小，与沿海地区的同类城市相比，人口、经济聚集程度不高，城市聚集作用没有充分发挥，城市对区域发展的辐射带动作用弱。据统计，南昌市的辐射距离为 205.86 千米，影响力主要在赣中北。而九江市、赣州市、景德镇市、新余市、萍乡市、上饶市等作为次区域中心，自身的经济实力不强，辐射带动作用较弱。九江市的辐射距离为 34.73 千米；景德镇市、新余市辐射距离分别为 14.65 千米和 14.21 千米；上饶市、赣州市、鹰潭市、抚州市、吉安市和宜春市等城市的辐射距离均在 10 千米以下，基本上不构成城市辐射力。

三、城市群发展概况

作为中国中部经济欠发达省份，面对国家对中部崛起的战略需要和自身面临的中部城市群竞争的压力，江西省从 20 世纪 90 年代以来，先后提出了“昌九工业走廊”“昌九景城市群”“环鄱阳湖、赣中南和赣西城市群”和“环鄱阳湖城市群”的城市体系发展规划，但是由于江西省经济发展水平低以及城市化长期滞后等，与中部诸省相比，江西省的城市群不仅发育不完全、辐射能力弱，而且城市群内体系缺位、城市联系强度不够，使得江西省在整个中部崛起战略中处于相对劣势。

长期以来，江西省一直围绕着昌九工业走廊着力打造昌（南昌）九（九江）景（景德镇）城市建设核心区，目前已经形成了一定的框架，也是未来环鄱阳湖城市群发展的依托。因此，接下来以昌九景城市群为江西省城市群研究对象，并对照中部其他城市群展开分析。

1. 江西省城市群对省域财富积累的贡献度低于其他城市群

根据统计分析，2019 年，以武汉市为中心的大武汉城市圈的 GDP、财政收入分别占湖北省的 63.41% 和 69.55%；以郑州市为中心的中原城市群的 GDP、财政收入分别占河南省的 59.23% 和 57.66%；而昌九景城市群的 GDP、财政收入分别占江西省的 39.36% 和 39.58%，分别比武汉城市群和中原城市群低 24.05 个、29.97 个百分点和 19.87 个、18.08 个百分点，也低于皖江城市群和长株潭城市群对各自所在省份的财富贡献。

2. 江西省城市群作为省域核心城市群，规模小，辐射带动作用弱

作为省域核心城市群，江西省城市群的规模太小，难以发挥龙头带动作用。据统计，昌九景城市群的主要指标总量仅与武汉一个市相当，不及中原城市群的 1/5。同时，由于历史、政策等方面的原因，江西省城市的行政色彩较重，城市间没有较强的经济联系，使得城市群的辐射带动作用弱。据统计，作为中心

城市的南昌市的辐射距离为 205. 86 千米，影响力主要在赣中北；作为次区域中心的九江市和景德镇市的辐射距离也分别只有 34. 73 千米和 14. 65 千米，基本上不构成城市辐射力。整个昌九景城市群的辐射范围不及武汉城市圈的 1/4，不及中原城市群的 1/2。

3. 江西城市群的城市密度不高，对省域人口城镇化的贡献度低

因为昌九景三市城区相互间隔的距离较大，都超过了 100 千米，使得城市群区域内的城市密度不高，每平方千米仅为 0. 937 个城市（均不含县级市），分别比武汉城市圈、中原城市群、皖江城市带、长株潭城市群的城市密度少 0. 244 个、0. 462 个、0. 215 个和 0. 131 个。与中部其他城市群相比，昌九景城市群对省域人口城镇化的贡献度较低。2016 年，武汉城市圈、中原城市群、皖江城市带、长株潭城市群的城镇人口占所在省份总人口的比重分别为 55%、51%、50%和 58%，而昌九景城市群的城镇人口占江西省总人口的比重仅为 30. 7%，不仅远低于长株潭城市群和武汉城市圈，也滞后于中原城市群和皖江城市带的城市化水平。

4. 江西城市群的城市体系不完全，影响了城市群的聚集能力

与中部其他城市群相比，昌九景内部大城市数量少、规模小，影响了城市群的城市聚集功能。截至 2018 年底，按照市区内非农人口统计口径，昌九景城市群缺乏大城市，而武汉城市圈、中原城市群、皖江城市带、长株潭城市群的大城市个数分别为 3 个、2 个、3 个和 2 个，并且它们的城市体系相对完整。

第二节　新型城镇化发展战略

尽管江西省赣北经济发展水平、城市化进程具有先导优势，昌九景城市群的开发无疑对促进该地区经济发展，快速诱导整个江西省城市化进程起到了极为重要的作用，但作为江西省的整体城市化战略，昌九景城市群发展明显不利于区域平衡发展。为了制衡这种不平衡发展格局，江西省专门出台了推进江西省新型城镇化的一系列规划。

一、积极推进三大城市群建设

首先，江西省将依托京九、浙赣铁路和高速公路主干线，逐步形成以南昌市、九江市、景德镇市、鹰潭市、上饶市为主的环鄱阳湖城市群；以赣州市、吉安市、抚州市为主的赣中南城市群；以新余市、宜春市、萍乡市为主的赣西城市群。

其次，江西省三大城市群规划的重点与战略意图在于：①积极实施城市群

发展战略，加快省域和区域中心城市建设。顺应城镇化发展的客观规律，促进大中小城市和小城镇健康协调发展。按照政府引导、市场推进的原则，促进江西省城市群加快发展，进一步增强区域中心城市的集聚、辐射和带动功能，统筹区域协调发展。建立和完善结构合理、等级分明，大中小城市和小城镇协调发展的城镇体系。通过加强各区域中心城市的合作与联系，以产业分工协作为基础，联动发展周边城镇，做强做大做优以南昌为核心，以赣江新区为引擎，以九江、抚州为支撑的大南昌都市圈，逐步形成以昌九景鹰饶为主的环鄱阳湖城市群，以赣吉抚为主的赣中南城市群，以新宜萍为主的赣西城市群。②重点培育发展以南昌市为核心、以昌九景鹰饶为支撑的环鄱阳湖城市群。充分利用毗邻长江、邻近长江三角洲的区位条件，以南昌、九江、景德镇、上饶、鹰潭等城市为中心，以京九、浙赣铁路和昌九、九景、沪瑞高速公路为发展主轴线，加强与邻省邻近城市的合理分工与协作，重点发展信息网络、新医药、生物工程等高新技术产业及汽车、机械、电子、食品、轻工、化工、纺织、服装等工业和以生产服务、旅游服务、高等教育为重点的第三产业。协调城市功能，注重城市合理分工，各有侧重，强调扬长避短，注重趋异互补，加强城市之间的联系与协作，积极培育环鄱阳湖城市群，使之成为江西省重要的增长极。同时，要搞好规划，强化区域规划的协调作用，加强城市之间的协调关系；通过立法、建立协调机构和监督机构，加大宏观调控力度；统筹规划各层次城市的空间组织，使区域城镇发展模式由轴向结构向网络结构迈进。统一规划区域内重大基础设施和公共服务设施，合理安排城市之间的快速交通系统，实现区域设施的共建共享和区域资源的共同利用。③积极培育和引导以新宜萍为中心的赣西城市群。通过加强中心城市之间的联系与协作，积极培育以复合中心为特色的城镇密集带。发挥城市群体功能优势，以浙赣铁路、沪瑞高速和320国道为主轴线，以城市为中心，组织协调区域生产力布局，相对集中布局优势产业，提高规模效益，形成优势互补、特色鲜明的城市经济区域。同时，要尽快做好以新余市、宜春市、萍乡市为复合中心的地域发展规划，形成整合优势和综合竞争力。④有序发展以赣吉抚为核心的赣中南城市群。充分利用毗邻广东、福建的地缘优势，积极吸引粤闽和港澳台的产业转移和经济辐射，加快经济结构战略性调整，积极发展高效创汇农业和以食品为主的现代农副产品加工业、新型材料及稀土应用等新兴产业，使之成为外向型经济发达区域。加快促进人口、产业向京九铁路、赣龙铁路、206国道和323国道沿线城镇集聚，形成以赣州市、吉安市、抚州市为核心，以小城市和县城为支柱的点轴式城市群。

2016年，江西省正式出台了《江西省住房城乡建设事业“十三五”规划纲要》，根据其要求，江西“十三五”期间将全面深入协调推进新型城镇化进程，加快形成“一群两带三区”城镇发展新格局，携手共建长江中游城市群，积极推进城乡协调发展，加快推进农民工市民化进程。保持房地产市场平稳健康发展，实行分类调控和因地施策，大力消化商品房库存，培育房屋租赁市场，加大货币安置力度，规范房屋征收行为，完善物业管理制度，促进房地产企业转型升级。推进住房公积金制度覆盖扩面，加强住房公积金法规建设，完善住房公积金管理体制。提高城乡规划科学编制和实施监管水平，科学编制和实施区域规划，全面推进“多规合一”，提升城市科学规划和设计水平，推进城乡规划对接，加强规划实施监管，加强历史文化资源保护。

二、加快建设全国特色新型城镇化重点区

在2017年出台的《江西省贯彻落实促进中部地区崛起“十三五”规划实施方案》中，明确指出江西省要建设全国特色新型城镇化重点区。

1. 加快环鄱阳湖生态城市群建设

构建“四横六纵”综合运输通道，形成“一核、一脊、两翼、两区”的城镇空间格局，建立绿色基础设施体系和公共安全保障体系，创新区域协同发展机制和“山水林田湖”资源整体管控机制，建成联动“一带一路”的内陆开放高地、长江经济带绿色产业聚集区、绿色城镇先行示范区、具有国际影响力的山水文化旅游圈。大力推进赣江新区建设，充分利用国家赋予的先行先试权，积极开展改革创新，吸引高端要素和创新资源集聚，提升产业档次和市场分工地位，加快打造江西省发展“引爆点”和核心增长极。引导中心城市人口规模合理拓展，强化产城融合，加快九江等国家级产城融合示范区和抚州、萍乡国家新型城镇化综合试点建设，联动发展吉泰城镇群，2020年环鄱阳湖生态城市群城镇化水平达到60%。推进绿色与宜居城乡建设，完善城市给水、排水、供气、垃圾处理等设施，打造一批绿色城市、海绵城市、绿色社区和生态小城镇，塑造独具江西风光的特色城市风貌。

2. 构建南昌大都市区

做大做强电子信息、生物医药、智能装备、汽车机电、新材料等主导产业，提升产业综合实力，分类引导工业企业向园区集聚，增强中心城区的服务业集聚功能。结合“山水林田湖”构筑三大生态板块，即东部滨湖农业型生态功能区、西部山林型生态功能区、重点低丘田园生态功能区，形成宜居的生态服务空间。以南昌市中心城区为核心，向周边辐射，谋划实施一批重大基础设施项目，构建便捷高效的综合交通运输体系，实现铁路与公路、水运、航空及轨道交通的有效衔接。结合城际轨道网和市郊公交线布局，逐步实现南昌大都市区内的“一卡通”交通服务。深入推进昌抚一体化，加快向莆铁路和福银高速公

路江西段沿线的城镇与产业园区建设，促进高新技术产业和先进制造业向沿线工业园区聚集，协同建设昌抚合作示范区。组织串联公共空间、文化设施和景观旅游资源，培养开放包容、勇于拼搏、乐于改变的精神气质，建设成为大气有文化、审美可感知的著名文化都市。

3. 做大九江都市区

以九江市中心城区为核心，“共青城—德安”为副，彭泽县、都昌县和其他重点小城镇等为支撑，促进人口和产业向沿江和京九走廊聚集，加快建设九江江海直达区域性航运中心，建成长江经济带上重要中心城市和综合交通枢纽。促进产业协同发展，沿江地区重点发展临港先进制造、矿产深加工、现代装备制造、汽车及零部件和临港物流、商贸博览等，昌九沿线重点发展有机硅、食品加工、服装纺织及影视娱乐、动漫与文化创意等，建设现代化工贸港口城市、山水文化名城和旅游度假胜地。加大临港产业园区的环境污染监控力度，强化入江、入湖排污口监督管理。严格控制环庐山地带、赣江口两侧地区的高污染产业发展，保护好水产种质资源和珍稀濒危水生野生动物。

4. 建设赣州省域副中心城市

推进五大功能区（章贡区、南康区、赣县区、赣州经济技术开发区、蓉江新区）建设，增强中心城区的核心带动作用。加快东部城镇群、南部城镇群和瑞金、龙南次中心城市建设，培育市域次增长极。全力主攻工业，重点推进“两城两谷一带”（新能源汽车科技城、现代家居城，中国稀金谷、青峰药谷，赣粤电子信息产业带）建设，加快培育形成稀土新材料及应用、钨新材料及应用、新能源汽车及配套、电子信息、铜铝有色金属、现代轻纺 6 个主营业务收入超千亿元的主导产业集群，建设全国稀有金属产业基地和先进制造业基地。高标准谋划实施一批打基础、利长远的重大基础设施项目，加快构建安全便捷、畅通高效、绿色智能的现代综合交通运输体系，建成赣粤闽湘四省通衢的区域性现代化中心城市、我国重要的区域性综合交通枢纽城市。

5. 建设沪昆京九高铁城镇带

加快建设景德镇、上饶、鹰潭、新余、宜春、萍乡等区域性中心城市，促进产业集聚和人口集聚，增强辐射带动作用。推动特色小镇发展与疏解中心城区功能、特色产业发展、服务“三农”相结合，发展培育一批现代制造、商贸物流、休闲旅游、传统文化等特色小镇。完善内部合作交流机制，推动产业错位协作，统筹城镇之间的交通、市政基础设施建设，形成一体化发展格局。依托沪昆高铁、合福高铁以及京九高铁的带动作用，谋划编制沪昆高铁经济带、京九高铁经济带发展规划，打造中部地区重要的产业转移承接示范区、产业转型示范区和现代服务业聚集带（见表 7-8）。

表 7-8 江西省城市群五次规划进程

常用名称	昌九工业走廊、昌九经济走廊	昌九景城市群、南昌城市群	环鄱阳湖、赣中南和赣西三大城市群	环鄱阳湖城市群、环鄱阳湖经济圈	环鄱阳湖生态城市群、昌九景城市群
文件形式	《江西省国民经济和社会发展“九五”计划和2010年远景目标纲要》《江西省国民经济和社会发展第十个五年计划纲要》《江西省国民经济和社会发展第十一个五年规划纲要》《江西省昌九工业走廊“十一五”区域规划》	《江西省国民经济和社会发展第十个五年计划纲要》	《江西省国民经济和社会发展第十一个五年规划纲要》《江西省新型城镇化“十一五”专项规划》	《中共江西省第十二次代表大会报告》《环鄱阳湖经济圈规划（2006—2010）》	《江西省住房城乡建设事业“十三五”规划纲要》《江西省贯彻落实促进中部地区崛起“十三五”规划实施方案》
出现时间	20世纪90年代初	2001年2月	2006年2月	2006年12月	2016年9月
规划期间	“九五”至“十一五”	“十五”	“十一五”	2006~2010年	“十三五”
主要城市	南昌市、九江市	南昌市、九江市、景德镇市	南昌市、九江市、景德镇市、鹰潭市、赣州市、吉安市、抚州市、新余市、宜春市、萍乡市、上饶市	南昌市、九江市、景德镇市、鹰潭市、上饶市、抚州市	南昌市、九江市、景德镇市、赣州市、新余市、宜春市、萍乡市

第三节 城乡发展一体化

城乡发展一体化是长期历史实践的结果。2007年开始，国家明确提出，要形成城乡发展一体化新格局。城乡发展一体化是中国经济社会发展的重要目标之一，也是2020年全面建成小康社会的主要内容。

一、城乡发展一体化概况

截至2020年，江西省共有设市23个城市（地级市11个，县级市12个）、27个市辖区、61个县。截至2019年底，江西省人口总数为4666.13万，从2000~2019年，江西省城镇化率从27.7%增长到57.4%，呈逐年上升态势。江西省逐步形成了以特大城市为中心，以大城市为骨干，大中小城市相结合的多层次城乡一体化建设体系。

城镇是城乡一体化的空间载体，产业又是城镇的支撑。从江西省的实际情

况来看，工业化程度较高的新余、南昌等地市的城乡一体化实现程度要高于农业仍占较大比重的赣州、上饶等地市。因此，需要大力调整及优化产业结构，强化城镇化发展的产业支撑。江西省从2009年起，就开始了统筹城乡经济社会发展一体化试点工作，在较长的一段时间里，江西省仍将坚持以工业化为核心的发展战略。通过加快建设工业集中区，新上项目进入工业聚集区、农产品集散地和现代物流、商流、信息流区域中心。生产要素的集中、产业的聚集又可以进一步带动城镇发展。城镇的发展增强了城镇吸纳农村富余劳动力的能力，进一步扩大人口规模，增强城镇对农村的辐射带动能力并更好地发挥以城带乡的功能，促进城乡一体化的实现。同时，随着工业化、城镇化的快速发展，江西省城镇居民收入将呈现快速增长势头，为了保证城乡居民收入比在一个合理的区间，需要进一步挖掘农民增收的潜力。江西省具有丰富的劳动力资源和良好的生态环境，从现实和长远来看，必须通过推进现代农业发展，保障农民外出务工合法权益，稳定提高农民的财产性收入，建立健全农民收入增长的长效机制，为农民生活水平的提高奠定坚实的基础。

2009年，江西省选择南昌市、新余市开展统筹城乡经济社会发展一体化试点工作，下发了《江西省推进城乡一体化发展试点工作指导意见》和《省直部门支持帮助南昌、新余推进城乡一体化发展试点工作的分工》，明确了统筹城乡发展规划、产业发展、基础设施建设、生态环境保护和建设、市场体系建设、劳动就业和社会保障、公共社会服务七个一体化的目标任务。2010年，批准共青城市为城乡一体化发展试点市。2012年，又增加赣州市、井冈山市开展统筹城乡改革试点；至此，试点范围已“三分天下有其一”：国土面积51522平方千米，占江西省国土面积的30.9%，人口总数1497.7万，占总人口的33.25%；既有经济比较发达的工业城市、省会城市，也有经济欠发达的革命老区、边远山区，还有近几年新设立的县级市。2013年在之前试点的基础上，要求全省各类开发区率先实现城乡一体化目标；同年出台《关于加快农业农村转型发展推进城乡一体化的若干意见》，重点围绕现代农业建设和城乡发展一体化，不断加大农村综合改革力度、政策扶持力度、科技驱动力度，加快推进小城镇建设、和谐秀美乡村建设，构建新型农业经营体系，进一步解放和发展农村社会生产力，增强农村发展活力。2014年，国家统计局江西调查总队首次发布了城乡统一的居民收入数据；同年发布《江西省新型城镇化规划（2014—2020年）》，提出建立健全城乡一体、协调发展的体制机制，形成以工促农、以城带乡、工农互惠、城乡一体的新型工农城乡关系，推动城乡一体化发展，让广大农民平等参与现代化进程、共同分享现代化成果；包括建立完善城乡互动的体制机制、加快农业现代化进程和着力构建新型村镇体系。2015年出台《江西省城镇体系规划（2015—2030年）》，提出“统筹发展、分区指导”和“扩市强县、城乡一体”；同年出台《关于江西省农村生活垃圾专项治理工作方案》，全面启动了城乡环卫一体化工程，各地建立完善“户分类、村收集、乡转运（处理）、县处理”的城乡环卫一体化生活垃圾收运处理体系，推动城市环卫设施、技术、服务等公共产品、公共服务向农村延伸覆盖，加快农村环卫纳入城市环卫体系统一管理进程。从2011年开始，江西省推行城乡供水一体化工程建设，旨在让农民在供水方面享受“同质、同价、同网、同服务”的“四同”待遇，最终实现“农村供水城市化、城乡供水一体化”，到2016年底，全省共有39个县（市、区）实行了城乡供水一体化。2017年出台《江西省人民政府关于统筹推进县域内城乡义务教育一体化改革发展的实施意见》，加快推进县域内城乡义务教育学校建设标准统一、教师编制标准统一、生均公用经费基准定额统一、基本装备配置标准统一和“两免一补”政策城乡全覆盖。2020年印发《关于全面推行城乡供水一体化的指导意见》，在全省范围内全面推行城乡供水一体化，进一步提升江西省农村供水保障水平。

二、城乡发展一体化试点工作的成效

（一）城乡居民收入差距不断缩小

改革开放40多年来，我国城乡居民之间的收入差距经历了先缩小后扩大、再缩小又扩大的过程，江西省的情况与全国的情况大致相同。具体见表7-9。

表7-9　江西省城镇住户人均年可支配收入与农村住户人均年纯收入

年份	城镇住户人均年可支配收入（元）	农村住户人均年纯收入（元）	城乡居民收入比	年份	城镇住户人均年可支配收入（元）	农村住户人均年纯收入（元）	城乡居民收入比
1978	305	141	2.16∶1	2008	12990	4835	2.69∶1
1980	386	181	2.13∶1	2009	14168	5238	2.70∶1
1985	583	377	1.55∶1	2010	15656	5991	2.61∶1
1990	1188	670	1.77∶1	2011	17692	7133	2.48∶1
1995	3377	1537	2.20∶1	2012	20085	8103	2.48∶1
2000	5116	2151	2.38∶1	2013	22120	9089	2.43∶1
2001	5525	2254	2.45∶1	2014	24309	10117	2.40∶1
2002	6363	2335	2.73∶1	2015	26500	11139	2.38∶1
2003	6937	2495	2.78∶1	2016	28673	12138	2.36∶1
2004	7605	2837	2.68∶1	2017	31198	13242	2.36∶1
2005	8679	3194	2.72∶1	2018	33819	14460	2.34∶1
2006	9625	3541	2.72∶1	2019	36546	15796	2.31∶1
2007	11551	4152	2.78∶1				

资料来源：根据《江西统计年鉴》（2020）整理。

1978 年江西省城镇住户人均年可支配收入为 305 元，农村住户人均年可支配收入为 141 元，城镇住户人均年可支配收入是农村住户人均年可支配收入的 2.16 倍。改革开放之初，经济体制改革率先在农村展开，城乡居民之间的收入差距不断缩小。到 1985 年，江西省城乡居民之间的收入差距达到了历史最低点 1.55∶1。从 1985 年起，经济改革重点向城市转移，城镇居民人均可支配收入增长迅速，城乡居民收入比不断增大，城乡居民收入相对差距扩大，到 2003 年达到了 2.78∶1；尽管 2004 年城乡收入差距相比于 2003 年有了明显的下降，但在 2004~2007 年，江西省城乡收入差距也保持着一定的扩大趋势，2007 年江西省城乡居民人均可支配收入比仍高达 2.78∶1；2010 年之后，江西省城乡收入差距呈现出一直缩小的态势，2019 年江西省城镇住户人均年可支配收入为 36546 元，农村住户人均年可支配收入为 15796 元，城乡居民收入比由 2007 年的 2.78∶1 下降到 2019 年的 2.31∶1。城乡一体化试点工作对缩小江西省城乡收入差距起到了积极的作用。

（二）城乡发展一体化实现程度与进展①

城乡发展一体化是长期历史实践的结果。朱钢等（2015）编制了中国城乡发展一体化指数指标体系，涵盖了经济发展一体化、社会发展一体化、生活水平一体化和生态环境一体化 4 个一级指标层，以及经济发展、产业协调、要素配置、教育均衡发展、卫生均衡发展、文化均衡发展、社会保障均衡发展、收入消费水平、居住卫生条件、水资源利用、污染物排放、环境卫生治理 12 个二级指标层，具体选用 31 个指标数据，测度了中国和各省城乡发展一体化指数，用于反映城乡发展一体化的实现程度。

在具体测算中，城乡发展一体化实现程度和进展是以 2020 年全面建成小康社会为期限的，即以国家制定的全面建成小康社会的目标为 2020 年中国及各地区城乡发展一体化实现程度目标值的参考依据；此外，考虑到《中华人民共和国国民经济和社会发展第十三个五年规划纲要》的一些具体目标也是根据全面建成小康社会的目标来设置的，也可用作城乡发展一体化实现程度的目标值。因此，将 2020 年全面建成小康社会下中国城乡发展一体化各个具体指标应达到的目标值作为评价的上限值。考虑到从 2007 年开始，国家加大力度全面推动城乡发展一体化，努力形成城乡发展一体化新格局。因此，在测算过程中将 2007 年作为评价的下限值。具体的指标说明、目标值设定、一体化指数的测算方法与步骤等，请参照朱钢等（2015）和朱钢等（2018）的工作。

---

① 朱钢，张海鹏，陈方．中国城乡发展一体化指数（2018）：以全面建成小康社会为目标［M］．北京：社会科学文献出版社，2018.

1. 城乡发展一体化实现程度中等

根据朱钢等（2018）的研究，2016 年江西省城乡发展一体化总水平实现程度为 57.31%，低于全国平均水平 6.46 个百分点。根据表 7-10，2016 年江西省的社会发展一体化、生活水平一体化及生态环境一体化实现程度均超过 50%，经济发展一体化也达到了 49.64%，但是与全国城乡发展一体化实现程度相比，仅社会发展一体化实现程度略高于全国平均水平，其他三个一体化实现程度均低于全国平均水平，仅生活水平一体化实现程度超过 60%。12 个二级指标中，污染物排放和收入消费水平实现程度较高，特别是污染物排放接近实现目标；水资源利用和卫生均衡发展实现程度相当低，分别只有 11.11%和 11.64%。

表 7-10　江西省城乡发展一体化实现程度　　单位：%

指标	江西							全国
	2010 年	2011 年	2012 年	2013 年	2014 年	2015 年	2016 年	2016 年
经济发展一体化	10.32	19.42	26.87	32.37	38.21	44.87	49.64	60.03
经济发展	-9.44	-0.30	9.47	17.65	25.95	34.47	43.49	71.27
产业协调	19.70	27.68	32.51	37.82	43.15	51.07	52.47	57.45
要素配置	20.71	30.89	38.63	41.66	45.51	49.07	52.96	51.36
社会发展一体化	40.36	46.30	49.80	50.08	48.06	52.98	55.59	53.13
教育均衡发展	34.59	45.71	50.55	53.34	55.80	59.86	62.17	41.94
卫生均衡发展	23.28	29.95	29.53	26.34	12.47	12.50	11.64	23.44
文化均衡发展	49.47	50.16	53.54	54.26	55.59	67.58	73.00	73.23
社会保障均衡发展	54.08	59.37	65.60	66.40	68.39	71.99	75.53	73.92
生活水平一体化	23.66	33.65	39.62	51.92	58.08	62.76	65.79	66.07
收入消费水平	43.16	54.67	58.09	76.26	82.25	85.49	88.08	72.96
居住卫生条件	4.16	12.63	21.14	27.57	33.91	40.03	43.51	59.19
生态环境一体化	9.76	17.59	25.53	33.07	38.89	44.55	58.24	75.86
水资源利用	-23.93	-17.09	-10.26	-4.27	0.85	5.98	11.11	50.43
污染物排放	19.79	31.94	44.91	54.90	64.38	71.04	93.64	100.00
环境卫生治理	33.43	37.92	41.93	48.60	51.45	56.61	69.96	77.17
总水平	21.03	29.24	35.45	41.86	45.81	51.29	57.31	63.77

2. 城乡发展一体化实现程度全面提升

2010~2016 年，江西省城乡发展一体化总水平以及四个一体化实现程度全部提升，相比 2010 年，2016 年江西省城乡发展一体化总水平增加了 36.28 个百分点，四个一体化实现程度增幅最小的为社会发展一体化，仅有 15.23%，增幅最大的为生态环境一体化达到 48.48 个百分点。城乡发展一体化总水平和经济发展一体化、生活水平一体化以及生态环境一体化表现出“稳中向好”，而社会发展一体化实现程度进展缓慢，如图 7-3 所示。

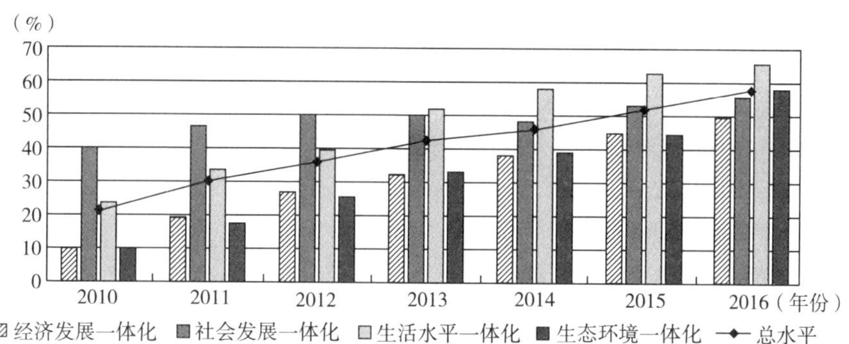

图 7-3　一级指标实现程度

3. 城乡发展一体化总水平及四个一体化进展缓慢

江西省城乡发展一体化总水平进展不稳定且增长较缓慢，四个一体化中社会发展一体化进展缓慢且增长困难。2016 年污染物排放的减少使得生态环境一体化有较大的增幅，较上年提高了 8.03 个百分点（见表 7-11）。

表 7-11　江西省城乡发展一体化实现程度进展（环比提高）　　单位：%

年份	2011	2012	2013	2014	2015	2016	2010~2016 年年平均提高	
							江西	全国
经济发展一体化	9.10	7.45	5.50	5.84	6.66	4.77	6.55	6.46
经济发展	9.14	9.77	8.18	8.30	8.52	9.02	8.82	7.89
产业协调	7.98	4.83	5.31	5.33	7.92	1.40	5.46	6.78
要素配置	10.18	7.74	3.03	3.85	3.56	3.89	5.38	4.70
社会发展一体化	5.94	3.50	0.28	-2.02	4.92	2.61	2.54	5.22

续表

年份	2011	2012	2013	2014	2015	2016	2010~2016年年平均提高	
							江西	全国
教育均衡发展	11.12	4.84	2.79	2.46	4.06	2.31	4.60	3.93
卫生均衡发展	6.67	-0.42	-3.19	-13.87	0.03	-0.86	-1.94	3.67
文化均衡发展	0.69	3.38	0.72	1.33	11.99	5.42	3.92	6.31
社会保障均衡发展	5.29	6.23	0.80	1.99	3.60	3.54	3.58	6.99
生活水平一体化	9.99	5.97	12.30	6.16	4.68	3.03	7.02	7.15
收入消费水平	11.51	3.42	18.17	5.99	3.24	2.59	7.49	8.59
居住卫生条件	8.47	8.51	6.43	6.34	6.12	3.48	6.56	5.72
生态环境一体化	7.83	7.94	7.54	5.82	5.66	13.69	8.08	8.00
水资源利用	6.84	6.83	5.99	5.12	5.13	5.13	5.84	5.98
污染物排放	12.15	12.97	9.99	9.48	6.66	22.60	12.31	8.76
环境卫生治理	4.49	4.01	6.67	2.85	5.16	13.35	6.09	9.25
总水平	8.21	6.21	6.41	3.95	5.48	6.02	6.05	6.71

12个二级指标中，2010~2016年污染物排放和环境卫生治理实现程度进展较快，2016年污染物排放实现程度进展比上一年增长了15.94个百分点，环境卫生治理实现程度进展比上一年增长了8.19%，其他指标都出现增速放缓，污染物排放和环境卫生治理实现程度进展进一步拉动了城乡发展一体化总水平实现程度进展加速。2014年城乡发展一体化总水平实现程度进展最为缓慢，其中卫生均衡发展出现超10个百分点的负增长，除此之外，该指标在2010~2016年的进展不稳定且表现较差，导致社会发展一体化进展出现阻碍，如图7-4所示。

4. 城乡发展一体化整体水平常年处于中等水平

江西省城乡发展一体化实现程度整体水平2010~2016年处于中等水平。四个一体化中，除经济发展一体化有了较大上升，社会发展一体化、生态环境一体化均有下降，生活水平一体化波动较小。

5. 城乡发展一体化总水平及四个一体化实现程度进程预测

城乡发展一体化总水平距离完全实现目标还有一定难度。2016年，江西省城乡发展一体化总水平实现程度已经完成一半，但2010~2016年城乡发展一体化实现程度总水平进展不稳定，2010~2014年呈现下降趋势，2014~2016年增

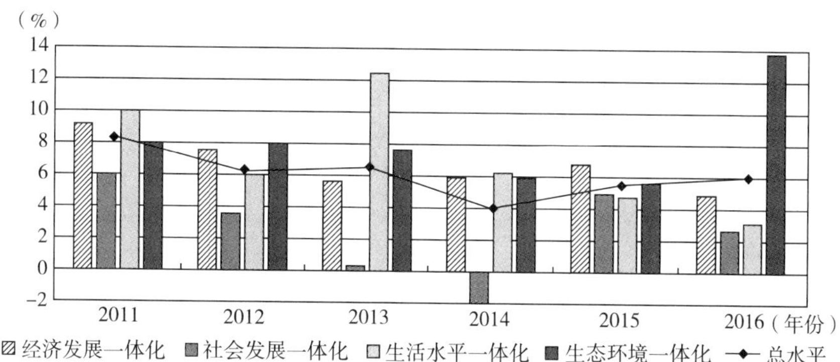

图 7-4 一级指标实现程度进展

长也非常缓慢。城乡发展一体化总水平实现程度进展缓慢的根本原因在于，经济发展一体化、社会发展一体化和生活水平一体化的实现程度进展都呈现下降趋势且降幅较大。

江西省的经济发展一体化实现程度是逐年增加的。到 2016 年该指标实现程度为 49.64%，但其实现程度进展呈现下降趋势。其中的经济发展由 GDP 水平和城镇化率两个三级指标构成。2005~2019 年，江西省的人均 GDP 在这 14 年中实现了巨大的飞跃，由 9440 元提高到了 54640 元。2019 年人口城镇化率达到了 57.42%，与 2005 年相比提高了 20.32 个百分点，虽然人均 GDP 和人口城镇化率成效显著，但距离实现全面建成小康年的目标还有一定差距，参见表 7-12。

表 7-12 江西省经济发展具体指标

年份	2005	2010	2015	2019	2020（目标值）
人均 GDP（元）	9440	21253	36724	54640	≥61000
人口城镇化率（%）	37.10	44.06	51.62	57.42	≥60.00

资料来源：根据《江西统计年鉴》（2006、2011、2016、2020）整理。

江西省城乡发展一体化水平起点较低，且进展速度较为缓慢。当前的整体实现程度中等，但经济发展一体化程度相对滞后；江西省的生活水平一体化 2011 年的实现程度进展较快，之后进展尽管一直减缓，但实现程度较为接近 2020 年目标值；生态环境一体化 2016 年实现程度为 58.24%，其进展年均提高 8.08 个百分点；社会发展一体化实现程度为 55.59%，且进展最为缓慢，这在一定程度上阻碍了总水平目标的实现。

未来江西要在加快经济发展、提高城镇化水平、提升义务教育师资水平、缩小城乡差距、提高农村人力资本水平、增加农村医疗服务、改善居住条件、提高农业用水利用效率等方面加大投入力度，积极推进江西省城乡发展一体化进程。

第八章　基础设施与公共服务建设

基础设施建设对江西省经济社会发展起到重要的基础性、战略性支撑作用。紧扣国土空间规划、生产力布局和大南昌都市圈建设等重大战略，加快构建现代化基础设施体系，全面融入全国互联互通新格局，为推进江西高质量跨越式发展提供坚实的基础设施支撑。

第一节　基础设施建设

一、基础设施投资总量与地区结构

基础设施建设对江西经济起着极大的推动作用。20 世纪 90 年代是江西省历史上对基础设施建设投资最多、规模最大的一个时期，基本形成了横穿东西、纵贯南北的十字框架铁路运输大动脉。进入 21 世纪以来，江西省在大力加快全省高速公路网络建设的同时，铁路、机场等综合交通运输体系也得到了全面推进，在交通、通信、能源、水利等方面的投资保持了较快的增长。

（一）基础设施投资总量与增长情况

表 8-1 反映了江西省 2000~2019 年基础设施投资总量与增长情况。根据国家统计局的统计口径，基础设施投资是为社会生产和生活提供基础性、大众性服务的工程和设施，包括三大行业投资，即：交通运输、仓储和邮政业，信息传输、软件和信息技术服务业，水利、环境和公共设施管理业。同时，农业基础设施、城市基础设施和教育、卫生、社会、文化领域的投资基本上具有为社会生产和生活提供基础性、大众性服务的功能，因此，在表 8-1 中，除上述三大行业的基础设施投资情况之外，还列出了另外五个行业的基础设施投资情况，即：农、林、牧、渔业，电力、燃气及水的生产和供应业，教育，卫生、社会工作，文化、体育和娱乐业。图 8-1 直观地反映了 2001~2019 年江西省基础设施投资增长速度与全国增长速度的变化情况。

表 8-1 江西省基础设施投资情况 单位：亿元，%

年份	基础设施投资（三大行业）			扩展的基础设施投资（八大行业）		
	总量	占固定资产投资的比重	增长率	总量	占固定资产投资的比重	增长率
2000	122.13	32.5	—	187.44	49.8	—
2001	149.38	31.0	22.3	220.23	45.7	17.5
2002	193.49	27.1	29.5	251.05	35.1	14.0
2003	369.58	33.0	91.0	510.48	45.6	103.3
2004	437.24	28.7	18.3	650.39	42.7	27.4
2005	553.89	28.3	26.7	816.85	41.8	25.6
2006	618.06	26.0	11.6	934.51	39.3	14.4
2007	609.17	20.6	-1.4	903.74	30.6	-3.3
2008	613.93	14.2	0.8	1003.76	23.2	11.1
2009	908.55	15.1	48.0	1545.50	25.7	54.0
2010	1208.04	15.4	33.0	1842.88	23.5	19.2
2011	1234.12	14.1	2.2	1980.21	22.6	7.5
2012	1339.96	12.9	8.6	2232.78	21.5	12.8
2013	1561.39	12.6	16.5	2590.98	20.8	16.0
2014	2255.09	15.4	44.4	3533.23	24.1	36.4
2015	2634.46	15.5	16.8	4341.35	25.5	22.9
2016	3133.86	16.2	19.0	4957.26	25.6	14.2
2017	3473.31	16.0	10.8	5481.62	25.2	10.6
2018	4056.75	17.8	16.8	6127.87	27.1	11.8
2019	4466.73	17.9	10.1	6632.27	26.8	8.2

注：扩展的基础设施投资包括了8个行业的投资：农、林、牧、渔业，电力、燃气及水的生产和供应业，交通运输、仓储和邮政业，信息传输、软件和信息技术服务业，水利、环境和公共设施管理业，教育，卫生、社会工作，文化、体育和娱乐业。因2004年之前统计年鉴中的行业分类有所不同，2000~2003年数据根据最近分类情况进行了归并调整。2000~2010年固定资产投资数据为城镇固定资产投资。下表同。

资料来源：根据《江西统计年鉴》（2001~2020）整理。

根据表8-1和图8-1，可以看到：

（1）基础设施投资总量不断增长，占固定资产投资的比重相对比较稳定。

2000年江西省三大行业基础设施投资总量为122.13亿元，2019年这一总量达到了4466.73亿元，分别占到当年固定资产投资的32.5%、17.9%。从投资总

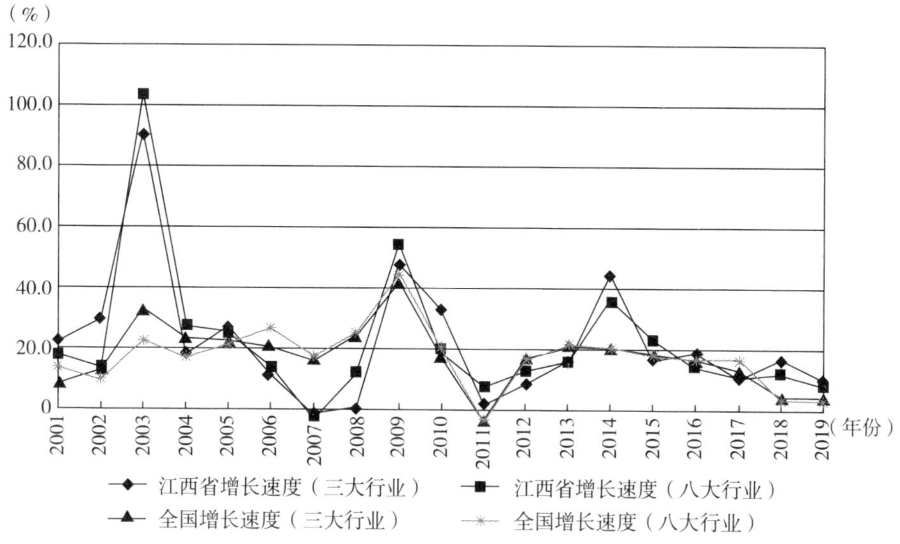

图 8-1 江西省与全国基础设施投资增长速度的变化情况

资料来源：根据《江西统计年鉴》(2001~2020)、《中国统计年鉴》(2006、2018~2020) 整理。

量上看，除了 2007 年的投资总量略有减少、2008 年的投资总量略有增加之外，其余年份的投资总量均呈现出一定幅度的增长，特别是 2010 年突破 1000 亿元之后，迅速增长到 2019 年的 4466.73 亿元。从三大行业基础设施投资占固定资产投资的比重来看，比重最高的是 2003 年的 33.0%，最低的是 2013 年的 12.6%；2000~2007 年这一比重呈现出波动下降趋势，但均保持在 20%以上；2008~2019 年这一比重呈现出“微升—略降—略升”的趋势。

从 2000~2019 年八大行业基础设施投资的变化情况来看，这一投资总量增长及其占固定资产投资的比重的变化，与三大行业基础设施投资总量及其占固定资产投资的比重的变化基本保持一致。八大行业的基础设施投资总量从 2000 年的 187.44 亿元增长到 2019 年的 6632.27 亿元，自 2008 年之后，占固定资产投资的比重均保持在 20%以上，特别是 2015~2019 年稳定维持在 25%以上。

(2) 基础设施投资增长速度呈现出较明显的波动变化，与全国的变化趋势相比，呈现出“先高度一致，后明显不同”的特征。

根据图 8-1，可以看到，不管是对三大行业还是对八大行业基础设施投资而言，2001~2019 年江西省基础设施投资增长速度波动明显，均呈现出明显的“三波峰、两波谷”的整体变化趋势，且整体上基本保持一致。三次波峰分别对应着 2003 年、2009 年和 2014 年，两次波谷分别对应着 2007 年、2011 年，波峰、波谷的变化与同一时期中国宏观经济运行的整体特征是比较吻合的。这期间，江西省增长速度最快的是2003年的91.0%，最慢的是2007年的-1.4%，出现了负增长的情况。

与全国的增长速度变化趋势相比较，可以发现，2001~2013年，江西省三大行业基础设施投资增长速度的变化趋势与全国的变化趋势保持高度的一致性，呈现出“两波峰、两波谷”的变化趋势，两次波峰分别对应着2003年、2009年，两次波谷分别对应着2007年、2011年；然而，在2013~2019年，江西省三大行业基础设施投资增长速度的变化趋势与全国的变化趋势呈现出明显的不同，江西省三大行业基础设施投资增长速度呈现出“上升下降交替”的波动下降趋势，而全国三大行业基础设施投资基本呈现出持续下降的趋势。此外，全国增长速度最快的是2009年的41.6%，最慢的是2011年的-2.6%，出现了负增长的情况；全国最高值与最低值出现的年份与江西省的情况明显不同，这与全国基础设施投资的变化受到国家宏观经济运行和调控的影响有关。

类似地，可以看到，对于八大行业基础设施投资增长速度变化而言，江西省的变化趋势与全国的变化趋势相比也呈现出明显的不同，可参考图8-1，此处不再详述。

（3）江西省基础设施投资不同时期的年均增速变化情况与全国的变化情况有所不同。

表8-2反映了不同时期江西省基础设施投资年均增速与全国的年均增速的比较情况。可以看出，不管是对三大行业还是对八大行业基础设施投资而言，除了在“十一五”时期，江西省的年均增速均低于全国的年均增速，其余三个时期，江西省的年均增速均高于全国的年均增速。如江西省三大行业基础设施投资在“十五”时期的年均增速高达35.3%，比全国的年均增速高18.6个百分点；“十二五”“十三五”时期江西省的年均增速也分别比全国的年均增速高2.9个、4.2个百分点。“十一五”时期，全国的年均增速显著高于江西省的年均增速，这与这一时期中国区域发展战略的调整及中国应对2008年世界金融危机而加大全国基础设施投资的强度是密不可分的。

表8-2　江西省与全国基础设施投资年均增速的比较

时期	年均增速（三大行业）			年均增速（八大行业）		
	江西省	全国	江西省与全国相比较（+/-）	江西省	全国	江西省与全国相比较（+/-）
“十五”时期（2001~2005年）	35.3	16.7	+18.6	34.2	19.7	+14.5
“十一五”时期（2006~2010年）	16.9	26.8	-9.9	17.7	23.6	-5.9

续表

时期	年均增速（三大行业）			年均增速（八大行业）		
	江西省	全国	江西省与全国相比较（+/-）	江西省	全国	江西省与全国相比较（+/-）
“十二五”时期（2011~2015 年）	16.9	14.0	+2.9	18.7	14.5	+4.2
“十三五”时期（2016~2019 年）	14.1	9.9	+4.2	11.2	9.4	+1.8

注：“十三五”时期的数据为 2016~2019 年的年均增速。

资料来源：根据《江西统计年鉴》（2001~2020）、《中国统计年鉴》（2006、2018~2020）整理。

（二）基础设施投资地区结构分析

基础设施投资的地区结构指某一地域范围内不同地区吸纳的基础设施投资量占该地域的基础设施投资总量的比例构成情况。当前，江西省重点建设三大经济区：赣东北经济区、赣中南经济区、赣西经济区。表 8-3 反映了 2005~2019 年江西省三大经济区的基础设施投资总量及各个经济区基础设施投资占全省的比重。考虑到存在不区分地区的情况以及 2018 年、2019 年数据汇总后超过了全省总数，在分析固定资产投资地区结构时，有必要将三大经济区基础设施投资的汇总数据视为 100%，且考虑到三大经济区年度数据汇总后的实际情况，选择 2011~2019 年，分别计算出调整后的三大经济区固定资产投资各自占全省的比重。图 8-2 直观地反映了调整后的江西省三大经济区基础设施投资占全省的比重变化情况。

表 8-3　江西省三大经济区基础设施投资总量与占全省的比重　单位：亿元

年份	基础设施投资（三大行业）				扩展的基础设施投资（八大行业）			
	全省	赣东北经济区	赣中南经济区	赣西经济区	全省	赣东北经济区	赣中南经济区	赣西经济区
2005	553.89	251.01（45.3%）	72.53（13.1%）	50.63（9.1%）	816.85	386.78（47.4%）	116.06（14.2%）	103.67（12.7%）
2006	618.06	284.77（46.1%）	85.44（13.8%）	71.23（11.5%）	934.51	450.87（48.2%）	125.69（13.5%）	107.51（11.5%）
2007	609.17	301.98（49.6%）	101.14（16.6%）	83.87（13.8%）	903.74	471.33（52.2%）	151.13（16.7%）	122.86（13.6%）
2008	613.93	341.27（55.6%）	111.45（18.2%）	102.25（16.7%）	1003.76	565.25（56.3%）	195.09（19.4%）	181.32（18.1%）
2009	908.55	433.96（47.8%）	160.03（17.6%）	198.39（21.8%）	1545.50	782.09（50.6%）	293.40（19.0%）	353.73（22.9%）

续表

年份	基础设施投资（三大行业）				扩展的基础设施投资（八大行业）			
	全省	赣东北经济区	赣中南经济区	赣西经济区	全省	赣东北经济区	赣中南经济区	赣西经济区
2010	1208.04	617.77 （51.1%）	217.78 （18.0%）	225.88 （18.7%）	1842.88	956.99 （51.9%）	362.89 （19.7%）	362.56 （19.7%）
2011	1234.12	556.63 （45.1%）	248.00 （20.1%）	296.12 （24.0%）	1980.21	923.36 （46.6%）	429.49 （21.7%）	478.11 （24.1%）
2012	1339.96	625.52 （46.7%）	248.42 （18.5%）	344.45 （25.7%）	2232.78	1037.38 （46.5%）	467.99 （21.0%）	591.60 （26.5%）
2013	1561.39	725.98 （46.5%）	378.58 （24.2%）	393.90 （25.2%）	2590.98	1244.25 （48.0%）	617.88 （23.8%）	641.23 （24.7%）
2014	2255.09	1123.84 （49.8%）	450.49 （20.0%）	532.58 （23.6%）	3533.23	1752.13 （49.6%）	766.79 （21.7%）	864.20 （24.5%）
2015	2634.46	1237.20 （47.0%）	494.08 （18.8%）	728.24 （27.6%）	4341.35	2005.39 （46.2%）	947.89 （21.8%）	1213.14 （27.9%）
2016	3133.86	1404.15 （44.8%）	623.15 （19.9%）	951.00 （30.3%）	4957.26	2272.22 （45.8%）	1129.51 （22.8%）	1396.36 （28.2%）
2017	3473.31	1730.55 （49.8%）	678.58 （19.5%）	970.39 （27.9%）	5481.62	2825.11 （51.5%）	1176.20 （21.5%）	1484.99 （27.1%）
2018	4056.75	2143.76 （52.8%）	1035.13 （25.5%）	1089.10 （26.8%）	6127.87	3317.61 （54.1%）	1489.05 （24.3%）	1669.02 （27.2%）
2019	4466.73	2444.36 （54.7%）	993.95 （22.3%）	1178.55 （26.4%）	6632.27	3710.28 （55.9%）	1474.87 （22.2%）	1778.90 （26.8%）

注：2005~2010 年固定资产投资数据为城镇固定资产投资。括号内数值为占全省的比重。由于存在不区分地区的投资或者各地市重复计算具体行业基础设施投资的情况，故此三大经济区占比之和不等于 1。下同。

资料来源：根据《江西统计年鉴》（2006~2020）整理。

根据表 8-3 和图 8-2，可以看到：

（1）江西省基础设施投资的地区结构基本保持稳定。对于三大行业基础设施投资而言，2005~2019 年，由于不区分地区的数据统计原因，其中 2005~2011 年除了 2008 年三大经济区占全省的比重之和达到 90%之外，其余年份比重之和均低于 90%；2012~2019 年除了 2018 年、2019 年三大经济区占全省的比重之和大于 100%之外，2012~2017 年每年三大经济区占全省的比重之和大多在 93%以上。从 2005~2019 年的历年数据来看，2012~2017 年各大经济区基础设施投资占

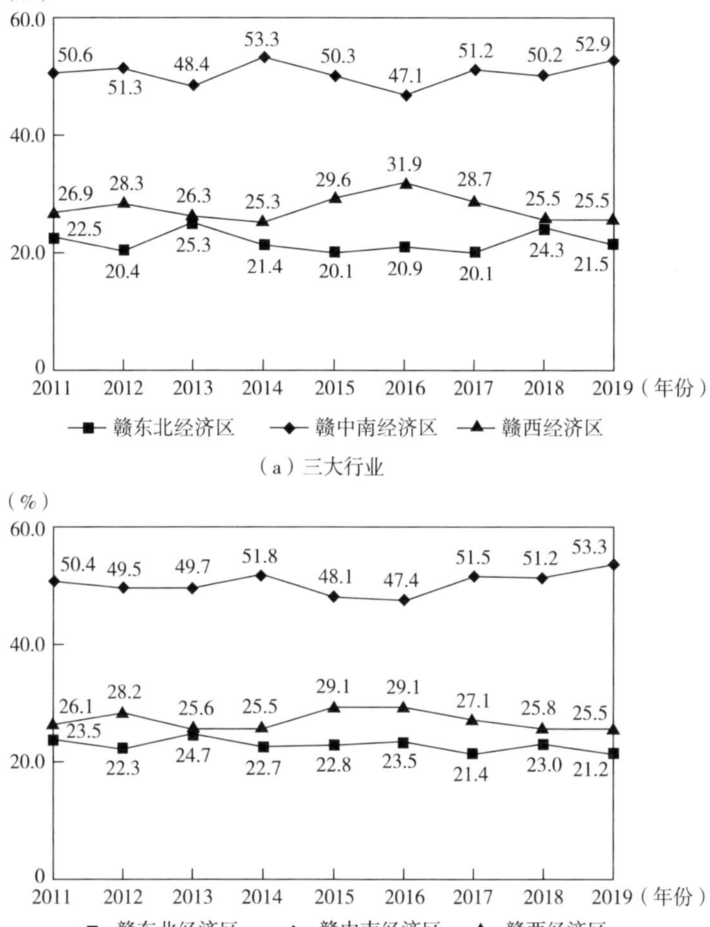

图 8-2　江西省三大经济区基础设施投资占全省的比重变化情况

注：将三大经济区基础设施投资的汇总数据视为 100%。

资料来源：根据《江西统计年鉴》（2012~2020）整理。

全省的比重变化不大，江西省基础设施投资的地区结构基本保持稳定。图 8-2 反映出 2011~2019 年三大经济区地区结构比较稳定，赣东北经济区所占比重在 2016 年略有下降后又有所提高；赣中南经济区除了 2013 年、2018 年这两年所占比重略有提高之外，其余年份基本稳定在 20. 1%~22. 5%；赣西经济区所占比重先是略有下降，在 2015 年、2016 年有明显的提高之后，又逐渐回落到与之前差不多的情况。

对于八大行业基础设施投资而言，2005~2019年，除了最初的2005~2007年每年三大经济区占全省的比重之和低于90%之外，其余年份均高于90%，特别是2012~2017年每年的比重之和基本在94%以上，且各大经济区基础设施投资占全省的比重变化不大。图8-2反映出2011~2019年三大经区地区结构更为稳定，除了2015年、2016年赣东北经济区所占比重有明显下降且赣西经济区有明显提高之外，其余的年份三大经济区基础设施投资各自占全省的比重基本保持稳定。

赣东北经济区是江西省经济发展的核心区域，也是经济发展水平最高的区域。2005年该经济区三大行业基础设施投资和八大行业基础设施投资总量分别为251.01亿元、386.78亿元，占全省的比重分别为45.3%、47.4%；2010年该经济区三大行业基础设施投资和八大行业基础设施投资总量分别为617.77亿元、956.99亿元，占全省的比重分别为51.1%、51.9%；2019年该经济区三大行业基础设施投资和八大行业基础设施投资总量分别为2444.36亿元、3710.28亿元，占全省的比重分别上升到54.7%、55.9%。根据表8-4，可以进一步看到，赣东北经济区在"十一五""十二五"和"十三五"时期的三大行业基础设施投资总量分别占同时期全省总量的59.3%、50.9%、50.7%，三个时期的八大行业基础设施投资总量分别占同时期全省总量的58.8%、49.8%、51.1%。考虑到"十一五"时期三区之和与全省总量差值不小，结合图8-2和表8-4，可以看出，"十二五"和"十三五"时期，赣东北经济区三大行业基础设施投资所占比重几乎没有什么变化，八大行业基础设施投资所占比重略有提高。

表8-4 不同时期江西省三大经济区基础设施投资总量与相对占比情况

单位：亿元

时期	基础设施投资（三大行业）					扩展的基础设施投资（八大行业）				
	江西省	三区之和	赣东北经济区	赣中南经济区	赣西经济区	江西省	三区之和	赣东北经济区	赣中南经济区	赣西经济区
"十一五"时期（2006~2010年）	3957.75	3337.20	1979.75（59.3%）	675.83（20.3%）	681.62（20.4%）	6230.40	5482.72	3226.54（58.8%）	1128.20（20.6%）	1127.98（20.6%）
"十二五"时期（2011~2015年）	9025.02	8384.03	4269.18（50.9%）	1819.56（21.7%）	2295.29（27.4%）	14678.56	13980.82	6962.51（49.8%）	3230.04（23.1%）	3788.27（27.1%）
"十三五"时期（2016~2019年）	15130.65	15242.66	7722.82（50.7%）	3330.80（21.9%）	4189.03（27.5%）	23199.02	23724.12	12125.22（51.1%）	5269.63（22.2%）	6329.26（26.7%）

注：根据年度地市数据，汇总后三大经济区之和不等于全省数据。"十三五"时期的数据为2016~2019年数据，括号内数值为占全省的比重（%）。参照图8-2，为了方便比较各经济区相对占比情况将三大经济区基础设施投资的汇总数据视为100%，然后计算出调整后的所占比重。

资料来源：根据《江西统计年鉴》（2007~2020）整理。

赣中南经济区是江西省经济发展相对落后的区域。2005 年该经济区三大行业基础设施投资和八大行业基础设施投资总量分别为 72. 53 亿元、116. 06 亿元，占全省的比重分别为 13. 1%、14. 2%；2010 年该经济区三大行业基础设施投资和八大行业基础设施投资总量分别为 217. 78 亿元、362. 89 亿元，占全省的比重分别为 18. 0%、19. 7%；2019 年该经济区三大行业基础设施投资和八大行业基础设施投资总量分别为 993. 95 亿元、1474. 87 亿元，占全省的比重均稳定上升到 20%以上，分别为 22. 3%、22. 2%。根据表 8-4，可以进一步看到，赣中南经济区在“十一五”“十二五”和“十三五”时期的三大行业基础设施投资总量分别占同时期全省总量的 20. 3%、21. 7%、21. 9%，三个时期的八大行业基础设施投资总量分别占同时期全省总量的 20. 6%、23. 1%、22. 2%。结合图 8-2 和表 8-4，可以看出，“十二五”和“十三五”时期，赣中南经济区三大行业基础设施投资所占比重几乎没有什么变化，八大行业基础设施投资所占比重略有下降。

赣西经济区是经济发展转型的区域。2005 年该经济区三大行业基础设施投资和八大行业基础设施投资总量分别为 50. 63 亿元、103. 67 亿元，占全省的比重分别为 9. 1%、12. 7%；2010 年该经济区三大行业基础设施投资和八大行业基础设施投资总量分别为 225. 88 亿元、362. 56 亿元，占全省的比重分别为 18. 7%、19. 7%；2019 年该经济区三大行业基础设施投资和八大行业基础设施投资总量分别增加为 1178. 55 亿元、1778. 50 亿元，占全省的比重分别为 26. 4%、26. 8%。根据表 8-4，可以进一步看到，赣西经济区在“十一五”“十二五”和“十三五”时期的三大行业基础设施投资总量分别占同时期全省总量的 20. 4%、27. 4%、27. 5%，三个时期的八大行业基础设施投资总量分别占同时期全省总量的 20. 6%、27. 1%、26. 7%。结合图 8-2 和表 8-4，可以看出，“十二五”和“十三五”时期，赣西经济区三大行业基础设施投资所占比重几乎没有什么变化，八大行业基础设施投资所占比重也略有下降。

（2）三大经济区基础设施投资相对强度的排名未发生变化。在本小节分析中，引入了基础设施投资相对强度这一指标，采用各经济区基础设施投资占全省的比重除以各经济区 GDP 占全省的比重来表示基础设施投资相对强度。表 8-5 大致反映了江西省三大经济区基础设施投资相对强度的变化情况。从基础设施投资的行业数据来看，由于 2005 年不区分地区的数据占全省的比重较高，使得三大经济区基础设施投资之和小于全省总量。2010 年、2015 年不区分地区的数据占比小，且各地市的行业分类数据与全省数据在数值上非常接近，因此，这两个年份能够更好地反映江西省基础设施投资的相对强度。同样为了便于比较，在计算相对强度时，对于各经济区基础设施投资所占全省的比重的计算，采用三大经济区基础设施投资之和，作为全省基础设施投资总量。

表 8-5　江西省三大经济区基础设施投资相对强度变化

年份	基础设施投资相对强度（三大行业）			基础设施投资相对强度（八大行业）			占全省 GDP 的比重（%）		
	赣东北经济区	赣中南经济区	赣西经济区	赣东北经济区	赣中南经济区	赣西经济区	赣东北经济区	赣中南经济区	赣西经济区
2005	1.15	0.73	0.90	1.10	0.72	1.14	58.2	26.8	15.0
2010	1.02	0.80	1.24	1.00	0.84	1.25	57.1	25.7	17.2
2015	0.86	0.77	1.90	0.83	0.87	1.87	58.2	26.2	15.6
2019	1.00	0.75	1.38	1.01	0.74	1.38	52.9	28.6	18.5

注：基础设施投资相对强度=各经济区基础设施投资占全省的比重/各经济区 GDP 占全省的比重。
资料来源：根据《江西统计年鉴》（2006、2011、2016、2020）整理。

三大经济区的相对强度变化，与江西省在“十一五”和“十二五”期间重点打造东西向轴线和南北轴线的北段存在一定的相关性。根据表 8-5，可以看出，2010 年、2015 年、2019 年赣西经济区的相对强度均为最高，赣中南经济区的相对强度大多为最低，而且赣中南经济区基础设施投资的相对强度保持略有下降态势。相对于 2010 年而言，赣东北经济区 2015 年的基础设施投资相对强度有所下降，之后 2019 年的相对强度又有所回升；而赣西经济区 2015 年的基础设施投资相对强度明显上升，三大行业基础设施投资相对强度达到了 1.90，之后稍有下降，但 2019 年的相对强度仍然处在三大经济区的第一位。

从八大行业基础设施投资相对强度来看，2010 年以来，三大经济区基础设施投资相对强度的排名未发生变化，且赣东北经济区、赣西经济区的相对强度变化与三大行业情形下的变化基本保持一致性；赣中南经济区的相对强度最低，尽管在 2015 年有所提高，但 2019 年的相对强度较 2015 年的相对强度出现了小幅下降。

二、城镇基础设施建设概况

2013 年以来，江西省按照国家和江西省新型城镇化规划要求，深入推进全省新型城镇化建设，城市建设得到了快速推进，城镇基础设施显著改善。

1. 城市交通和道路建设水平得到了显著提高

江西省城市道路面积从 2000 年的 3293 万平方米，增加到 2010 年的 11330 万平方米，2015 年为 17436 万平方米，2019 年达到 24771 万平方米。平均每万人拥有公共交通车辆由 2000 年的 3.0 标台上升至 2010 年的 9.3 标台、2015 年的 12.1 标台，2019 年达到 14.1 标台。城市公共交通运营线路总长度从 2000 年的 2055 千米上升到 2010 年的 9578 千米、2015 年的 22686 千米，2019 年达到

36557千米。城市公共交通客运总量从2000年的54780万人次上升到2010年的121444万人次、2015年的154827万人次，2019年达到135724万人次，比2000年增长了1.48倍。城市公共交通标准运营车数从2000年的3260标台上升到2010年的7048标台、2015年的11456标台，2019年达到15434标台，2019年分别相当于2000年、2010年、2015年的4.73倍、2.19倍、1.35倍。

2. 城市供水和供气能力大幅增强

江西省城市用水普及率从2000年的93.3%上升到2010年的97.4%、2015年的97.6%，2019年达到98.5%。城市供水管道长度从2000年的3968千米上升到2010年的9527千米、2015年的15630千米，2019年达到23541千米，2019年分别相当于2000年、2010年、2015年的5.93倍、2.47倍、1.51倍。

天然气供应量从2010年的11263万立方米上升到2015年的73570万立方米，2019年达到169840万立方米。液化石油气供应量从2000年的164698吨上升到2010年的188847吨、2015年的228912吨，2019年达到208151吨。燃气普及率从2000年的69.2%上升到2010年的92.4%、2015年的94.8%，2019年达到97.9%。

3. 市政设施进一步改善

江西省城市道路照明2000年有路灯6.65万盏，增加到2010年的62.33万盏、2015年的65.00万盏，2019年上升至79.51万盏，2019年分别相当于2000年、2010年、2015年的11.96倍、1.28倍、1.22倍，城市亮化水平显著提高；全省城市排水管道长度从2000年的2074千米增加到2010年的7340千米、2015年的11983千米，2019年达到17590千米，2019年分别相当于2000年、2010年、2015年的8.48倍、2.40倍、1.47倍，抵御自然灾害的能力进一步增强。城市公共厕所从2010年的1892座增加到2015年的1887座，2019年达到3756座。市容环卫专用车辆设备从2010年的899辆增加到2015年的1787辆，2019年达到9458辆，2019年分别相当于2010年、2015年的10.52倍、5.29倍。

4. 居住条件得到很大提升

城市绿化覆盖面积从2000年的20044公顷提升至2010年的48924公顷、2015年的58510公顷，2019年达到77590公顷，2019年分别相当于2005年、2010年、2015年的3.87倍、1.59倍、1.33倍。建成区绿化覆盖率从2000年的23.48%上升至2010年的46.62%、2015年的44.1%，2019年达到45.5%。公园数从2000年的109个上升至2010年的238个、2015年的356个，2019年达到614个，2019年分别相当于2005年、2010年、2015年的5.63倍、2.58倍、1.72倍。公园面积从2000年的1820公顷提升至2010年的6442公顷、2015年的8764公顷，2019年达到13662公顷，2019年分别相当于2005年、2010年、

2015年的7.51倍、2.12倍、1.56倍。人均公园绿地面积从2000年的5.86平方米提升至2010年的13.04平方米、2015年的14平方米，2019年达到14.5平方米，2019年分别相当于2005年、2010年、2015年的2.47倍、1.11倍、1.04倍。

三、区域交通发展概况

中华人民共和国成立以来，江西省交通运输事业得到了迅速的发展，以铁路、公路、水路和民航四大运输方式组成的现代交通运输综合体系已初具规模，有力地促进了江西省国民经济的发展。1984年与1949年相比，公路长度增长9倍，铁路长度增长1倍，民用航空和远洋运输从无到有。1958年就实现了县县通公路。通公路的乡达99.4%，村达83.6%。1984年民用汽车保有量为68982辆，是1949年1035辆的近67倍。内河机动船的吨位达358484吨，为1950年8484吨的42倍。80%的市和1/3的县都通了火车。民用航空以南昌市为中心，开辟了7条国内航线，班机直飞北京、上海、广州等市。近十几年来，江西省的交通建设得到了长足的发展，运输能力已经有了长足的进步。

2019年江西省基本形成“五纵五横”铁路网主骨架，全省铁路运营里程达到5000千米，实现全部11个设区市开行动车组。铁路项目建设投资完成1400亿元以上，新增铁路运营里程1200千米以上，总里程突破5000千米，其中高铁达到1500千米，复线率达到65%以上，电气化率达到80%以上，覆盖80%以上的县（市、区）。

截至2019年底，全省公路总里程为209131千米，公路密度每百平方千米125.3千米。高速公路通车里程达到6144千米，打通了28条出省大通道，是全国继河南省、辽宁省之后第三个实现全省县县通高速的省份，全面实现了县县通高速、县城半小时上高速，构建了南昌市到设区市省内3小时、到周边省会城市省际5小时的经济圈，“四纵六横八射十七联”高速公路规划网基本建成，形成了“纵贯南北、横跨东西、覆盖全省、连接周边”的高速公路网络。此外，城乡一体、干支相连的公路客运网络快速发展。公路快速客运、城乡客运、旅游包车、集装箱运输、特种及专用运输等发展迅速，公路运输在全省综合运输体系中继续处于主体地位。

按照江西全省未来规划构建的“一干九支”机场布局，目前已经形成了“一主一次五支”机场格局，五大支线机场全部形成了国内4C级支线机场通航能力。2017年12月南昌昌北国际机场旅客吞吐量首次成功突破1000万人次，成功跨入千万级枢纽机场行列。江西省还将建设鹰潭、抚州、瑞金4C级支线机场，计划建设20个左右通用机场。

江西省水运交通以赣江及鄱阳湖航道为主，联通抚、信、饶、修等 101 条主要通航河流。2019 年，全省航道通航总里程 5716 千米，2000 吨级船舶可从长江直达南昌港，全省高等级航道里程达 688 千米。沿江环湖有南昌、九江两个全国内河主要港口和一批区域性重要港口。

表 8-6 显示了 2010～2019 年江西省全社会货物及旅客运输量的变动情况，2010 年江西省的货物运输量和旅客运输量分别达到了 100339 万吨和 76633 万人次。其中公路的占比最大，其次为铁路。到了 2019 年，货物运输量增长到 150860 万吨，但旅客运输量稍有下降，达到 59704 万人次，民航运输量增长明显，较 2010 年的 186 万人次增长到 1846 万人次。较 2010 年而言，全省水运货物运输量增长明显，2015～2019 年基本保持稳定，从 2010 年的 6513 万吨增加到 2017 年的 11492 万吨并在 2019 年略降到 10331 万吨；除 2019 年明显下降外，全省水运旅客运输量基本保持稳定。

表 8-6　江西省全社会运输量　　单位：万吨，万人

年份	2010	2011	2012	2013	2014	2015	2016	2017	2018	2019
货物运输量	100339	111576	127020	135036	151773	130279	138068	154359	174184	150860
民航	2.0	1.4	1.5	4.0	5.7	6.3	6.3	6.4	9.1	13.0
铁路	5379	5769	5384	5077	4821	3943	4296	4787	5046	4963
公路	88445	98358	113703	121279	137784	115436	122877	138074	157646	135554
水运	6513	7447	7931	8676	9162	10894	10889	11492	11483	10331
旅客运输量	76633	79138	84459	65747	68728	63404	63924	64413	62419	59704
民航	186	208	219	681	930	985	1050	1415	1734	1846
铁路	5588	6152	6335	6945	7840	8458	9249	10224	11131	11728
公路	70628	72527	77650	57915	59676	53687	53364	52506	49302	45932
水运	231	251	255	206.6	282	274	261	268	253	198

资料来源：根据《江西统计年鉴》（2011～2020）整理。

江西省为市政公用设施投入的固定资产投资也在逐年增加，2015 年 12 月底，南昌地铁 1 号线开通试运行。试运营一周即创单条地铁线路全国最高日客流量纪录。正式运营以来，日均客流量近 20 万人次，远远超过 10 万到 12 万的设计客流。单条地铁线路累计客流量破千万的速度，超过郑州、哈尔滨等多个城市。截至 2021 年 12 月 31 日，南昌地铁已开通运营 1 号、2 号、3 号、4 号 4 条线路，共设车站 94 座，运营线路总长 128.45 千米。2021 年，南昌地铁年客

运量为2.6亿人次，日均客运量超过70万人次。据统计，2019年江西省轨道交通和道路桥梁的固定资产投资分别达到了838984万元和2766892万元，分别占到当年全省固定资产投资总量的0.32%、1.05%（见表8-7）。

表8-7 江西省市政公用设施建设固定资产投资 单位：万元

年份	2000	2005	2010	2015	2016	2017	2018	2019
轨道交通	—	—	112894	491755	500561	548458	537150	838984
道路桥梁	60596	354638	2539040	3219824	2270926	2397570	3855756	2766892

资料来源：根据《中国城市统计年鉴》（2001、2006、2011、2016~2020）整理。

四、交通网络建设与布局

（一）交通网络建设

1. 交通网络发展简况

1996年1月28日，昌九高速公路历经8年建成通车，实现了江西省高速公路建设零的突破。此后，昌樟高速（1997）、温厚高速（1999）、九景高速（2000）、胡傅高速（2001）、梨温高速（2002）等高等级公路建设开启了江西省交通网络建设的新纪元，江西省高速公路通车总里程先后于2004年1月、2008年1月、2010年9月分别突破1000千米、2000千米和3000千米。目前，江西省基本构建了高速、快捷的立体交通网，铁路通道快速化持续推进，“五纵五横”铁路网主骨架基本形成；公路网络化水平得到了明显提升，全面打通出省高速通道，建成“四纵六横”高速公路网；此外，高等级航道网络有效衔接，通用机场建设有序推进。随着江西省交通基础设施的发展，为江西加快推进高质量跨越式发展提供了有力的支撑。

改革开放以来，江西省交通网络的发展以公路和铁路网络建设为主体，大致可以根据1994年、2002年、2010年、2020年4个时间断面，并比照“十三五”时期的建设规划，将江西省交通网络发展总结为四个典型阶段：

（1）低等级公路主导阶段。这个阶段大致为1994年之前。这一时期江西省基本形成了完整的低等级公路网络，其等级道路通车里程达到34556千米，国道、省道、县乡道、等级外道路网遍布全省。铁路线路较少，仅有浙赣、皖赣、昌九、武九及鹰厦等几条线路，赣南及赣西北大片地区均为铁路盲区。这一时期江西省的路网类别构成相对单一，低等级公路网以其延展范围广的绝对优势在交通运输中发挥着主导作用。

（2）高速公路萌芽阶段。这个阶段为1995~2002年。高速公路的诞生是这

一时期交通网络的新特征，南昌至九江高速公路全面建成，九江至景德镇、昌北机场、梨园至温家圳、温家圳至厚田及胡家坊至昌傅镇高速公路建成通车，高速公路里程达到 666 千米。低等级公路及铁路网里程均有所增加，国道线路基本稳定，省道及县乡道路有所增多，京九铁路的通车使铁路延伸至赣南的吉安、赣州两市。

（3）高速公路兴盛阶段。这个阶段为 2003~2010 年。这一时期江西省高速公路网络实现了快速发展，通车里程快速增至 3000 千米以上，江西省高速公路骨干网络基本形成。2004 年 1 月 16 日，赣粤高速江西段全面通车标志着江西省高速公路通车总里程突破 1000 千米；2008 年 1 月 20 日，武吉高速建成通车，全省高速里程突破 2000 千米，进入全国前 10 位；2010 年 9 月 16 日，江西高速里程突破 3000 千米，达到 3042 千米，位居全国第 9，中部省份第 3 位，这树立了江西省高速建设史上的一座里程碑。此外，江西省低等级道路网趋于成熟，铁路通车里程有所增加，赣州至龙岩、吉安至井冈山、九江至池州铁路及昌九城际铁路通车。

（4）高速铁路繁荣阶段。从“十二五”时期开始，江西省进入高速铁路大规模建设与通车阶段，高铁时代全面到来。按照规划，江西省 2020 年左右铁路网规模将达到 5000 千米以上，形成“五纵五横”路网骨架，骨架路网中高铁线路占较高比例。“五纵”指合福通道、阜鹰汕通道、京九通道、银福通道、蒙吉泉通道；“五横”指沿江通道、岳（长）九衢通道、沪昆通道、衡吉温通道、韶赣厦通道。这些高速铁路的密集建成或开建，极大地完善了江西省高铁网络与布局。此外，这一时期江西省高速公路地方加密线路明显增多，高速公路网络走向成熟。这一时期也基本确立了构建以南昌国际航空港为龙头的“一干九支”机场布局[①]，干线机场的通航能力和等级不断提升，支线机场改扩建和新建布局等大力推进了江西省通用航空发展。

2. 交通网络布局与建设情况

江西省交通网络布局在“十二五”和“十三五”时期不断完善，为江西省加快推进高质量跨越式发展做出了积极贡献。“十三五”以来，江西省的综合交通网络不断完善，铁路网主骨架、干线公路网等建设加快，交通先行作用持续提升。

（1）综合交通网络建设基本完善。“十三五”末期，江西省基本形成了

① “一干九支”机场布局：“一干”指南昌昌北国际机场；“九支”指现有的赣州黄金机场、吉安井冈山机场、景德镇罗家机场、九江庐山机场、宜春明月山机场、上饶三清山机场，以及 2020 年 6 月开工建设的瑞金机场、未来规划建设的抚州机场和鹰潭机场。

"五纵五横"干线铁路网、"四纵六横"高速公路网①、"一主一次五支"机场格局②和"两横一纵"内河高等级航道网③。截至 2020 年底，全省综合交通网络里程达到 22.1 万千米，位居全国第 9。

铁路建设方面，以构建"五纵五横"铁路网主骨架的总目标，昌景黄铁路、长赣铁路、昌九客专和瑞梅铁路前期工作有序推进，昌吉赣客专、武九客专、九景衢铁路建成投运，蒙华铁路、赣深客专、安九客专、兴泉铁路、皖赣铁路、浯溪口水库段改线 6 条铁路开工建设，形成了对接周边、联通重要经济区的铁路快速通道。"十三五"末期，全省铁路运营里程 4941 千米，时速 200 千米及以上高速铁路 1933 千米，实现设区市全覆盖。

公路建设方面，构建了"四纵六横"干线公路网，同步形成了省内"八射十七联"格局④，28 条出省通道全面打通，兴国至赣县、船顶隘（赣闽界）至广昌、都九高速都昌至星子段、上饶至万年、东乡至昌傅、修水至平江、铜鼓至万载等高速公路建成运营，"十三五"期间，新增高速公路通车里程 1000 千米以上，达到 1138 千米，超额完成"十三五"规划目标。"十三五"末期，全省高速公路建成通车里程达到 6234 千米，在县县通高速的基础上，实现 76%的县通双高速；普通国省道 1.86 万千米，覆盖 100%县城和 86%的乡镇。

航空建设方面，按照全省未来规划构建的"一干九支"机场布局，已经形成了"一主一次五支"机场格局，五大支线机场全部形成了国内 4C 级支线机场通航能力。昌北机场改扩建、赣州黄金机场改扩建、井冈山机场二期扩建、宜春明月山机场改扩建等工程有序推进，三清山机场、南昌航空城北区、瑶湖机场主体工程基本建成，瑞金机场于 2020 年 6 月底开工建设。南昌昌北国际机场跻身千万级枢纽机场行列，2018 年、2019 年连续两年航空货邮吞吐量增速位居全国千万级机场第 1 位。

水运建设方面，围绕"两纵一横"布局，陆续启动了赣江、信江高等级航道，赣江井冈山航电枢纽，石虎塘—神岗山航道整治工程，信江八字嘴航电枢纽，双港航运枢纽等项目建设，续建了赣江新干航电枢纽工程，新九江港新洋丰、神华、神灵湖、南昌港龙头岗码头一期工程、樟树水运口岸码头等项目建

---

① "四纵六横"高速公路网："四纵"指婺源至上饶至铅山、济南至广州、大庆至广州、上栗至莲花；"六横"指彭泽至瑞昌、婺源至修水、莆田至炎陵、泉州至南宁、厦门至成都、寻乌至龙南。

② "一主一次五支"机场格局："一主"指南昌昌北国际机场；"一次"指赣州黄金机场；"五支"指吉安井冈山机场、景德镇罗家机场、九江庐山机场、宜春明月山机场、上饶三清山机场。

③ "两横一纵"内河高等级航道网："两横"指长江江西段、信江；"一纵"指赣江。

④ "八射十七联"格局："八射"指南昌至九江、南昌至德兴、南昌至玉山、南昌至黎川、南昌至定南、南昌至萍乡、南昌至上栗、南昌至铜鼓；"十七联"指南昌南外环、南昌绕城、九江绕城等 17 条高速公路连接线。

成投运。“十三五”末期，全省内河高等级航道871千米，赣江、信江基本具备三级通航条件。

管网建设方面，能源输送网络不断完善。全省电网骨干网形成了中部、西部、北部、南部环网，全网通过3回500千伏输电线路与华中主网相连，220千伏网架基本实现县县覆盖。“十三五”末期，全省建成油气长输管道超过3700千米，形成了以“Y”形成品油管道、“十”字架形国家输气管网和“环鄱阳湖”省级输气管网为主骨架的天然气输送网络。

（2）运输大通道和综合交通枢纽体系建设取得新进展。“十三五”时期，江西省加快运输大通道建设，全省综合交通枢纽体系建设取得新进展。目前，在全省范围内，“四纵三横”[①] 综合运输通道基本形成，“一核三极多中心”[②] 综合交通枢纽体系建设稳步推进，江西省在中部乃至全国的交通枢纽地位明显提升，对建设内陆开放型经济试验区和主动融入“一带一路”、长江经济带发展以及对接长三角一体化发展、粤港澳大湾区建设的战略支撑作用显著增强。

此外，江西省运输服务能力和质量明显提高。南昌昌北国际机场跻身千万级枢纽机场行列，铁路动车组覆盖全部设区市，港口通过能力稳步提升，国家公交都市或省级公交城市创建覆盖全省，“交通一卡通”实现省内设区市互联互通，南昌地铁进入线网时代，全省城乡交通一体化稳步推进，建制村100%实现通客车和通邮。

（二）未来建设

虽然“十三五”时期江西省交通运输发展取得重要进展和明显成效，但对照交通强省建设目标，仍然需要重视加强全省综合交通运输大通道能力建设，加快推出解决好省内网络衔接不够顺畅的整体方案，努力完善综合交通枢纽布局，不断优化运输服务等。

结合2021年底江西省发布的《江西省“十四五”综合交通运输体系发展规划》，江西省要加快实现“交通强省建设”目标，需要在现有综合交通网络的基础上，着力构建“六纵六横”[③] 综合运输大通道，全面形成“一核三极多中心”的综合交通枢纽体系，加速实现“大通道+大枢纽”的综合交通运输发展格局。

1. 建立更加完善、开放的综合立体交通网络

紧密衔接国家综合运输通道布局，加快完善以京九通道、沪昆通道为主轴

① “四纵”指京九通道、银福通道、合福通道、蒙吉泉通道，“三横”指沿江通道、沪昆通道、韶赣厦通道。

② “一核”指南昌—九江国际性门户枢纽，“三极”指赣州、上饶、赣西组团全国性综合枢纽，“多中心”指一批区域性以及县级综合枢纽。

③ “六纵”指京九通道、合福通道、阜鹰汕通道、银福通道、蒙吉泉通道、咸井韶通道，“六横”指沪昆通道、沿江通道、岳九衢通道、渝长厦通道、衡吉温通道、韶赣厦通道。

的“六纵六横”综合运输大通道建设，完善区际通道布局，进一步提升骨干通道能力，不断强化战略通道支撑，使得江西省综合立体交通网络更加完善开放。扩容京九通道和沪昆通道，强化京九、沪昆“双轴”通道能力，构建国家级主轴和走廊通道，加强与京津冀、长三角、粤港澳大湾区等高效互联；完善纵向的银福通道、合福通道、蒙吉泉通道和横向的沿江通道、岳九衢通道、韶赣厦通道，提升纵向的咸井韶通道、阜鹰汕通道和横向的渝长厦通道、衡吉温通道，强化与中部腹地、粤闽浙沿海区域、成渝地区双城经济圈、关中平原等片区的联系。

铁路方面，重点推进以南昌“米”字形高铁为核心的“一核四纵四横”① 高速铁路网建设，南北向高速铁路全面贯通，到 2025 年实现 350 千米/小时高速铁路设区市全覆盖，到 2030 年新增咸宜赣韶纵向通道和厦渝横向通道，基本形成“六纵六横”② 铁路网主骨架。高速公路方面，重点推进沪昆、大广、樟吉等高速公路扩容升级，加快赣西大通道建设，加快推进设区市绕城高速建设，加强省际通道建设，增加高速出省通道。机场方面，南昌昌北国际机场枢纽功能全面增强，瑞金机场全面建成国内 4C 级支线机场，全省形成“一主一次六支”民用运输机场网络，到 2025 年航空旅客吞吐量和货邮吞吐量分别达到 3400 万人次、40 万吨。港航方面，基本形成“两横一纵”内河高等级航道网和“两主五重”③ 现代化港口体系。

2. 加快构建高效、一体的综合交通枢纽体系

结合全国综合交通枢纽及国家物流枢纽承载城市布局，加强江西省综合交通枢纽的建设与布局，加快构建“一核三极多中心”综合交通枢纽体系，全面提升南昌—九江国际性门户枢纽地位，加快打造赣州、上饶、赣西组团全国性枢纽，着力建设一批区域性综合交通枢纽，在建设“国家物流枢纽城市”④ 和“特大、大型综合客运枢纽”⑤、提高客运“零距离换乘”和货运“无缝化衔接”水平方面做到更加一体高效。

3. 大力推动城市群和都市圈交通现代化

加快长江中游城市群交通互联互通，完善赣鄂湘三省省际国道省道网络，

① “一核”指南昌市，“四纵”指合福通道、银福通道、京九通道、蒙吉泉通道，“四横”指沿江通道、杭渝通道、沪昆通道、渝长厦通道。

② 参见《江西省中长期铁路网规划（2016—2030 年）》。

③ “两主”指南昌港、九江港，“五重”指赣州港、宜春港、吉安港、上饶港、鹰潭港。

④ 江西省纳入《国家物流枢纽布局和建设规划》的设区市有 4 个，包括南昌陆港型、生产服务型、商贸服务型，九江港口型，赣州商贸服务型，鹰潭陆港型。

⑤ “特大型综合客运枢纽”指南昌昌北国际机场、南昌西站、南昌东站，“大型综合客运枢纽”指高铁南昌站、吉安西站、高铁上饶站、高铁宜春站、九江庐山站、赣州西站、萍乡北站。

提高大南昌都市圈、武汉城市圈、长株潭城市群的中心城市南昌市、武汉市和长沙市之间的通达性。

围绕大南昌都市圈建设规划，加快构建大南昌都市圈一体化交通网；加强南昌中心城区和赣江新区、九江、抚州及周边地区的联动对接，统筹交通基础设施互联互通，完善大南昌都市圈城市交通圈、城乡交通圈、城际交通圈；规划建设大南昌都市圈市域（郊）铁路，适时启动南昌至抚州、南昌至德安、南昌至安义市域（郊）铁路建设，加快形成大南昌都市圈多层次轨道交通网络。

第二节　公共服务建设

一、教育事业发展

“十二五”时期特别是党的十八大以来，江西省深入贯彻落实党中央、国务院提出的“优先发展、育人为本、改革创新、促进公平、提高质量”的工作方针，在省委、省政府的正确领导下，全省上下锐意进取，扎实工作，教育改革发展取得重要成就，圆满完成“十二五”规划确定的目标和任务（见表8-8），为经济建设、社会进步和民生改善做出了重要贡献。“十三五”时期，江西省在提升教育普及程度、推进素质教育、促进教育公平等方面取得了新的进步。

表 8-8　2010~2019 年江西省教育事业发展主要指标

指标	2010 年	“十二五”规划目标	2015 年	2019 年	“十三五”规划目标
学前教育					
幼儿在园人数（万人）	123.5	129.0	166.2	165.6	180.0
毛入园率（%）	55.0	60.0	70.1	75.8	85.0
九年义务教育					
在校生（万人）	626	630.0	598.7	631.5	635.0
巩固率（%）	90.5	93. 0	93.0	95.3	96.0
高中阶段教育					
在校生（万人）	155.7	162.0	160.5	325.0	168.0
其中：中职教育	81.8	82.0	67.6	53.44	70.0
毛入学率（%）	76.0	87.0	87.0	91.0	92.0

续表

指标	2010 年	"十二五"规划目标	2015 年	2019 年	"十三五"规划目标
高等教育					
在学总规模（万人）	98.8	125.0	126	131.0	165.0
普通高等教育在校生（万人）	81.6	88.0	101.4	113.5	125.0
其中：研究生（万人）	2.1	3.6	2.9	4.5	7.2
毛入学率（%）	25.5	36.0	36.5	44.3	50.0

资料来源：根据《江西统计年鉴》（2011、2016、2020）、《江西省国民经济和社会发展第十二个五年规划纲要》、《江西省教育事业发展"十三五"规划》整理。

（一）教育普及程度明显提升

2015 年江西省各级各类学校在校生 1024 万人，全日制普通高等学校在校生达 98.45 万人。到了 2019 年全日制普通高等学校在校人数突破了 110 万人（见图 8-3）。2019 年学前教育加快发展，学前教育毛入园率达 75.8%。义务教育全面普及，义务教育巩固率达 95.3%。高中阶段教育统筹推进，高中阶段毛入学率达 91.0%。高等教育大众化水平稳步提升，高等教育毛入学率达 44.3%。继续教育参与人数不断增长。新增劳动力平均受教育年限达 13 年。

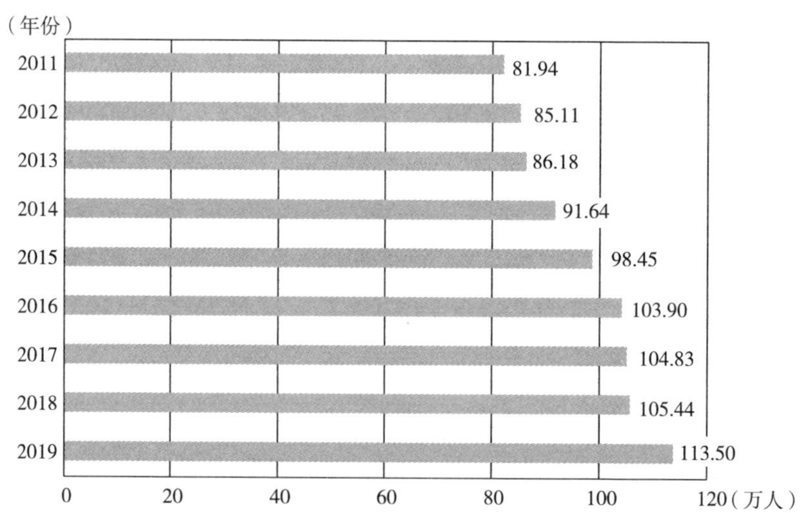

图 8-3 2011~2019 年江西省全日制普通高等学校在校学生数

资料来源：根据《江西统计年鉴》（2012~2020）整理。

（二）素质教育扎实有效推进

"十二五"期间，坚持立德树人，社会主义核心价值观教育深入开展。爱国主义教育和高雅艺术、大健康阳光体育进校园活动等广泛开展，青少年校外教育、劳动教育、法治教育基地建设得到加强，少先队教育和活动方式不断创新，三类城市语言文字规范化建设顺利推进。“十三五”期间，出台《全面加强新时代大中小学劳动教育的实施意见》，推动实施体育美育浸润计划、中小学健康促进活动；遴选114个研学实践教育基地，46所中小学校获评全国文明校园，创建全国青少年校园足球特色学校864所。此外，加强学校心理辅导室和心理健康咨询与教育的师资队伍建设。

（三）教育公平迈出坚实步伐

“十二五”期间，重点加强了农村学前教育基础设施建设，改善义务教育学校办学条件，扩充普通高中教育资源，提升中等职业教育基础能力。义务教育学校校长教师交流轮岗有序推进。困难学生资助力度进一步加大，实现了从学前教育到研究生教育资助体系全覆盖，每年惠及学生达700余万人次。“十三五”期间，江西省大力推进义务教育学校标准化建设，培训农村中小学、幼儿园教师57万多人次，培养培训中小学学科带头人5000名、中小学骨干教师1万名。“十三五”期末全省新建、改扩建农村学校1.1万余所，改善农村学校基本办学条件。此外，随迁子女就近入学和异地高考政策得到落实，接收随迁子女就读45.9万人，适龄儿童入学实现“应入尽入”。

（四）教育保障能力不断增强

“十二五”时期，江西省财政教育经费总量达3406亿元，比“十一五”时期增长2.05倍，教育投入实现历史性突破。培训中小学（幼儿园）教师47万余人次，新增特级教师448人（总量达917人）、“井冈学者”特聘教授17人（总量达30人），教师队伍素质进一步提高。出台《江西省教育督导规定》，核准66所公办高校章程，依法治教积极推进。出台《江西省学校学生人身伤害事故预防与处理条例》，平安校园创建活动持续开展。“十三五”时期江西省财政教育支出累计完成5217亿元，2020年全省教育支出占一般公共预算支出的比例超18%。教育行政审批制度改革和“三单一网”（政府权力清单、责任清单、市场准入负面清单和政务服务网）建设深入推进，依法行政职能体系加快形成。

二、医疗卫生事业发展

（一）医疗服务体系建设及资源分配现况

经过多年的改革、建设和发展，江西省医疗卫生工作取得较大成就，由省—市—县（区）—乡（镇）—村各级各类医疗服务机构组成的医疗服务体系框架基本建立，服务能力和水平也得到改善与提升。各级各类医疗卫生机构总量不断增加，相应的床位总数也随之增长，江西省卫生人员总数和各类卫生技术人员有所增加。到2016年末江西省各类医院机构总量已经达到592个，有143049张各类医疗卫生机构床位，卫生人员总数为155865人，但对于经济欠发达的江西省而言，每千人口床位数和卫生技术人员数分别只有全国平均水平的84.6%和79.6%。2019年末江西省各类医院机构总量已经达到807个，有189562张各类医疗卫生机构床位，卫生人员总数为195380人，但每千人口床位数和卫生技术人员数仍然只有全国平均水平的85.6%和80.4%，群众"看病难、看病贵"的问题还比较突出。

目前我国医疗资源分布不平衡，主要卫生资源集中在城市，而城市卫生资源又集中在大医院，卫生资源配置"倒三角"现象严重。江西省拥有53家三级医院都集中在城市，其中三级甲等医院44家，仅南昌市就占16家，占总数的36.36%。而仅围绕南昌大学（东湖校区）就分布有南昌大学第一附属医院、南昌大学第二附属医院、南昌大学附属口腔医院、南昌大学附属眼科医院、江西省中医院、江西省妇幼保健院、江西省儿童医院、南昌大学医院等全省优势医院资源。办医规模方面，国家明确提出要控制公立医院单体床位规模的不合理增长。对于地市办综合性医院，一般控制床位数800~1200张，对于省办及以上综合性医院一般设置床位数1000张左右，不宜超过1500张。然而，江西省多家大型医院办院规模已远远超过相对应的床位数指标，却还在不断继续扩建，其中省级三甲医院尤为显著。2019年江西省各类医院机构、床位及人员数如表8-9所示。

表8-9 2019年江西省各类医院机构、床位及人员数

类别	机构数（个）	床位数（张）	人员数（人）	类别	机构数（个）	床位数（张）	人员数（人）
全省	807	189562	195380	妇产（科）医院	12	762	1186
综合医院	506	127018	137343	儿童医院	1	1319	1762
中医医院	110	31528	32337	精神病医院	53	15753	6716
中西医结合医院	11	1761	2422	传染病医院	5	1379	1549
护理院	4	265	144	皮肤病院	5	278	746
专科医院	176	28990	23134	结核病医院	2	880	946
口腔医院	15	162	806	骨科医院	15	1251	1288
眼科医院	16	1321	2076	康复医院	7	564	429
耳鼻喉科医院	2	156	212	美容医院	8	141	507
肿瘤医院	3	2432	2410	其他专科医院	31	2552	2467

资料来源：根据《江西统计年鉴》（2020）整理。

（二）医改进展情况

1. 深化公立医院综合改革

新增九江、景德镇、萍乡、宜春、上饶5个试点城市，城市公立医院综合改革覆盖面达到70%左右。改革政府定价方式，将医疗服务价格调整权下放给设区市。会同省发展改革委等部门印发《江西省推进医疗服务价格改革实施方案》，先行放开知名专家门诊诊察费、心理咨询等120项医疗服务价格，实行市场调节价。在全国总结推广新余市城市公立医院改革经验做法，并委派专家对芦溪县公立医院改革经验做法进行总结推广。

2. 加强卫生服务能力建设

2016年下达中央预算内投资补助11.01亿元，是历年争取中央补助资金最高的一年，重点支持了1个市（地）级医院、3个省属综合医院儿科、11个疾病预防控制中心装备食品安全风险监测设备、16个县级医院、11个妇幼保健机构、7个疾病预防控制中心、96个乡镇卫生院等建设项目。进一步加强了省属5所医院新区项目建设，累计完成投资26.06亿元。全面加强了江西省卫生计生项目监管，与省发展改革委等联合开展了中央预算内投资卫生项目执行情况督查。争取省财政专项资金1.04亿元，启动“提升县级公立医院综合能力三年行动计划”，安排400名县级医院骨干医师到北京、上海、广州等地进修学习，安排31名县级公立医院院长到新加坡、中国台湾等地研修交流，编制完成全省县级公立医院重点专科发展规划，帮扶建设600个县级医院临床重点专科。组织开展远程医疗基线调查，研究制定《江西省远程医疗服务体系建设规划（2017—2020年）》和《江西省远程医疗信息系统技术建设方案》，整合中央和省级财政资金3221万元，积极打造覆盖省、市、县、乡的四级远程医疗服务体系。

3. 推进分级诊疗制度建设

认真落实省政府《关于推进分级诊疗制度建设的实施意见》，在7个公立医院改革试点城市和所有县（市）开展分级诊疗试点工作。研究制定《江西省医疗机构双向转诊管理规范（试行）》《江西省人民政府办公厅关于推进分段诊疗制度建设的实施意见》，明确双向转诊原则、指征、程序、保障措施及诊疗病种范围。协调有关部门完善不同级别医疗机构差别化服务收费和医保报销政策，适当拉开不同级别医疗机构的起付线和报销比例，引导患者基层首诊、大医院向基层转诊。推进基本诊疗路径管理，2016年，江西省共完成基本诊疗路径病例121671例，圆满完成10万例的目标任务。做好糖尿病分级诊疗试点，印发江西省以路径管理推进糖尿病分级诊疗试点工作实施方案，明确9大项工作及考核指标，全省33个三级综合性医院与各县（市、区）建立对口帮扶关系，成立糖尿病分级诊疗省级专家组，下发《关于开展江西省糖尿病分级诊疗服务技术培训工作的通知》，组织开展覆盖所有县（市、区）的一次示范培训、一次群众义诊、一次示范查房和一次病案讨论相结合的“四个一”示范培训活动，培训医护人员 3810 人次，义诊 4000 余名群众。

4. 完善药品供应保障政策

完善基本药物配备使用政策。持续推动全省医疗卫生机构优先配备使用基本药物，联合 7 部门印发了《江西省医疗机构基本药物配备使用管理规定》，强化医疗机构药品采购使用监管，建立公立医院和基层医疗机构药品采购使用信息监测评价制度。统一江西省各级各类医疗卫生机构药品编码。建立短缺药品监测报告制度，在全省建立 40 个短缺药品国家监测点。

5. 强化基本药物制度绩效考核

强化基本药物制度补助资金考核，按照“突出改革、转变机制、注重实效、激励先进、绩效考核、量效挂钩”的资金分配原则，建立完善了体现公益性和运行效率的财政补助资金绩效考核评价机制。会同省财政厅开展 2015 年基本药物零差率销售补助资金考核结算，江西省 34 个县（市、区）扣减补助资金，扣减资金总额为 207.83 万元，26 个县（市、区）获得奖励补助资金。

（三）主要问题

1. 卫生资源短缺与闲置并存

现有卫生资源相比全国及中部平均水平差距明显。2015 年江西省每千常住人口拥有床位数、执业（助理）医师数和注册护士数相比全国平均水平分别低 0.78 张、0.53 人和 0.4 人，相比中部地区平均水平分别低 0.86 张、0.43 人和 0.26 人。2019 年，江西省每千常住人口拥有床位数、执业（助理）医师数和注册护士数相比全国平均水平分别低 0.9 张、0.7 人和 0.6 人，与全国平均水平的绝对差距仍在拉大；相比中部地区平均水平分别低 0.9 张、0.6 人和 0.4 人，与中部地区平均水平的绝对差距也在拉大。

三级医院平均住院日有待进一步缩短，卫生经费投入总量相对偏低。基层医疗机构资源利用不足，而部分三甲医院床位紧张、设备利用率过高，医院规模存在追求扩张和盲目追求高精尖大型设备等现象。

2. 卫生资源配置结构不均衡

一是医护比、床护比不均衡。江西省医护比仅为 1∶1.17，其中有 3 个设区市医护比在 1∶1.1 以下；市办及以上医院床护比近年来基本没有提升。二是人才学历层次偏低。全省卫生技术人员、执业（助理）医师和注册护士中，本科以上的分别仅为 24.34%、46.74%、8.56%，且医院占比过于集中，结构不均衡。三是分级诊疗制度还不完善。优质医疗资源过于向城市集中，大医院拥有

高级人才和高级设备，优势明显，基层医疗机构人才总量和技术水平普遍偏低。中医、妇幼保健等资源有待进一步提升。

3. 多元办医格局尚未形成

2019 年，江西省社会办医院床位数仅占全省医院床位的 13.83%，总诊疗人次数仅占全省医院总诊疗人次数的 8.81%，多元化办医格局尚未形成。医院学科建设缓慢且不平衡，影响医院的整体水平。专科医院数量少、规模小、医疗服务能力和辐射能力不强。公共卫生机构、医疗机构分工协作机制有待进一步完善。

4. 存在非均等化情况

改革开放以来，尤其是 1994 年实行“分税制”后，“分灶吃饭”的财政包干制度和卫生资金的块块供给政策，造成江西省卫生资源配置严重依赖地方政府的财政能力与分配意愿，而与区域人口的医疗卫生服务需要脱节。作为一个经济欠发达省份，江西省经济发展滞后，财政汲取能力低。因此，江西省不仅在基本医疗和公共卫生服务方面落后于经济发达省份，而且在省内各地区之间、城乡之间、居民之间明显存在着非均等化的情况。

（1）地区间卫生服务非均等化状况。在各设区市中，南昌市和新余市的人均政府预算卫生支出列前两位，上饶市和抚州市列最后两位，上饶市和抚州市均不到全省人均政府预算卫生支出平均数的 82%。这表明，一方面，在江西省人均政府预算卫生支出总体水平较低的情况下，各地区的非均等化还是比较明显的。另一方面，各设区市拥有的卫生资源也存在着较大的差异。卫生资源人均拥有量指标，包括每千人口病床数和每千人口卫生技术人员数。就每千人口病床数而言，九江市最高，上饶市最低，前者是后者的 2 倍。就每千人口卫生技术人员数而言，南昌市最高，上饶市最低，前者是后者的 2.2 倍。医疗卫生资源人均拥有量呈现显著的地区差异，尤其是经济不发达地区的卫生服务可及性较差。

（2）城乡间卫生服务非均等化状况。全省卫生资源城乡分布不均等，优质卫生资源集中于城市。2016 年，江西省乡村人口占 46.9%，城镇人口占 53.1%；2019 年分别为 42.6%、57.4%。考虑城乡卫生技术人员的技术水平异质性、城乡医疗设备先进程度明显差异，江西全省卫生资源城乡分布不均等状况更加严重。

（3）居民间卫生服务非均等化状况。江西省城镇居民人均医疗保健支出是农村居民人均医疗保健支出的 2 倍以上。就农村居民人均医疗保健支出而言，新余市最高，上饶市最低，前者是后者的 2 倍以上。从城镇住户平均每人每年消费性支出看，最高收入户为最低收入户的 3 倍以上。从按收入高低五等分分组农民家庭基本情况看，高收入组为低收入组的2倍以上。除收入差距外，医疗保障制度的不同也是影响居民间卫生服务非均等化的又一重要因素。尚未被医疗保障制度覆盖的人员，医疗费用必须全部自付。即使已被医疗保障制度覆盖的人员，由于国家对不同的医疗保障制度投入不同，个人负担的比例也不同。

第四篇

生态建设与发展战略

第九章　生态建设与区域可持续发展

江西省历来重视生态保护与建设，一直坚持生态保护与经济增长相协调的方针和政策，从21世纪80年代开始的“山江湖工程”到近期的鄱阳湖生态经济区建设、国家生态文明试验区（江西）、长江经济带“共抓大保护不搞大开发”等生态优先发展道路的推进，江西省一直在走一条经济发展、环境友好、人与自然和谐相处的路子。

第一节　生态建设发展历程

一、“山江湖工程”综合治理

20世纪80年代初，江西省出现水土流失、生态环境恶化和经济发展缓慢等环境与发展不协调问题，对江西的经济社会发展产生了影响。迫于生态环境和经济发展的压力，1983年省政府组织600多名专家对鄱阳湖及赣江流域进行综合考察，提出了“治湖必须治江，治江必须治山，治山必须治穷”的治理理念，并将“山江湖工程”（山江湖，即鄱阳湖和流入该湖的赣、抚、信、饶、修5大河流及其流域的简称）提上了日程。主要采取的模式有：小流域综合治理模式、丘陵立体开发模式、山地生态林业规模经营开发模式、南方水田农林复合生态型经济模式、方农区草地资源开发模式、大水面综合开发模式、湖区治虫与治穷结合的开发模式、沙土治理开发模式、生态市规划和建设模式等。

随着工程的推进，进一步提出了“立足生态、着眼经济、系统开发、综合治理”的方针。近20年来，山江湖区先后建立9大类26个试验示范基地和127个推广点，112个农业综合开发基地和6个小流域治理样板。“山江湖工程”的实施取得了举世瞩目的成就，使江西省成为全国率先进行生态环境保护和建设的典范，极大地改善了省内生态环境，促进了江西省经济社会的全面发展。“山江湖工程”是江西省生态文明建设的最初探索，积累了丰富的生态保护经验，为进一步推动江西省生态文明建设打下了坚实的基础。

二、“在山上再造一个江西”

20 世纪 90 年代初，为了促进江西省农业和农村经济的发展，江西省委提出“把所有的山地都科学地经营起来，在山上再造一个江西”。江西省山区大量植树造林，发展“果、茶、桑、药、杂”等高效特用经济林，进行林产品加工，积极开发梅岭、庐山等地的森林旅游资源，实现经济效益、社会效益、生态效益的有机统一，是江西省探索生态文明建设中的又一大亮点。

三、“既要金山银山，更要绿水青山”

21 世纪初，江西省委、省政府提出“既要金山银山，更要绿水青山”的发展理念，确立了“生态立省，绿色发展”战略，明确提出了经济建设与生态文明建设辩证统一关系。在此理念指导下，江西省以工业化为核心，科学规划工业园，以大开放推进工业化，通过招商引资引进好项目、好企业，与此同时，严格企业入园标准，积极引进低污染、低消耗、高产值的企业。这有力地促进了江西省经济、社会与人口资源环境的协调发展，是江西省生态文明建设的重要阶段。

四、“富裕和谐秀美江西”

党的十七大以来，江西省委、省政府贯彻落实党中央、国务院加强生态文明建设和保护好鄱阳湖“一湖清水”的指示。随着建设鄱阳湖生态经济区正式上升为国家战略，江西把加快发展与优化生态有机统一起来，将鄱阳湖生态经济区作为推进生态文明建设的主战场，实施了“五大工程”（生态环境工程、污水处理设施建设工程、农村清洁工程、长江暨鄱阳湖流域水资源保护工程），并取得了阶段性成效。

2011 年，江西省第十三次党代会进一步提出建设“富裕和谐秀美江西”。2016 年，江西省第十四次党代会明确把建设国家生态文明试验区、打造美丽中国“江西样板”作为未来发展的总体要求；将生态文明目标体系纳入《江西省国民经济和社会发展第十三个五年规划纲要》。江西省生态优势进一步巩固，森林覆盖率稳定在 63.1%，居全国前列，湿地保有量保持在 91 万公顷；环境质量进一步提升，设区市城区空气质量优良率 86.2%，主要河流监测断面水质达标率 88.6%，均远高于全国平均水平；资源利用效率进一步提高，万元 GDP 能耗同比下降 4.9%左右；生态文明制度体系进一步健全，河长制、全流域生态补偿等制度取得重要突破，走在全国前列；在全国生态文明建设格局中的地位进一步提升，生态文明先行示范区上升为国家生态文明试验区。生态文明理念已成为江西省上下的共识，推进生态文明建设已成为各级政府发展经济、保障民生的自觉行动，保护生态环境的观念已深入人心，标志着江西省生态文明建设迈上了一个新台阶。

五、美丽中国“江西样板”

2017 年 10 月，中共中央办公厅、国务院办公厅印发了《国家生态文明试验区（江西）实施方案》。习近平总书记强调，绿色生态是江西最大财富、最大优势、最大品牌，一定要保护好，做好治山理水、显山露水的文章，走出一条经济发展和生态文明水平提高相辅相成、相得益彰的路子，打造美丽中国“江西样板”。李克强总理指出，江西要努力在加快改革开放中推动形成发展新格局，在经济升级中走出发展新路子，优化产业结构，推动绿色发展，继续加强生态建设，促进产业提质增效。江西省是我国著名的革命老区，是我国南方地区重要的生态安全屏障，面临着发展经济和保护环境的双重压力。深入贯彻落实习近平总书记和李克强总理重要指示批示精神，在江西省建设国家生态文明试验区，有利于发挥江西省生态优势，使绿水青山产生巨大生态效益、经济效益、社会效益，探索中部地区绿色崛起新路径；有利于保护鄱阳湖流域作为独立自然生态系统的完整性，构建山水林田湖草生命共同体，探索大湖流域保护与开发新模式；有利于把生态价值实现与脱贫攻坚有机结合起来，实现生态保护与生态扶贫双赢，推动生态文明共建共享，探索形成人与自然和谐发展新格局。

第二节 生态文明建设主要成就

长期以来，江西省在生态文明建设中接力探索实践，在山水林田湖草综合治理、绿色新兴产业发展、循环经济发展、生态环境保护等方面，取得了较好成效，并在全国形成可供借鉴的绿色发展经验。

一、山水林田湖草综合治理样板区建设

《国家生态文明试验区（江西）实施方案》明确了江西省生态文明建设的战略定位、重点任务。当前，江西省正深入实施山水林田湖草综合治理样板区建设，把鄱阳湖流域作为一个山水林田湖草生命共同体，统筹山江湖开发、保护与治理，建立覆盖全流域的国土空间开发保护制度，深入推进全流域综合治理改革试验，全面推行河长制，探索大湖流域生态、经济、社会协调发展新模式，

努力为全国流域保护与科学开发发挥示范作用。

尊重并顺应鄱阳湖流域自然规律，深入贯彻共抓大保护、不搞大开发理念，突出山水林田湖草生命共同体的系统性和完整性，探索完善自然资源资产产权、国土空间开发保护、流域综合管理、生态保护与修复等制度，构建山水林田湖草系统保护与综合治理制度体系。

二、绿色新兴产业发展的主要成效

江西省绿色和新兴产业的总量、增速实现同步提升。多年来，江西坚持经济发展与生态环境保护协同推进，不断推动产业转型升级，发展绿色生态产业，提高经济发展质量和水平。一是生态农业建设扎实推进。江西在推进农业供给侧结构性改革过程中，围绕“生态鄱阳湖、绿色农产品”，重点打造“四绿一红”茶叶、“地方鸡”以及“鄱阳湖”水产品等一批绿色生态品牌，绿色生态农业初具规模。截至 2016 年底，全省共有“三品一标”产品 3657 个，其中无公害农产品 1969 个、绿色食品 590 个、有机产品 1024 个、农产品地理标志 74 个；创建了 11 个国家级、66 个省级现代农业示范区，以及 121 个示范核心园。二是生态工业发展势头良好。2016 年，江西战略性新兴产业实现增加值 1165.95 亿元，同比增长 10.7%，高于规上工业平均增速 1.7 个百分点，占全省规上工业比重为 14.9%，同比提高 1.9 个百分点。江西高新技术企业实现工业增加值 2346.5 亿元，占规上工业比重的 30.1%，其主营业务收入突破 9000 亿元，实现利润 726.51 亿元，占规上工业的比重分别同比提高 3.9 个和 4.0 个百分点。三是现代服务业快速发展。2016 年，全省服务业增加值 7427.8 亿元，同比增长 11.0%，占 GDP 比重 40.4%，首次持平工业增加值比重，对经济增长的贡献率为 47.8%，首次超过第二产业的贡献率。①

2017 年，全省新登记市场主体 49.69 万户，增长 26.4%，平均每个工作日新登记市场主体超过 1980 户。其中，新登记企业 15.07 万户，增长 27.2%，每个工作日新登记市场主体超过 600 户。高新产业加快发展，高新技术企业突破 2000 家，高新技术产业增加值增长 11.1%，较上年提高 0.3 个百分点，占规上工业的 30.9%，提高 0.8 个百分点。工业新产品中，新能源汽车、太阳能电池（光伏电池）、光缆、稀土磁性材料等高附加值、高技术含量的新产品产量分别增长 1.5 倍、46.9%、51.2%和 21.1%。2019 年上半年，全省高新技术产业增加值增长 13.1%，同比加快 1.8 个百分点，占规上工业的 35.6%，同比提高 2.6 个百分点；战略性新兴产业增加值增长 14.6%，同比加快 3.2 个百分点，占规

① 江西省统计局能源统计处．推进生态文明建设 构建富裕美丽江西［EB/OL］．（2017-12-15）．http：//tjj. jiangxi. gov. cn/art/2017/12/15/art_38592_2344756. html.

模以上工业的21.5%，同比提高4.6个百分点。

三、循环经济发展的主要成效

党的十八大以后，江西省委、省政府按照“五位一体”总布局要求，积极探索经济与生态协调发展、人与自然和谐相处的发展新路子，提出了建设秀美江西的具体目标。2013年，江西省委十三届七次全体（扩大）会议明确提出要坚持生态立省，积极保护和发挥江西的生态优势，努力把江西建设成全国生态文明示范省。2014年11月，国家发展改革委会同国家林业局等5个部门正式批复《江西省生态文明先行示范区建设实施方案》，把江西全境列入生态文明先行示范区建设，标志着江西建设生态文明先行示范区上升为国家战略。

做生态文明建设的探寻者、美丽中国建设的先行者。2016年8月，江西获批成为国家生态文明试验区，承担起了先行先试、探索新路的历史重任。11月，省第十四次党代会确立了深入贯彻新发展理念，大力弘扬井冈山精神，决胜全面建成小康社会，建设富裕美丽幸福江西的奋斗目标，把“美丽”“富裕”和“幸福”一起列为三大努力方向与着力目标。提出了江西生态文明建设的路线图，推进国家生态文明试验区建设取得重大进展，环境保护和生态建设持续加强，生态环境质量领先全国，绿色经济率先发展，资源节约利用水平大幅提高，形成一批可复制、可推广的生态文明建设制度成果，成为生态文明建设领跑者。

2017年2月，江西省委提出创新引领、绿色崛起、担当实干、兴赣富民的工作方针，明确江西新一轮发展的着力点，部署了江西迈向发展新境界的新方略。6月，中央全面深化改革领导小组第三十六次会议审议通过《国家生态文明试验区（江西）实施方案》。随后，江西省加快推进《国家生态文明试验区（江西）实施方案》六大制度体系24项重点项务，加强制度成果的总结，并形成了江西经验。

“十二五”时期以来，江西省坚持农业发展和生态保护并重，大力发展特种水产、特色果业、无公害蔬菜、有机绿茶等绿色生态农业，并广泛推行生态农业模式，农业循环经济发展成效显著。江西以“猪—沼—果（菜、茶）”生态农业生产为重点，通过“山顶育林、山腰种果、山下养猪、水面养鱼、沼气煮饭、沼液施肥”的循环农业发展方式，有效地实现了资源反馈式循环利用，被农业部确定为“南方生态模式”，向全国推广。2010年，江西省农村沼气池保有量100万户，年产沼气5亿多立方米，折合40万吨标准煤；在生态农业的发展思路下，江西省生猪规模养殖大户中，有半数以上采取了“猪—沼—果（菜、茶）”循环经济，不仅有效解决了1000万头生猪的面源污染问题，而且配套形成了100万亩有机果蔬、油茶、苗木基地。每年减少化学需氧量（Chemical Oxygen Demand，COD）排放5万吨，沼气能量供应20万户农户，促使农民人均增收500元。2020年，全省农村沼气池保有量增加到164.1万户，沼气工程达7780处。随着生态农业模式的推广，果园面积有所增加。通过实施绿色植保工程和测土配方施肥，积极开展“畜禽清洁生产行动”，大力推广减量化、精准化的施肥技术，大力推行绿色防控和农药减量技术，使得农村生产和生活环境得到明显改善。与此同时，江西通过积极推广以竹代木和林业剩余物综合利用，以循环经济理念发展森工产业，实现了森工产业的持续发展和森林覆盖率的持续提升。

工业循环经济发展方面，江西以工业园区为抓手，坚持“生态立省、绿色发展”和“布局合理、用地集约、产业集聚”的战略原则，有效地推进了循环型工业园区建设，实现了园区的土地节约和资源综合利用水平显著提高。2008年，经严格甄选，确定了南昌国家高新技术产业开发区、九江出口加工区、全南工业园区、宜春经济技术开发区、横峰工业园区、吉州工业园区、抚州金巢经济开发区、鹰潭工业园区、萍乡经济技术开发区、新余经济开发区10个工业园区为首批省级创建生态工业园区试点单位。2011年，江西省有循环经济示范试点城镇18个、循环经济示范试点园区22个、循环经济企业1200家，循环经济实现产值4000亿元，占江西省生产总值的12%。通过一系列生态示范区的创建，一批群众反映强烈的突出环境问题得到了有效解决，许多地方村（镇）的村（镇）容村（镇）貌明显改善。2016年江西省已初步形成以新余市为代表的国家“城市矿产”示范基地、以鹰潭市（贵溪）为代表的铜产业循环经济基地、以丰城市为代表的资源循环利用产业基地、以萍乡经济技术开发区和宜黄县为代表的塑料资源再生利用产业基地的循环体系。此外，南昌经济技术开发区列入国家园区循环化改造试点，吉安、丰城、樟树列为国家循环经济示范城市。真正使“企业小循环、产业中循环、园区大循环”的循环体系不断向纵深推进。2017年6月26日，中央全面深化改革领导小组第三十六次会议审议通过《国家生态文明试验区（江西）实施方案》，明确了国家生态文明试验区建设的战略定位、主要目标和重点任务。建设国家生态文明试验区，是以习近平同志为核心的党中央全面深化改革的重大决策，是党中央、国务院赋予江西的重大使命，也是江西推进创新发展、绿色崛起的重大机遇。江西省第十四次党代会明确把建设国家生态文明试验区、打造美丽中国“江西样板”作为未来发展的总体要求。

四、生态保护与环境治理主要成效

从“十一五”到“十三五”，江西省生态环境实现稳步提升，取得重要成效。“十一五”期间，江西省森林覆盖率由60.05%稳步提高到63.1%，居全国第二位；主要河流监测断面水质达标率由76.3%稳步提高到80.5%，高出全国平均水平30多个百分点，江西省集中式饮用水源质达标率为100%；11个设区市空气环境质量全部达到国家二级标准；江西省生态环境指数稳步提高，三年均居全国第三位。江西省划定设立了“五河一湖”及东江源头保护区，保护区总面积9985.72平方千米，占江西省国土面积的6%。2017年形成水源涵养、生物多样性维护和水土保持3大类型24个片区，构成了“一湖五河三屏”（鄱阳湖，赣江、抚河、信江、饶河、修河，赣东—赣东北山地森林生态屏障、赣西—赣西北山地森林生态屏障、赣南山地森林生态屏障）生态保护红线空间分布格局。表9-1显示，与2010年相比，2017年江西省森林覆盖率稳定在63.1%，全省林业用地总面积有所增加，且活立木总蓄积量增加了13033.74万立方米，大幅增长了29.3%。

表9-1 江西省森林资源情况

指标	1964年	1977年	1991年	2010年	2017年
全省林业用地总面积（千公顷）	—	10578.31	10483.40	10720.22	10799.00
有林地面积	6226.00	5462.25	6727.70	9278.57	—
稀疏林	1474.00	676.39	1165.50	111.59	—
灌木林	327.00	690.75	105.60	122.57	—
未成林造林地	—	350.97	562.20	230.11	—
荒山宜林地	—	3109.20	1811.40	60.64	—
其他	—	288.75	111.00	90.53	—
活立木总蓄积量（万立方米）	40010.80	30084.90	24590.10	44530.55	57564.29
毛竹林蓄积量（万株）	55225.02	69189.27	105065.00	190860.33	—
森林覆盖率（%）	37.3	37.2	40.9	63.1	63.1

资料来源：根据《江西统计年鉴》（2017、2018）、《中国林业和草原统计年鉴2018》整理。

2016年，江西省主要河流Ⅰ~Ⅲ类水质断面比例为88.6%，其中，长江、抚河、修河和东江水质总体为优；赣江、信江、饶河、袁水、萍水河和环鄱阳湖区河流水质总体为良好。此外，江西省对11个设区市141个集中式饮用水水源地环境状况进行了评估，其中，地级及以上城市集中式饮用水水源地32个，水质达标率为100%，地市以下城市集中式饮用水水源地109个，水质达标率为94.6%，典型农村饮用水水源地57个，水质达标率为97.2%。截至2020年底，全省累计建成城镇污水管网2万多千米，城镇污水处理率达94.7%；全省城镇生活污水处理厂基本完成提标改造，建成建制镇生活污水处理设施488座，建成农村污水处理设施4516座；建成生活垃圾焚烧处理设施22座，日处理能力达到2.235万吨；107个省级以上开发区均建成了一体化监控平台，均建有集中式污水处理设施，配套建成管网约5700千米。

截至2017年末，江西省地表水Ⅰ~Ⅲ类水质达标比例为88.5%，国家考核断面水质优良率92%。启动劣Ⅴ类水和城市黑臭水体整治，完成25个重点工业园区污水配套管网建设，运营的工业园区污水处理厂全部达到“一级B”排放标准。全省完成48个县市污水管网建设任务，90%的行政村纳入城乡生活垃圾收运处理体系，垃圾焚烧处理能力达到3400吨/日。11个设区市环境空气质量优良率达83.9%。完成造林面积134.1万亩，森林抚育572.2万亩，改造低产低效林177.1万亩，森林覆盖率稳定在61%以上。启动赣州国家山水林田湖草生态保护修复试点，实施15条生态清洁型小流域建设，推动重点生态功能区、江河源头地区水土流失治理，综合治理水土流失面积1100平方千米以上。根据表9-2，截至2016年底，江西省共建立自然保护区186处，其中，国家级15处、省级31处、市县级140处。武夷山列入世界文化与自然双遗产名录，上饶市、赣州市、景德镇市创建国家森林城市，靖安县、资溪县、婺源县被授予国家生态文明建设示范县。全省自然保护区面积105.93万公顷，占全省国土面积的6.4%。

表9-2 江西省自然保护区和森林公园基本情况

指标	2005年	2010年	2015年	2016年
自然保护区数量（个）	142	195	235	186
国家级	5	8	14	15
省级	21	28	32	31
县级	116	159	189	140
自然保护区面积（公顷）	992539	1151641	1188410	1059291
国家级	85019	144434	231047	244040
省级	297327	337192	278387	277469
县级	610193	670015	678976	537782
湿地公园数量（个）	—	33	84	91
湿地公园面积（公顷）	—	105300	138150	149421
森林公园数量（个）	79	155	179	181
国家级	33	43	46	46
省级	42	100	120	122

续表

指标	2005 年	2010 年	2015 年	2016 年
县级	4	12	13	13
森林公园面积（公顷）	394652	496573	518355	522164
国家级	305253	357220	377436	381332
省级	85578	111699	113116	113029
县级	3820	27654	27803	27803

资料来源：根据《江西统计年鉴》（2006、2011、2016、2017）整理。

2017 年全年，江西省能源消费总量 8995.3 万吨标准煤，比上年增长 2.8%；万元 GDP 能耗 0.4501 吨标准煤，比上年下降 5.5%，超额完成年度节能“双控”目标任务。规模以上工业综合能源消费量 5300.0 万吨标准煤，比上年增长 2.7%；万元规模以上工业增加值能耗下降 5.9%，超额完成下降 4%的年度目标任务。

由于生态环境不断得到重视，近年来江西省生态环境状况指数一直名列前茅，生态状况等级为优。从江西省的县（市、区）层面来看，2010 年江西省生态环境状况达到优的县（市、区）有 42 个，占总数的 46.15%，占江西省土地面积的 49.39%；生态环境良好的县（市、区）达 49 个，占总数的 53.83%，占江西省国土面积的 50.61%。江西省生态系统涵养水源、保持水土、调蓄洪水、维系生物多样性等各类生态系统服务功能显著提升。2017 年底，全省地表水水质优良比例为 88.5%，主要河流水质优良比例为 95.2%，其中，萍水河水质良好，其余河流水质优。全省设区市达标天数比例均值为 83.3%，城市环境空气质量总体稳定。可吸入颗粒物（PM10）全省年均值 73 微克/立方米，细颗粒物（PM2.5）全省年均值 46 微克/立方米，二氧化硫（SO_2）全省年均值 23 微克/立方米。2016 年（卫星遥感图片晚一年），全省生态环境质量为优，生态环境状况指数为 77.38，生态环境总体稳定。100 个县（市、区）中，63 个县（市、区）生态环境质量为优，占全省国土面积的 74.5%；31 个县（市、区）生态环境质量为良，占全省国土面积的 25.3%，6 个区生态环境质量一般，占全省国土面积的 0.2%。

五、建设全国生态文明示范省的优势与问题

（一）生态环境优良，但生态环境脆弱

从 20 世纪 80 年代开始，江西省实施了“治山、治江、治湖、治穷”的山江湖工程，开始了不懈的生态建设实践。江西省森林覆盖率达到 63.1%，大气

质量、水资源总量和水质、湿地面积、生态多样性等各项生态指标居全国前位。在中国社会科学院2013年发布的《城市竞争力蓝皮书》中，2012年中国生态城市竞争力前10名的城市分别是澳门、香港、南昌、随州、上饶、黄山、景德镇、烟台、九江和广州，其中江西省占有4席，但生态系统结构和功能还有待改善。江西省中幼林面积占林分总面积的87.7%，而成、过熟林面积只占12.3%。林分平均蓄积为42立方米/公顷，为全国平均水平的87.7%，在全国仅列第19位。同时，江西省的生态优势是建立在工业化程度比较低的基础上的，是一种原始性的生态优势，非常脆弱。随着工业化进程的加速，工业化与可持续发展的矛盾不断尖锐起来，生态环境恶化趋势日趋明显，这种现象已在一些地方开始显现。

（二）产业结构不断优化，但转型升级困难

江西省在努力探索欠发达地区生态经济协调发展的路径，特别是2009年"鄱阳湖生态经济区"建设上升为国家发展战略后，在树立生态文明理念、产业生态化、生态工业园区建设等方面进行了有益的实践，为建设生态文明示范省打下了坚实的基础。但江西省的发展基础还很薄弱，欠发达的省情还未根本改变，需提高经济质量，做大经济规模，促进工业化、城镇化。江西经济保持较快发展的同时，各种环境污染问题也不断暴露。① 具体表现为：一是农业源污染增多。农业面源污染已成为环境污染的主要污染源之一。大量化肥、农药的不合理使用已造成土地污染、土地质量退化，并通过地表径流渗漏等进入水体而造成水污染。二是能源消费总量不断扩大。随着江西省经济规模的不断扩张，能源消费总量也随之增长，2017年，全省能源消费总量8995.34万吨标准煤，较2012年增长25.8%，其中，煤炭消费为5839.08万吨标准煤，增长17.5%，石油消费为1572万吨标准煤，增长38.9%，电力消费为1293.98亿千瓦时，增长49.1%。三是煤炭消费增多。近年来，江西省石油、天然气以及非化石能源消费比重虽有所上升，但以煤为主（煤炭占能源消费量的比重超过60%）的能源消费格局并没有根本改变，这给生态环境带来巨大压力。一方面，造成空气中二氧化硫、二氧化氮、可吸入颗粒物的浓度增加；另一方面，造成城市酸雨不仅频率高、强度大，而且受污染面积大。四是工业和城市生活污染物排放增多。2017年，江西省工业废气排放总量为15064.89亿立方米，较2012年增长1.7%；工业固体废物产生量为12340.92万吨，增长10.8%；城市生活污水排放量为147722.89万吨，增长11.0%；城市生活化学需氧量排放量46.11万吨，增长15.8%。以上问题严重制约江西经济高质量发展。

① 江西省统计局能源统计处．坚持生态优先　推动绿色发展［EB/OL］.（2018-11-22）．http：//tjj.jiangxi.gov.cn/art/2018/11/22/art_38592_2344812.html.

产业结构的状况是影响能源利用效率和生产清洁度的决定性因素。受历史条件和资源禀赋的制约，江西省形成了以重工业为主的产业结构。2017 年，全省三次产业结构为 9. 4 : 47. 9 : 42. 7，第二产业仍占主导地位。从第二产业中工业内部结构看，总体上呈“重型化”趋势，重工业产品多为初级加工产品，深加工产品比重小，且具有能耗高、污染重、生态成本高等特点。2017 年，全省六大高耗能行业增加值占规模以上工业增加值的比重为 40%左右，而综合能源消费量占比却高达 86. 9%，特别是化学工业、有色金属冶炼加工、黑色金属冶炼加工等加大了江西节能减排和工业污染治理的压力和难度。江西省第三产业发展层次不高，以传统的批零贸易餐饮业、交通运输业为主，新兴的第三产业如金融、信息、咨询、科技等发展不足。高污染、高能耗、低附加值的产业体系必定为区域生态环境带来较大的消极影响，对江西省节能减排、产业低碳化改造升级带来巨大的压力。

第三节　鄱阳湖生态经济区建设

2009 年 12 月 12 日国务院正式批复《鄱阳湖生态经济区规划》，标志着建设鄱阳湖生态经济区正式上升为国家战略。这是中华人民共和国成立以来，江西省第一个纳入国家战略的区域性发展规划，是江西发展史上的重大里程碑，对实现江西崛起新跨越具有重大而深远的意义。鄱阳湖生态经济区是以江西鄱阳湖为核心，以鄱阳湖城市圈为依托，以保护生态、发展经济为重要战略构想的经济特区。加快建设鄱阳湖生态经济区，于省来讲有利于江西省探索一条生态与经济协调发展的新路子，于流域来讲有利于实践大湖流域综合开发的新模式，于中部地区来讲有利于构建国家促进中部地区崛起战略实施的新支点，于国家来讲有利于树立我国坚持走可持续发展道路的新形象。

江西省的生态发展路径中，生态经济区的建设是重心抓手所在，也是生态发展的优势龙头。江西省顺应时代发展要求，把鄱阳湖区生态经济区规划的实施作为应对发展新变化、贯彻区域发展总体战略、保护生态环境的重大举措，促进发展方式根本性转变，推动地区科学发展，是江西实现跨越发展和新发展模式的历史性机遇。《鄱阳湖生态经济区规划》把“成为加快中部崛起重要带动区”列为鄱阳湖生态经济区的发展定位之一，使建设鄱阳湖生态经济区成为国家中部崛起战略的重要组成部分，为加快江西发展带来了历史性机遇和强大动力。因此，抓好了鄱阳湖生态经济区建设，就抓住了江西发展的关键，明确了发展的模式，昂起了江西科学发展、绿色崛起的“龙头”。以鄱阳湖生态经济区建设引领和带动江西科学发展、绿色崛起，是我们今后一个时期的重大使命和中心任务。

将鄱阳湖生态经济区建设成为世界性生态文明与经济社会发展协调统一、人与自然和谐相处的生态经济示范区和中国低碳经济发展先行区，可以打造江西省生态崛起的鲜明旗帜，并且在全国范围内成为建设生态文明的理想范式。

根据《鄱阳湖生态经济区规划》，鄱阳湖生态经济区的发展定位是：①建设全国大湖流域综合开发示范区。②建设长江中下游水生态安全保障区。③加快中部地区崛起的重要带动区。④国际生态经济合作重要平台。⑤连接长三角和珠三角的重要经济增长极。⑥世界级生态经济协调发展示范区。

鄱阳湖生态经济区是我国南方经济活跃的地区，位于江西省北部，包括南昌、景德镇、鹰潭3市，共38个县（市、区），以及鄱阳湖全部湖体在内，面积为5.12万平方千米，占江西省国土面积的30%，人口占江西省的50%，经济总量占江西省的60%。该区域是我国重要的生态功能保护区，是世界自然基金会划定的全球重要生态区，承担着调洪蓄水、调节气候、降解污染等多种生态功能。鄱阳湖又是长江的重要调蓄湖泊，年均入江水量约占长江径流量的15.6%。鄱阳湖水量、水质的持续稳定，直接关系到鄱阳湖周边乃至长江中下游地区的用水安全。

鄱阳湖生态经济区还是长江三角洲、珠江三角洲、海峡西岸经济区等重要经济板块的直接腹地，是中部地区正在加速形成的重要增长极，是中部制造业重要基地和中国三大创新地区之一，具有发展生态经济、促进生态与经济协调发展的良好条件。地理位置的优越性决定了江西省是承东启西、贯通南北，处于长江经济带和京九经济带的“腹地”。加上各级政府极力建设经济发展型、思想开放型的“新江西”，随着“泛珠江区域合作框架协议”的实施，特别是沿海地区产业结构的优化升级及其资源、能源限制的日益突出，沿海地区产业向中西部转移的速度与进程将进一步加快，江西经济将日益融入长三角和珠三角区域经济圈。

总之，国务院正式批复《鄱阳湖生态经济区规划》，将建设鄱阳湖生态经济区上升为国家战略，这是一次对促进中部地区崛起战略的具体落实，也是江西实现崛起、发展生态江西、建设生态经济的重要政治机遇。生态经济区规划实施取得了阶段性成效，但从鄱阳湖生态经济区建设的推进过程来看，也还存在一些问题。

（一）经济发展与生态保护任务艰巨

江西省经济基础薄弱，产业层次不高，产业结构调整难度较大，社会事业相对滞后，基本公共服务水平不高，城乡居民收入水平偏低，与全国同步全面建成小康社会的任务十分艰巨，正处于加速发展的爬坡期、全面建成小康社会的攻坚期、生态建设的提升期，既面临加快发展、做大总量、改善民生的重要任务，又肩负着保护好青山绿水、巩固好生态优势、维护国家生态安全的重要使命，经济发展与生态保护的任务艰巨。由于江西省地方财力有限，相对于繁重的生态建设与环境保护任务，投入能力不足的矛盾已经显现，持续保持和提升生态环境质量的难度很大。

（二）水生态环境保护压力加大

近十多年来，受长江上游干支流水库群汛后蓄水以及近年来鄱阳湖上游来水减少等因素影响，鄱阳湖枯水期延长、水位超低的问题十分突出，枯水位天数平均延长 51 天。这种常态化、趋势性的枯水期低水位，给全区生态、民生、经济等方面带来严重影响。一是严重威胁鄱阳湖的水生态安全，主要是湿地面积萎缩，候鸟生存环境变差，各类鱼类资源衰减，枯水期劣Ⅲ类水质比例明显上升。二是严重影响湖区生产生活，主要是灌溉水源不足，居民饮水困难，湖区血吸虫病呈上升趋势。

（三）体制机制创新力度不够

鄱阳湖生态经济区体制机制创新推进力度还不够，许多体制机制创新要么没有实施，要么实施力度不强。例如，鄱阳湖生态经济区建设的投融资体制改革进展缓慢，在鄱阳湖生态经济区条件较好的城市建立区域性金融中心的目标仍遥遥无期，鄱阳湖银行尚未筹建，国外金融机构在鄱阳湖生态经济区内设立分支机构也没有动静。绩效评价考核体制没有取得实质性突破。绿色 GDP 制度停留在理论探讨层面，离真正实施困难重重，使得鄱阳湖生态资本价值难以真正体现。市场调节机制创新、政府引导机制创新、社会参与机制创新、绿色消费机制创新等方面还存在一些问题。在社会参与机制方面，许多项目仍然没有改变政府直接投资、建设和运营的传统模式，未能鼓励和引导各类社会资本以兼并、收购、参股、合作、租赁、承包等多种形式参与。鄱阳湖生态经济区建设还刚刚起步，非政府组织参与鄱阳湖生态经济区建设的机制创新不足。另外，利益补偿机制也不完善，有关生态补偿的标准、补偿对象和补偿者等关键问题仍然没有得到有效解决。生态补偿的重点领域、农业节水补偿、养殖业退出补偿、重点污染企业退出补偿停留在理论层面，未实质开展。

（四）新型城镇化的推进力度不够

虽然鄱阳湖生态经济区城镇化水平不断提高，但是，从目前来看，在推进鄱阳湖生态经济区新型城镇化过程中还存在一些突出的问题。一是在推进新型城镇化过程中，生态经济区内部发展不平衡。大城市尤其是南昌这样的省会城市，相对其他地区而言，既对流动人口有较大的吸引力，同时又有更好的容纳城市人口的能力，因此，城镇人口所占比重最高。南昌、景德镇等几个城市的城镇化率远高于鄱阳湖生态经济区其他县市。二是在推进新型城镇化过程中，城镇规模结构不合理，集聚和辐射功能较弱。在鄱阳湖生态经济区范围内，城区面积超过200平方千米的城市只有南昌1个；2014年，鄱阳湖生态经济区城镇常住人口超过300万的只有南昌，超过200万的仅南昌和九江。尽管2021年鄱阳湖生态经济区8个设区市中城镇常住人口超过600万的有南昌和上饶，且除鹰潭以外的其他7个市均超过350万，但单纯从主城区人口数量来看，超大城市和大城市的集聚和辐射作用仍相对不高。三是在推进新型城镇化过程中，城镇化和工业化不协调。按照钱纳里发展模型，城市化与工业化表现出明显的正相关，在城市发展初期阶段和中期阶段，城镇化率明显高于工业化率。2000~2012年，鄱阳湖生态经济区工业化一直超前于城市化，城市化率滞后工业化率6个百分点以上。江西省城镇化同样滞后于全省经济发展水平。2015年，江西工业化率为41.9%，城镇化率为51.6%，江西省城镇化率仅领先工业化率约10个百分点。2019年，江西省城镇化水平提高到57.4%，人均GDP已达53164元，按人民币和美元之间的现行汇率折算超过了7700美元，应处于工业化后期阶段，城市（镇）化率应介于60%~80%偏向上限，尽管2019年江西省城镇化率已经领先工业化率21个百分点，但目前57.4%的城镇化率对应江西经济发展阶段还存在一定的差距。

（五）重大基础设施建设仍然相对滞后

水陆空全面发展的立体交通网络尚未形成，特别是高铁和港口建设相对落后，与兄弟省份差距较大。江西省港口和水运发展缓慢，近年来国家支持力度不大，内河水运优势未能有效发挥；省道、县道、乡道建设相对滞后，国家投入少，补助标准低，尚不能满足县域经济发展和新农村建设的需要。

第四节　主体功能区规划与可持续发展

按照开发方式将国土空间分为以下主体功能区：优化开发区域、重点开发区域、限制开发区域和禁止开发区域。四类主体功能区的划分是基于不同区域的资源环境承载能力、现有开发强度和未来发展潜力，以是否适宜或如何进行大规模高强度工业化、城镇化开发为基准划分的。推进形成主体功能区，要坚持以人为本，把提高人民群众的生活质量、增强可持续发展能力作为基本原则。要从全局利益出发，在坚持中央统一部署的基础上，统筹考虑江西省国土空间，做到局部服从全局，谋求整体利益、长远利益的最大化。按照优化结构原则、

保护生态原则、集约开发原则、协调开发原则进行国土主体功能区功能规划。

一、实施主体功能区划

根据《全国主体功能区规划》，围绕战略目标，从战略高度和长远发展出发，遵循不同国土空间的自然特性以及江西省城镇化格局、生产力布局的现状和趋势，着力构建江西省“龙头昂起、两翼齐飞、苏区振兴、绿色崛起”的国土开发总体战略格局；通过对不同区域的定位发展，统筹协调，最终形成“一圈两轴三区”为主体的城镇化战略格局，“四区二十四基地”为主体的农业战略格局，“一湖五河三屏”为主体的生态安全战略格局。

1. 构建“一圈两轴三区”为主体的城镇化战略格局

“一圈”即以鄱阳湖生态经济区中心城市为重要节点、以环湖交通干线为通道，加快构建环鄱阳湖生态城镇圈；“两轴”即以沪昆线和京九线为轴线，以重点开发的城镇为主要支撑，以轴线上其他城镇为节点，加快培育城镇密集带；“三区”即以南昌、九江、赣州中心城区为核心，以环城高速为纽带，联动发展周边县城和重点城镇，加快建设大都市区。

2. 构建“四区二十四基地”为主体的农业战略格局

形成以鄱阳湖平原、赣抚平原、吉泰盆地和赣南丘陵盆地四个农产品主产区为主体，以其他农业区为重要组成的农业战略格局。鄱阳湖平原农产品主产区，重点建设水稻、棉花、油菜、水产、畜禽养殖以及优质蔬菜基地；赣抚平原农产品主产区，重点建设水稻、油菜、蜜橘、水产、畜禽养殖以及优质蔬菜基地；吉泰盆地农产品主产区，重点建设水稻、油菜、果业、畜禽、水产养殖以及优质蔬菜基地；赣南丘陵盆地农产品主产区，重点建设水稻、脐橙、油茶、甜叶菊、畜禽养殖以及优质蔬菜基地。

3. 构建“一湖五河三屏”为主体的生态安全战略格局

形成以鄱阳湖及其湿地保护区，赣江、抚河、信江、饶河、修河，赣东—赣东北山地森林生态屏障、赣西—赣西北山地森林生态屏障、赣南山地森林生态屏障，以其他限制开发的重点生态功能区为重要支撑，以点状分布的禁止开发区域为重要组成的生态安全战略格局。鄱阳湖及其湿地保护区，要重点保护水质、湖泊湿地、候鸟及植被，发挥调蓄“五河”及长江洪水、保护生物多样性的重要作用；赣东—赣东北山地森林生态屏障，要重点加强水土保持和保护生物多样性功能；赣西—赣西北山地森林生态屏障，要重点保护生物多样性、水源涵养功能及其独特的生态系统；赣南山地森林生态屏障，要重点加强水源涵养、水土流失防治和天然植被的保护，发挥保障赣江及东江水生态安全的重要作用。

二、功能规划与生态功能区相结合

1. 实施不同类型功能区规划

通过对不同区域的定位发展，统筹协调，最终形成“一圈两轴三区”为主体的城镇化战略格局，“四区[①]二十四基地”为主体的农业战略格局，“一湖三屏”[②]为主体的生态安全战略格局。

优化开发区和重点开发区域的功能定位是：推动江西省经济持续增长的重要增长极，落实区域发展总体战略、促进区域协调发展的重要支撑点，扩大对外开放的重要门户，江西省重要的人口和经济集聚区，承接产业转移的重点区域，先进制造业和现代服务业基地。

限制开发区域根据不同类型进行功能定位，其中农产品主产区域的定位是：保障农产品供给安全的重要区域，农民安居乐业的美好家园，社会主义新农村建设的示范区。生态功能型区域的定位是：江西省乃至全国的生态安全屏障，重要的水源涵养区、水土保持区、生物多样性维护区和生态旅游示范区，人与自然和谐相处的示范区。

禁止开发区域的功能定位是：江西省保护自然文化资源的重要区域，点状分布的生态功能区，珍贵动植物基因资源保护地，饮水安全保障区和行洪安全区。

2. 重视生态功能区建设

表 9-3 列出了 2013 年江西省主体功能区类型分布情况，表 9-4 反映了江西省禁止开发区域的基本情况。

表 9-3　2013 年江西省主体功能区类型分布

功能区分类	范围
重点开发区域	国家级重点开发区域：南昌市的东湖区、西湖区、青云谱区、青山湖区、南昌县、新建县，景德镇市的昌江区、珠山区、乐平市，九江市的庐山区、浔阳区、共青城市、九江县、湖口县，新余市的渝水区，鹰潭市的月湖区、贵溪市，抚州市的临川区；省级重点开发区域：上饶市的信州区、上饶县、广丰县，萍乡市的安源区、湘东区，吉安市的吉州区、青原区、吉安县，赣州市的章贡区、赣县、南康市，以及宜春市的袁州区、丰城市、高安市、樟树市和九江市的瑞昌市、彭泽县（县城和部分乡镇）

① “四区”指鄱阳湖平原、赣抚平原、吉泰盆地和赣南丘陵盆地四个农产品主产区。

② “一湖”指鄱阳湖及其湿地保护区，“三屏”指赣东—赣东北山地森林生态屏障、赣西—赣西北山地森林生态屏障、赣南山地森林生态屏障。

续表

功能区分类	范围
限制开发区域（农产品主产区）	国家级农产品主产区：南昌市的进贤县，九江市的永修县、都昌县、德安县，鹰潭市的余江县，吉安市的吉水县、峡江县、新干县、永丰县、泰和县，上饶市的余干县、鄱阳县、万年县、弋阳县、玉山县、铅山县，抚州市的东乡县、南城县、崇仁县、乐安县、金溪县，宜春市的宜丰县、奉新县、万载县、上高县，赣州市的宁都县、信丰县、于都县、兴国县、会昌县、瑞金市，萍乡市的上栗县，新余市的分宜县
限制开发区域（重点生态功能区）	国家级重点生态功能区：赣州市的大余县、上犹县、崇义县、安远县、龙南县、定南县、全南县、寻乌县，吉安市的井冈山市；省级重点生态功能区：南昌市的湾里区、安义县，景德镇市的浮梁县，九江市的修水县、武宁县、星子县，吉安市的遂川县、万安县、安福县、永新县，上饶市的德兴市、婺源县、横峰县，抚州市的南丰县、黎川县、宜黄县、资溪县、广昌县，宜春市的靖安县、铜鼓县，赣州市的石城县，萍乡市的芦溪县、莲花县
禁止开发区域	各级自然保护区、风景名胜区、森林公园、地质公园、世界遗产、湿地公园、国际及国家重要湿地等区域

资料来源：《江西省人民政府关于印发江西省主体功能区规划的通知》。

表 9-4　2013 年江西省禁止开发区域基本情况

类型	数量（个）	面积（平方千米）
世界文化自然遗产	4	911.50
国家级自然保护区	8	1402.04
国家级风景名胜区	12	2838.00
国家森林公园	44	3637.31
国家地质公园	4	2103.80
省级自然保护区	23	3263.90
省级风景名胜区	24	1598.15
省级森林公园	99	1075.79
省级地质公园	4	1621.96
重要蓄滞洪区	4	551.18
重要水源保护地	142	—
国家级湿地公园	10	950.79
省级湿地公园	38	177.65
总计	416	—

注：同一区域在类型划分上存在重叠。

资料来源：《江西省人民政府关于印发江西省主体功能区规划的通知》。

禁止开发区域是指有代表性的自然生态系统、珍稀濒危野生动植物物种的天然集中分布地、有特殊价值的自然遗迹所在地和文化遗址以及重要水源地、重要蓄滞洪区等，需要在国土空间开发中禁止进行工业化、城镇化开发的重点生态功能区。禁止开发区域包括依法设立的国家级、省级及以下自然保护区、风景名胜区、森林公园、地质公园、重要湿地等相关区域。根据法律法规和有关规定，江西省省级以上禁止开发区域共 416 处。2010 年以后，凡新设立的各级自然保护区、风景名胜区、森林公园、地质公园、湿地公园、重要水源地、重要蓄滞洪区，以及世界文化自然遗产、国际及国家重要湿地等，自动进入禁止开发区域名录。

第十章　区域发展战略与发展格局

改革开放以来，江西省区域发展战略主要经历了四个阶段的调整，“十二五”末期逐步形成了“三个中心、两条主轴、四大片区”的空间结构。随着长江经济带的建设、长江中游城市群等国家级战略的实施，为适应新时代新发展理念的要求，“十三五”中期，江西省开始着力打造“一圈引领、两轴驱动、三区协同”的区域发展新格局。

第一节　改革开放以来江西省区域发展战略沿革

一、区域发展战略的演进阶段

改革开放至“十二五”时期，江西省区域发展战略主要经历了四个演进阶段：

第一，改革开放初期以农村为重点的区域发展战略。该阶段，江西省以农村建设为重点，依托农业资源和有色矿产资源两大优势，建设全国重要的商品粮基地和有色工业基地，使全省的资源优势尽快转变为经济优势。

第二，“七五”“八五”时期（1986~1995 年）的南门北港发展战略。1987 年为了策应国家实施的沿海开放战略，江西省提出“支持、跟进、接替”六字方针，重点建设南门（赣州）北港（九江）。南门是指开放江西省的南大门赣州地区，在赣州设立改革开放试验区，扩大经济管理权限，使其与沅陵和港澳对接；北港就是重点建设靠近长江黄金水道的北部港口城市九江市，将其定为对外开放城市，给予比综合试点城市更加优惠的政策，加快重点项目建设和基础设施建设，提高港口的吞吐能力，使之成为一个全面开放的经济中心。至此，全省区域发展的重点从南北两头展开，赣州、九江也成为江西省“七五”“八五”时期的投资重点区域。

第三，“九五”至“十一五”时期（1996~2010 年）的京九线、浙赣线

“大十字”发展战略。该阶段，江西省抓住京九铁路贯通和沿长江开放开发的机遇，以京九沿线为主干、浙赣沿线为两翼构建大开放格局。全省着力开发了昌九井、京九铁路沿线、浙赣铁路和320国道沿线三个重点区域，“十一五”时期继续强化了以南昌为中心、京九铁路和浙赣铁路为主轴的“大十字”区域发展战略，加快区域的经济整合，逐步形成了赣北东、赣中南、赣西三大经济区。

第四，“十二五”时期以来，江西省提出“龙头昂起、两翼齐飞、苏区振兴、绿色崛起”的发展战略。“十二五”时期，“鄱阳湖生态经济区建设”“赣南等原中央苏区振兴发展”先后上升为国家战略；围绕实施两大国家战略，江西省提出打造南昌核心增长极，促进九江沿江开放开发，推动昌九一体化发展，昂起生态经济区建设的龙头，向南延伸连接吉泰走廊，并与赣南等原中央苏区振兴相衔接。努力形成“龙头昂起、两翼齐飞、苏区振兴、绿色崛起”的区域发展格局。与此同时，支持赣东北扩大开放合作加快发展、支持赣西经济转型升级加快发展、支持抚州深化区域合作加快发展、支持吉泰走廊发展以及鄱余万都滨湖四县小康攻坚等省级区域发展战略。“十三五”时期以来，江西省继续深入实施“龙头昂起、两翼齐飞、苏区振兴、绿色崛起”区域发展战略。“十四五”时期，江西省区域发展将以构建“一圈引领、两轴驱动、三区协同”区域发展新格局为目标，推动形成层次清晰、各显优势、融合互动、竞相发展的经济板块。

二、区域发展的空间结构

随着各阶段区域发展战略的实施与推进，“十二五”时期以来，江西省正在努力构建“龙头昂起、两翼齐飞、苏区振兴、绿色崛起”的区域发展格局，江西省区域发展也已经逐步形成了“三个中心、两条主轴、四大片区”的空间结构。

（一）三个中心

“三个中心”即南昌市、九江市、赣州市三个中心城市。南昌市作为省会城市，是江西省的政治、经济、文化中心，江西省全力将其打造成为带动全省发展的核心增长极，其对周边区域的辐射带动作用不断加强。2010~2015年，南昌市GDP由2010年的2207亿元增加到4000亿元，2015年底全市总人口超过了530万人。九江市是江西省的北门港口城市，具有通江达海走向世界的独特的区位优势，随着江西省积极对接沿长江开放开发战略和长江经济带建设，九江市呈现出大开发、大建设的良好势头，2011~2015年，九江市的固定资产投资和工业发展、园区基础设施投入增速、园区的开发面积总量等指标基本排在全省第一位。赣州市南与广东接壤，是江西省承接产业转移、对外开放的桥头堡。

"赣南等原中央苏区振兴发展"上升成为国家战略后，开启了赣州发展的新纪元。"十二五"期间，赣州市 GDP 年均增长速度与全省 GDP 增长速度基本持平，而在"十一五"期间，赣州市 GDP 年均增长速度落后全省 GDP 年均增长速度约 3.5 个百分点，位居全省 11 个地市的倒数第 2 位。此外，赣州市全社会固定资产投资等主要经济指标增速在全省的排位正在前移。

改革开放以来，江西省区域发展战略走过了从南门北港到昌九工业走廊、吉泰走廊，从打造南昌市核心增长极到推进九江市沿江开放开发，从鄱阳湖生态经济区建设到赣南等原中央苏区振兴发展的几个重要历程。三大中心在江西省区域发展战略实施中承担了越来越重要的地位。"十二五"以来，三个中心的 GDP 总量占全省 GDP 总量的比重逐渐上升，从 2010 年的 46.5%上升到 2016 年的 46.8%、2017 年的 47.2%、2018 年的 49.0%，2019 年这一比重上升到了 49.2%，几乎占了江西省的半壁江山；三个中心常住人口总量占全省的比重也略有上升，从 2010 年的 40.70% 上升到 2016 年的 40.96%，再到 2019 年的 41.21%。

（二）两条主轴

江西省区域发展的两条主轴即沿着沪昆线形成的东西向发展轴、沿着京九线形成的南北向发展轴。沪昆线和京九线是江西省的两条大动脉，沿线铁路、高速公路等交通密集、资源丰富、城市集中，全省主要的工业基础和教育科技力量均分布在两线地区，原京九线有昌九走廊、吉泰走廊等重要经济廊道，原沪昆线有信江河谷城镇群、赣西城镇群等城镇密集带，这两条轴线已经形成了较大的经济开发密度，人口和经济总量现在均已占到全省 2/3 以上。

（三）四大片区

"四大片区"指赣北、赣中南、赣东和赣西四个地区性的经济区。

"十一五"时期，江西省重点建设了三大经济区：赣东北经济区、赣中南经济区、赣西经济区。赣东北经济区是以南昌市为中心，以九江市、景德镇市、鹰潭市、上饶市为主要支撑的区域。在"十一五"后期初步形成了以赣东北经济区为主要范围的鄱阳湖生态经济区，并上升为国家战略。赣中南经济区是以赣州市为中心，吉安市和抚州市为重要增长极的区域，基本上形成了以赣州市为先导，吉安市、抚州市相适应的外向型经济发展地区，逐步发展成为以本区为主要范围的赣南等原中央苏区振兴发展区，并上升为国家战略。赣西经济区是包括萍乡市、宜春市、新余市在内的组团式发展区域，该经济区以带状分布的三个设区市为复合中心，加上樟树市、丰城市相配合，围绕城市功能互补、产业转型升级，形成了优势互补、特色鲜明的新宜萍联动发展区。

"十二五"时期以来，围绕深入推进环鄱阳生态经济区建设，在前期三大经济区建设的基础上，江西省加快打造各具特色、多级支撑的发展极，重点推进赣北地区的南昌市和九江市的一体化发展，引导赣东北的上饶市、景德镇市、鹰潭市等积极对接长三角地区和海西经济区，努力打造对外开放合作的重要平台，江西省区域发展格局逐渐调整，现在基本形成了赣北、赣中南、赣东北和赣西四大片区。

第二节　区域发展新格局

长江经济带建设、长江中游城市群一体化及赣江新区等国家级战略的实施，决定江西省未来发展必须破除自我封闭的发展方式，依托优势区位、资源禀赋以及全面振兴等新时代江西省特色优势，实现对外全面融入的对外开放新高地。应该看到的是：第一，江西省当前的区域空间发展战略更倾向内部发展战略。无论是鄱阳湖生态经济区规划，还是赣南原中央苏区规划，都是省域内的区域发展规划，属于国家特色区域战略的一部分，带动江西省区域经济核心竞争力的动力不足。第二，对外开放流通不足。现有区域空间发展战略更多考虑内部的合作交流，而对外开放程度不够，不能使得产品快速升值，产品的产业链也不够长。第三，主动对接长江经济新支撑带的国家战略不够。现有区域空间发展战略没有考虑到长江新支撑带的强大带动作用。

为适应新时代新发展理念的要求，江西省委着眼于对接国家战略布局、提升江西省在全国区域发展格局中地位，于 2018 年 7 月鲜明地提出，着力打造“一圈引领、两轴驱动、三区协同”的区域发展新格局。江西省委作出这一重大战略决策，是充分基于“十二五”时期江西省基本形成的“龙头昂起、两翼齐飞、苏区振兴、绿色崛起”区域发展格局，这对于推动江西省高质量、跨越式发展具有重大而深远的战略意义，也是破解江西省区域发展不充分不平衡问题的必然要求。

具体来说，打造“一圈引领、两轴驱动、三区协同”新格局，是以融合一体的大南昌都市圈为引领，以沪昆、京九高铁经济带为驱动轴，以赣南等原中央苏区振兴发展、赣东北开放合作、赣西转型升级为三大协同发展区，形成层次清晰、各显优势、融合互动、高质量发展新格局。

按照高质量、跨越式发展的要求，着眼区域发展方式、发展路径及生产力布局的调整和功能重构，需要进一步明确各区域板块的发展定位和主攻方向，充分发挥比较优势，推动各区域板块竞相发展、融合互动。

一、一圈引领

“一圈引领”，是以南昌市为核心，以赣江新区为引擎，以九江、抚州为支撑，以一小时交通时空距离为半径，加快推进昌九、昌抚一体化，联动丰樟高、鄱余万等周边县市，打造融合一体发展的大南昌都市圈，成为引领全省发展的龙头。“一圈引领”重在增强大南昌都市圈对全省的核心引领和辐射带动作用。

大南昌都市圈以全省 1/4 左右的国土承载了近一半的经济总量，是江西省生产力布局的传统重点区域，诸多国家重大战略在此叠加。未来大南昌都市圈的发展，要以融合协作、创新驱动为主线，充分依托高铁交会、通江达海、路网密集的区位交通优势，强化要素资源聚合、产业集群发展、城市互动合作，加快发展航空制造、中医药、虚拟现实、LED 照明、新能源、新材料等产业，加快高端企业、高端人才和各类创新平台的集聚，建成高端产业集聚、城乡融合一体、创新创业活跃、生态宜居宜游的都市圈。赣江新区作为国家重大改革发展的功能性平台，必须进一步创新体制机制，用足用好政策机遇，在先行先试中大胆创新，率先发展，成为展示江西高质量跨越式发展的亮丽窗口，引领江西高质量跨越式发展的战略制高点。九江市需要充分发挥通江达海优势，建设大南昌都市圈的先进制造业基地，打造区域性航运中心和长江经济带重要节点城市。抚州市需要加快培育生物医药、绿色农业等产业，突出文化、旅游和生态特色，打造大南昌都市圈的后花园。

二、两轴驱动

“两轴驱动”，是依托即将形成的沪昆和京九高铁一纵一横两大高铁通道，以及合福、渝厦等高铁网络，加快建设高铁经济带，形成驱动发展的“两轴”，打造全省产业和城镇布局的“十字形”主骨架，构建承东启西、纵贯南北的内陆双向开放大通道。

“两轴驱动”，重在优化生产力布局和强化开放通道支撑。沪昆高铁已经建成运营，京九高铁即将建成。建设沪昆高铁经济带，需要着力打造上饶、萍乡高铁枢纽，构建多层次集疏运体系，加快区域融合和同城化步伐，向东对接长三角，向西对接长株潭，强化与沿线城市群的开放合作，打造江西省融入长三角经济圈和全面参与“一带一路”建设的主通道。建设京九高铁经济带，需要着重提升赣州市区域性高铁枢纽功能，完善吉安市区域性交通枢纽功能，积极承接中东部省份、珠三角地区产业转移，推进赣南等原中央苏区振兴发展，打造江西省融入海上丝绸之路和粤港澳大湾区的主通道。

三、三区协同

“三区协同”中的“三区”指赣南等原中央苏区振兴发展区、赣东北开放合作发展区、赣西转型发展区。“三区协同”，重在推动各区域的特色发展和联动协同，同时，要加强区域内部和区域之间的协同互补，强化产业、市场、基础设施、公共服务等对接合作。

赣南等原中央苏区振兴发展区包括赣州、吉安两市和抚州市苏区县。这一发展区国土面积广、人口比重大，毗邻粤港澳大湾区、海西经济区，具有苏区振兴的特殊政策优势；未来需要深度融入粤港澳大湾区和海西经济区，打好全面振兴“特色牌”，做大做强赣州钨和稀土新材料、新能源汽车、现代家具等产业以及吉安电子信息、抚州生物医药等特色产业，推进以红色旅游为主体的全域旅游，打造融入粤港澳大湾区的开放高地、全国脱贫攻坚样板区、红色文化传承创新区；需要着力建设赣州省域副中心城市，支持吉泰走廊打造承接产业转移重要平台，推动向莆经济带发展升级，打造江西南部重要增长板块。

赣东北开放合作发展区包括景德镇、鹰潭和上饶三市，处于赣浙闽皖结合部，是江西省对接长三角的前沿阵地。要打好开放合作“特色牌”，做大做强上饶“两光一车”（光伏光学、新能源汽车）和大数据产业、景德镇航空和文化创意产业、鹰潭铜精深加工及物联网产业，加快上饶区域中心城市建设，打响鹰潭“移动物联”品牌，擦亮景德镇“国际瓷都”名片，建设成为对接东南沿海开放先行区、先进制造业基地、新业态新模式集聚区、文化旅游和康养休闲胜地。

赣西转型发展区包括萍乡、新余和宜春三市，该区域是全省重要的老工业基地，城镇化水平较高，中心城市紧密相连，同城化趋势明显。未来该发展区要坚持以绿色生态、转型升级为主线，打好转型升级“特色牌”，着力加快新旧动能转换，推进资源型产业更新替代，加快发展锂电新能源、新材料、生物医药、节能环保、大健康等绿色产业，着力打造宜春区域中心城市，加快新宜萍区域整合和同城化步伐，打造成为全省产业转型升级样板区、新型城镇化先行区、绿色产业集聚区。

打造江西省区域发展新格局，需要完善机制、统筹推进，必须始终坚持统筹协调、“一盘棋”推进。一是需要进一步完善政策体系，优化资源配置，创新区域合作机制，引导各地主动融入全省区域发展大格局。二是坚持“差异化”考核评价。需要根据各区域发展的功能定位、基础条件和发展目标，加快制定差异化的区域发展配套政策，引领推动各区域错位发展、分工协作。三是要坚持“高效化”配置资源。以通道建设优化资源配置，加快昌吉赣、赣深、安九、

昌景黄等高铁建设，吸引要素和产业向高铁沿线集聚；以开发区平台建设优化资源配置。根据各区域产业定位，抓紧制定全省开发区总体规划，引导各区域的开发区科学确定首位产业，坚持“以亩产论英雄”导向，完善考核体系，推动要素资源向各区域开发区合理配置。四是坚持“协调化”统筹推进。加快构建统一公平、竞争有序的开放市场环境，促进生产要素合理流动。探索创新区域间利益分配机制，提升区域发展协同度。加强组织实施和跟踪落实，协调解决重大事项和问题，确保区域发展战略有效实施。

第三节　全面融入“一带一路”倡议的举措

江西是古代丝绸之路和海上丝绸之路的重要文化产品和主要商品输出地之一，为传播中华文明，促进古代东西方政治、经济、文化交流做出了积极贡献。在新的历史时期，推进“一带一路”倡议的部署，为江西省进一步完善对外开放格局，迈出发展升级、小康提速、绿色崛起、实干兴赣新步伐，具有重要意义。[①] 具体来看，主要从国际通道建设、省内区域对接、产业融入、门户开放等方面，全面融入“一带一路”建设。

一、依托国内国际大通道，重点谋划三大战略走向

根据共建“一带一路”国家经济发展基础、自然资源禀赋等特点，结合江西省开放型经济发展需求，着力完善三大区域布局。巩固东盟与江西省第一大贸易伙伴关系，发展更加紧密的经贸合作关系，扩大双方进出口规模，加强产业双向投资和旅游市场开发，不断提高合作层次和水平。开拓俄罗斯、中亚、中东欧、非洲等新兴市场，建立合作交流机制和渠道，积极发展进出口贸易，加大对外工程承包力度，务实推进资源能源和农业开发及产业合作，努力培育新的经贸增长点。扩大欧盟市场，加强先进装备和技术引进，大力吸引世界500强企业落户，进一步提高出口产品质量。

二、培育对外开放新优势，打好三张特色牌

需要着眼于培育对外开放新优势，努力增强国际合作竞争力，打好三张特色牌。一是打好特色产业品牌，围绕陶瓷、铜、钨和稀土、航空制造、汽车、光伏、电子信息、家具，以及茶叶、脐橙、蜜橘等产业，打造一批具有较强竞

① 参见《江西省参与丝绸之路经济带和21世纪海上丝绸之路建设实施方案》。

争力的特色产业基地和境外经贸合作区。二是打好特色文化旅游品牌，依托千年瓷都景德镇，世界自然文化遗产庐山、三清山、龟峰，革命摇篮井冈山，道教祖庭龙虎山，客家摇篮赣州，禅宗圣地宜春等文化名山名城，打造一批高质量的文化旅游经贸交流平台。三是打好绿色生态品牌，依托国际重要湿地鄱阳湖和全省良好的生态环境，以建设全国生态文明先行示范区为契机，广泛开展国际生态经济与技术交流，打造国际生态文明建设合作交流重要平台。

三、引导各地找准定位，支撑全省融入“一带一路”建设

要积极引导各地立足优势，找准在融入“一带一路”建设中的定位。强化南昌市内陆开放型经济高地作用，着力推进南昌国际航空港、南昌综合保税区等平台建设，加强高端装备制造、新一代信息技术、现代服务业等领域的国际合作，引领带动全省参与“一带一路”建设。

发挥九江市、赣州市、上饶市、抚州市等对外开放门户作用，加强与长江经济带、福建海上丝绸之路核心区以及东部沿海战略支点的互动对接，建设开放合作示范平台，联动省内腹地发展。打响景德镇瓷都、鹰潭铜都、宜春锂都、新余新能源科技示范城、萍乡资源型城市转型示范区、吉安电子信息产业基地等城市名片，支撑全省融入“一带一路”建设。

第四节　融入长江经济带战略的举措

依托黄金水道推动长江经济带发展，是党中央、国务院审时度势、谋划中国经济新棋局作出的重大战略决策，是经济新常态背景下，加快长江沿线地区发展的重大历史机遇，对于江西省奋力迈出“发展升级、小康提速、绿色崛起、实干兴赣”新步伐具有重大意义。为此，江西省委在长江经济带开发背景下，提出江西省融入长江经济带的基本思路。[①]

首先，交通先行，产业主导。以积极对接沿江综合运输通道建设为先导，加快构建联江通海的现代化综合立体交通体系，进一步提升江西省承东启西、沟通南北的综合交通枢纽地位；突出产业发展的主导地位，把握生产力布局向内陆沿江地区拓展的有利时机，加快产业结构调整和优化升级，培育壮大一批具有较强竞争力的产业集群，增强江西省参与长江经济带建设的核心竞争力。

---

① 参见《江西省人民政府贯彻国务院关于依托黄金水道推动长江经济带发展指导意见的实施意见》。

其次，双核引领，多点支撑。充分依托长江黄金水道、京九和沪昆铁路大通道，强化九江沿江开放门户作用和南昌主体核心地位，促进昌九一体化发展，打造引领全省对接长江经济带和长江中游城市群的“双核”，推动赣东北开放合作、赣西经济转型、赣南等原中央苏区振兴发展、抚州深化区域合作等区域板块竞相发展，全面拓展与沿江省市和周边地区的对接合作，促进全省整体融入长江经济带建设。

再次，改革创新，开放合作。坚持改革创新增动力，争取在推广上海自贸区改革试点经验、深化投融资体制改革、推动科技协同创新等方面走在前列，大力推进大众创业、万众创新，努力增强经济发展的内生动力；坚持以大开放促大发展，更好推动“引进来”和“走出去”相结合，更好利用国际国内两个市场、两种资源，加快推进长江经济带跨区域合作机制和通关一体化建设，努力形成竞相发展、互利共赢的区域联动新格局。

最后，保护生态，绿色发展。充分发挥江西省在长江流域生态安全格局中的重要地位，以建设全国生态文明先行示范区为统领，以保护长江流域水生态环境为重点，统筹鄱阳湖流域与长江干流、经济建设与生态保护的关系，加快形成可复制、可推广的生态文明新模式，打造长江流域生态保护与科学开发的典范。

一、加快打通战略通道，构建联江通海综合交通格局

围绕对接长江沿江综合运输通道，以高等级航道和快速铁路建设为重点，统筹推进航运、铁路、公路、航空、能源通道及综合枢纽工程建设，打通联江通海战略通道，强化各种运输方式衔接，增强参与长江经济带建设的战略支撑力。

（一）实施长江干支线航道等级提升工程

抓住国家实施重大航道整治机遇，打通鄱阳湖主要支流连通长江的出海通道，形成以长江九江段一级航道、南昌至湖口二级航道、赣江赣州至南昌和信江贵溪至都昌三级航道为主，干支有机衔接的“两横一纵”高等级航道网络，振兴千年赣鄱黄金水道。重点加快推进长江中游6米深水航道建设，提高万吨级船舶进出九江港的通航保障率；开工建设赣江新干航电枢纽，实施鄱阳湖湖区和五河尾闾航道疏浚工程，推进井冈山水电枢纽、龙头山水电枢纽、八字嘴航电枢纽等工程建设。2020年全省高等级航道总里程达到795千米，辐射8个设区市、40个县（市、区），为大宗物资和远洋运输提供基础支撑。

（二）实施港口设施和集疏运体系工程

积极融入长江航运体系，大力推进以九江港、南昌港两个国家级内河港口

为主体，赣江、信江及鄱阳湖区区域性港口为补充的港口群建设，形成布局合理、层次分明、功能互补的现代化港口体系。重点支持九江打造超亿吨大港，加快实施彭泽港区红光作业区综合码头等工程，建设长江干线区域性航运枢纽；推进南昌亿吨大港建设，增强面向内河航运集散功能；统筹樟树、吉安、赣州、鹰潭、万年、鄱阳等区域性港口建设，提高港口设施水平。到2020年，全省建成5000吨级码头（泊位）30个、3000~5000吨级码头（泊位）14个、集装箱码头5个、散杂件码头27个。完善港口集疏运体系，加快推进南昌、九江重点港区的铁路专用线、公路连接线以及连接后方物流园通道建设，扩大港口运输服务范围，提升货物中转能力和效率。加强港口信息共享平台建设，促进九江、南昌港口一体化发展。

（三）实施快速大能力铁路运输通道工程

加强快速铁路建设，着力打通北上南下高铁通道和沿江快速铁路通道，加快建设武九客专、昌吉赣客专、九景衢铁路，开工建设合安九客专、赣深客专，积极推进昌景黄、渝长厦铁路前期工作，构建以京九、沪昆大“十”字形高铁为支撑，覆盖所有设区市的“四纵四横”快速铁路网，实现南昌至长江中游城市群中心城市1~2小时，至上海、广州等周边主要城市3~4小时，至北京6小时。完善普速铁路网络，加快鹰梅、吉永泉等铁路建设，形成“五纵五横”铁路网主骨架。到2020年全省铁路运营里程达到5000千米以上，铁路覆盖87%以上县（市、区），快速铁路覆盖68%以上县（市、区）。

（四）实施高等级广覆盖公路网工程

积极对接沿江和周边省高速公路网，加快建设南昌至宁都至定南、南昌至上栗、修水至平江等高速公路，全面打通28个出省高速通道，建成“纵六横八射十七联”高速公路网，2020年底，全省高速公路通车里程已经达到6234千米。加大普通国省道改造力度，消除瓶颈路段制约，提高技术等级和安全水平，2020年全省普通国道二级及以上比例达到90%以上，普通省道二级及以上比例达到65%以上。提高农村公路通达水平和通行能力，2020年基本实现乡镇通三级及以上公路、行政村通班车、25户以上自然村通水泥路。

（五）实施干支线机场工程

围绕提升江西省在长江经济带的航空枢纽地位，加快完善机场布局，构建“一干九支”运输机场为主、通用机场为辅的航空运输网络，2020年形成覆盖全省96%人口、94%县城的航空服务能力。重点加快南昌昌北国际机场T1国际航站楼改造，适时启动T3航站楼建设，建成上饶三清山机场，开工建设赣州黄金机场和吉安井冈山机场改扩建工程，规划新建抚州、鹰潭、瑞金机场和迁建景德镇机场，适时布局建设一批通用机场。推动南昌昌北国际机场建设区域性航空枢纽，积极开辟南昌通达东南亚、欧美的国际航线，增加往返上海、重庆、成都、昆明等国内主要城市的航班密度。加快培育支线机场与国内其他机场的航线网络，促进干支机场有效衔接、良性发展。

（六）实施能源输送通道工程

依托川气东送、西气东输（二、三线）、新粤浙线等国家天然气长输管道，建成“三横一纵”国家输气管网和“环鄱阳湖”省级输气管网为主骨架的天然气输送网络，加快建设省天然气管网支线工程和沿线城市供气设施。完善成品油输送管道网络，已经建成中石化成品油管道二期工程（樟树—赣州、樟树—上饶）并投产，建成泉州—赣州、梅州—赣州、兰郑长江西支线等跨省成品油管道。加快建设蒙西至华中煤运通道，推进沿线合理有序发展高效清洁燃煤电站。积极推动西南水电入赣和武汉至南昌交流特高压输变电工程前期工作。

（七）实施综合交通枢纽工程

依托交通运输通道和中心城市，统筹布局综合交通枢纽，构建以南昌全国性综合交通枢纽为中心，九江、上饶、赣州和鹰潭区域性综合交通枢纽为次中心，其他地区性综合交通枢纽为支撑的综合交通枢纽体系，促进各种交通方式无缝衔接。加快建设南昌全国性综合交通枢纽，建成南昌、南昌西等综合客货运枢纽，完善南昌昌北国际机场综合枢纽功能，提升在全国综合交通枢纽体系中的地位和作用。建设九江、上饶、赣州和鹰潭区域性综合交通枢纽，发挥对接周边地区门户作用，密切江西省与沿江及周边地区的联系。加强景德镇、新余、宜春、吉安、抚州、萍乡等地区性综合交通枢纽建设。促进客运枢纽一体化建设，完善货运枢纽集疏运功能。加快推进综合交通枢纽信息化，构建统一兼容、联程联运的交通公共信息服务平台。

二、大力培育重点产业集群，构建集聚集约产业转型升级格局

按照国家长江经济带重点产业布局和打造世界级产业集群的要求，坚持承接产业转移与优化升级相结合，积极引导生产要素向九江沿江、昌九走廊、沪昆沿线集聚，形成一批集中度高、关联性强、市场竞争优势明显的产业集群和产业基地，引领带动全省产业转型升级、提质增效。

（一）优化发展沿江临港产业集聚带

充分利用九江沿江岸线和水资源优势，编制沿江产业发展规划，引导大体量、大运量、大进大出临港产业发展，建设先进制造业集聚区，计划2020年建成万亿临港产业带。以九江城西、城东、彭湖、赤码四大沿江板块为载体，促进产业布局调整和集聚配套，大力发展钢铁冶金、石油化工、电力能源、船舶

制造等临港产业。加快钢铁行业兼并重组步伐，促进产品结构调整、技术装备升级和特色优势产品开发，提高资源聚集度和循环利用率，打造长江沿岸重要的优质钢材基地。以九江石化为龙头，促进炼化一体化，高标准建设沿江石化产业园，延伸石化、有机硅、盐化工、氟化工产业链，打造千亿级石化产业集群。推进神华煤电一体化、鄱阳湖风电、九江储煤基地、彭泽核电等重点能源项目建设，建设全省重要的电力能源基地和能源中转储运中心。鼓励引导企业兼并重组，加大新产品开发和品牌创建力度，促进建材、纺织、食品等传统产业向中高端方向发展。

（二）培育壮大国家级特色产业基地

坚持错位发展、差异竞争、优势互补，着力培育一批千亿级国家产业基地，提升江西省重点优势产业在长江经济带的竞争力和影响力。发挥江铜集团在铜产业中的核心带动作用，进一步延伸产业链，提高铜产品附加值，打造世界级铜产业基地。抓住国家重点建设长江经济带航空航天装备基地的机遇，加快南昌航空工业城建设，推进景德镇直升机产业集聚发展，形成以大飞机零部件、先进教练机、通用飞机、机载设备制造为主的全国重要航空产业基地。依托江铃、北汽昌河等龙头企业，推进北汽昌河景德镇新基地建设，加快整车扩能和新产品开发，提高汽车零部件产业的配套能力和集中度，建成全国重要的汽车及零部件生产基地。大力发展金属合金、非金属新材料、稀土和钨新材料等，着力建设南昌新材料产业研发中心和九江新材料生产集聚区，做强中国南方稀土集团，建设全国重要的新材料产业基地。充分发挥良好的生态环境优势，大力发展高效精品农业、都市农业和休闲观光农业，创建一批高水平的国家现代农业示范区和国家有机产品认证示范区，建设全国重要的绿色有机农产品供应基地。

（三）大力发展新兴成长型产业群

抢抓长江经济带创新驱动产业升级机遇，着力发展生物医药、电子信息、先进装备、节能环保、新能源、锂电及电动汽车等一批成长性好、竞争力强的新兴产业集群。巩固提升现代中药业和医疗器械业，大力发展非专利化学药、生物技术药物，培育生物农业、生物制造等产业。推进信息化与产业深度融合，实施“互联网+”行动计划，推动移动互联网、云计算、大数据、物联网等的应用与发展。加快装备制造企业兼并重组和产品更新换代，重点发展智能装备、轨道交通、工程机械、新一代机器人等先进装备制造业。抓好节能环保产业园和应用示范工程建设，积极发展环保设备、高效节能设备和节能环保服务。加快新能源技术研发创新和推广应用，做大做强太阳能光伏等新能源产业。推进锂电及电动汽车整车制造和核心部件研发，重点发展大客车、驱动电机等电动汽车产业技术和产品。争取江西省新兴产业重点发展方向和关键领域纳入长江经济带创新驱动产业转型升级方案。

（四）着力打造现代服务业集聚区

借力长三角地区服务业发展优势，推动江西省服务业改革创新，重点建设现代物流、电子商务、金融、旅游、文化、健康养老等一批具有发展潜力的现代服务业集聚区。加强重要节点物流园区、物流中心、物流信息平台等重要基础设施建设，培育一批具有示范带动作用的物流园区和物流企业，加速形成昌九、赣中南、赣西、赣东北、赣东南五大物流产业集聚带。积极发展电子商务产业，加快建设区域性电子商务平台和配套支撑体系，打造一批特色产业与电子商务融合发展示范区，推进南昌、赣州电子商务国家示范城市建设。高标准建设南昌红谷滩金融商务区和金融产业服务园，加快推进融资、理财、创业投资等金融服务，形成以南昌为核心、辐射全省的区域性金融中心，培育九江、赣州等区域金融次中心。大力实施旅游强省战略，积极参与长江黄金旅游带、沪昆和京福高铁旅游带建设，着力推进环鄱阳湖、赣东北、赣西等生态旅游圈建设，打造全国知名生态旅游休闲度假区。加快发展文化创意产业，打造一批文化创意产业园区，支持景德镇市打造世界级陶瓷文化创意产业集聚区。依托良好的山水资源，积极发展温泉养生、保健护理、休闲养老等产业，培育一批健康养老产业集聚区，建设长江经济带最具吸引力的健康休闲养老中心。

三、携手共建长江中游城市群，构建联动发展新型城镇化格局

充分发挥长江黄金水道、京九和沪昆通道功能，以昌九一体化为核心，以沿线城镇为依托，加强环鄱阳湖城市群与武汉城市圈、长株潭城市群协作融合，共同推进长江中游城市群建设，拓展与长三角及周边城市群的互动发展，提升城镇化发展质量和水平。

（一）聚焦昌九一体化发展

按照“做强南昌、做大九江、昌九一体、龙头昂起”的要求，促进南昌、九江都市区融合发展，昂起环鄱阳湖城市群的龙头，打造对接融入长江经济带和长江中游城市群的核心板块。支持南昌打造带动全省发展的核心增长极，着力增强中心城区高端要素集聚、科技创新、文化引领和综合服务功能，鼓励跨行政区域拓展发展腹地和空间，加快构建以南昌中心城区为核心的一小时都市区，建设重要的先进制造业基地、中部地区现代服务业集聚区、长江中游城市群中心城市。加快九江沿江开放开发，推动周边“四县（市）一山”与中心城区相向融合发展，努力做大九江都市区，建设长江中游城市群重要节点城市。全面实施《昌九一体化发展规划（2013—2020 年）》，促进昌九规划一体化、

基础设施一体化、公共服务一体化和产业互补对接，加快提升昌九整体实力，加快南昌临空经济区、共青先导区等重大平台建设，积极推进昌九新区的规划建设，打造长江中游新型城镇化示范区、长江经济带重要开放高地、中部地区创新发展试验区、全国生态经济发展引领区。

（二）大力培育新宜萍和信江河谷城镇群

充分发挥沪昆大通道重要纽带作用，着力推进以新宜萍城镇群、信江河谷城镇群为重点的沪昆城镇轴建设，向西强化与长株潭城市群互动，向东对接长三角城市群，构建长江中游城市群的核心轴。加快新宜萍城镇群转型发展步伐，加强钢铁、光伏光电、生物医药、粉末冶金等重点产业分工协作，统筹机场、电力、煤运通道、城市快速干道等基础设施建设，大力推进职业教育、企业技术中心等资源共享，促进新宜萍中心城区同城发展，增强与长株潭城市群合作对接能力。支持信江河谷城镇群主动接受长三角城市群辐射带动，借助长三角地区科技、人才、市场等优势，提升有色金属加工、光学光电、装备制造等产业层次，共同推进赣东北优势旅游资源开发，打造江西省向东开放桥头堡。

（三）促进省内城镇群联动发展

围绕提升参与长江中游城市群竞争力，推进南昌、九江都市区与省内城镇群分工合作，联动发展。依托京九轴线，联动发展赣州都市区、吉泰城镇群、“三南”组团、瑞金组团，加强电子信息、稀土和钨等产业合作，进一步拓展与珠三角城市群的沟通联系。依托杭瑞高速、皖赣铁路、九景衢铁路、昌景黄客专，联动发展景德镇城镇组团，加强汽车、航空等产业的协作，拓展与皖江城镇带和长三角城市群的沟通联系。依托向莆轴线，联动发展抚州城镇组团，促进昌抚一体化，拓展与海西经济区的沟通联系。建立完善跨区域城镇发展协调机制，推动实现区域设施的联建共享和资源集约利用，提升城镇化发展的质量和水平。

（四）推动长江中游城市群互动融合

推动鄂湘赣三省建立健全长江中游城市群发展协调机制，着力提升环鄱阳湖城市群与武汉城市圈、长株潭城市群基础设施互联、产业发展协调、生态文明共建以及公共服务共享水平，提升长江中游城市群一体化发展水平。加强南昌与武汉、长沙互动合作，加快建设“三角形、放射状”城际交通网络，进一步增强中心城市辐射带动作用，引领沿江、京九和沪昆城镇轴联动发展。深化省际毗邻城市合作交流，鼓励九江—黄冈—黄石、九江—岳阳—咸宁、新宜萍—长株潭等省际毗邻城市协同发展，推进路网互联互通、边界市场共建、跨界流域生态治理，不断拓展城市群融合发展成效。

四、积极参与沿江跨区域合作，构建全方位、多层次开放合作格局

充分发挥江西省承东启西的区位优势，主动对接长三角和沿江开放型经济发展，在更大范围、更高层面参与国际国内竞争与合作，着力提升南昌市、九江市等中心城市国际化水平，建设内陆沿江开放合作高地，打造开放型经济升级版。

（一）全面融入长江大通关体系

主动融入长江经济带海关、检验检疫区域通关一体化，加强与沿江沿海通关协作，形成安全、便利、高效的口岸监管机制。推进通关全程无纸化，进一步优化“属地申报、口岸放行”和“通报、通放”等便利措施，全面实现关检合作“一次申报、一次查验、一次放行”，提高通关效率，降低通关成本。深化税收征管方式改革，逐步在全省有条件的企业推广集中汇总征税。加快推进九江启运港退税试点改革工作。巩固和加密九江港至上海洋山深水港直达货运班轮，加密九江港、南昌港至上海外高桥班轮，推进九江港外籍轮船直航。以江西省电子口岸公共平台为基础，对接推进国际贸易“单一窗口”建设和一站式作业，实现海关、检验检疫、边防、海事、铁路等口岸管理相关部门信息互换、监管互认、执法互助，加快形成大通关管理机制体制。

（二）加快完善对外开放口岸平台

集中力量推进南昌、九江、赣州口岸建设，构建高水平对外开放平台。大力推进九江港口岸扩大开放，做大做强南昌航空口岸，推动设立赣州航空口岸，积极争取有条件的铁路、内河港口和机场规划建设国家开放口岸。加强全省电子口岸建设，建成昌九区域口岸一体化信息系统。加快南昌综合保税区申报和建设，支持九江申报综合保税区，推进共青城设立保税仓库，加快建设赣州综合保税区和赣州进境木材国检监管区。整合优化海关特殊监管区域，拓展保税加工、物流和服务功能，引导加工贸易向产业链高端延伸，促进生产性服务业发展。

（三）积极学习借鉴上海自贸区可复制经验

主动对接上海自贸区发展，加快推进投资、金融、贸易便利化等改革试点，形成与国际投资、贸易通行规则相衔接的制度体系。加快企业设立实行“单一窗口”受理等改革试点，积极扩大服务业开放。推进金融制度创新，促进跨境贸易电子商务发展，支持南昌市申报跨境贸易电子商务进口试点城市。加快建设海关特殊监管区信息平台，率先在南昌、九江出口加工区复制推广金融、海关、检验检疫等监管制度创新措施，逐步扩大到全省有条件的地区。改革创新政府管理方式，建立健全事中事后监管措施，支持南昌临空经济区率先探索一口受理、综合审批和高效运行的行政服务模式，建立集中统一的市场监管综合执法体系。按照“一区多园”模式，积极申报设立昌九自贸区。

（四）着力深化与长三角地区对接合作

全面主动参与长三角区域合作，推动与上海市、江苏省、浙江省建立全方位战略合作关系，争取赣东北城市纳入长三角城市联盟。大力承接长三角先进制造业和先进技术转移，努力吸引银行、证券、保险、电商、物流等现代服务业企业落户，争取在江西省设立研发中心、技术中心、结算中心和物流中心。发挥九江市沿江优势，打造长江经济带重要的承接产业转移示范区。推动建设南昌市、上饶市、宜春市、吉安市等国家加工贸易梯度转移重点承接地以及国家级赣南承接产业转移示范区，高位推动招大引强，提升产业转移层次和水平。探索产业整体转移、共建产业园区、建设“飞地”园区等新模式。加强市场合作对接，推动江西省加入长三角区域市场一体化体系，促进江西省绿色农副产品、优势工业品进入长三角地区。积极推动科技人才交流，深化与上海张江高新区、苏州工业园、浙江大学等园区、高校的合作，对接引进一批重大项目、高端人才，加快建设一批创新协同联合体。

（五）大力拓展与周边地区开放合作

支持九江市加强与湖北省、安徽省沿江市县合作，建设赣鄂皖长江两岸合作发展试验区，打造跨江区域合作典范。依托长株潭和赣西产业基础和交通优势，建设湘赣边区域合作示范区，共同促进“两型”社会建设。鼓励抚州对接海西经济区，建设赣闽合作产业园，促进福建沿海产业组团式承接和集群式发展。深化赣州、吉安等地与珠三角地区合作，加快建设赣州赣粤合作示范区、吉安深商产业园等合作平台。联合沿江省市打通连接“一带一路”运输通道，推动建设赣欧（亚）铁路货运通道，搭建经贸和交流平台，加强与沿线国家的合作。积极参与长江中上游地区与俄罗斯伏尔加河沿岸联邦区经贸、科技、人文合作。

五、加强长江中下游生态屏障建设，构建江湖和谐生态安全格局

统筹推进长江九江段、鄱阳湖、江河源头和重点生态功能区的生态保护，积极探索大湖流域综合开发治理新模式，构筑长江中下游生态安全屏障，进一步巩固提升江西生态优势，打造生态文明建设江西样板。

（一）有序推进九江长江沿线开发治理

加强沿江开发规划和空间管制，统筹推进岸线开发利用、水污染防治和生态廊道建设，保护沿江一江清水。规范岸线资源开发管理，实施九江长江岸

线开发利用规划，严格分区管理和用途管制，依法建立岸线资源有偿使用制度，统筹岸线与后方土地的使用和管理，促进岸线资源节约利用。落实最严格的水资源管理制度，划定沿江地区用水总量、用水效率、水功能区纳污“三条红线”，防止沿江水资源过度开发。强化入江水生态环境保护和治理，加大沿江化工等排污行业环境隐患排查和集中治理力度，加强水上危险品运输安全监管和船舶污水排放控制，确保沿江工业和生活污水集中处理、达标排放。推进沿江生态廊道建设，启动实施新一轮长江防护林工程，推进实施永安堤段加固、张家洲段护岸等长江河势控制及岸坡处理工程，构建沿江生态屏障。

（二）切实保护好鄱阳湖“一湖清水”

以鄱阳湖“两区一带”空间布局为依托，以水资源优化配置和水环境综合治理为抓手，严格生态保护措施，加大工程治理力度，进一步改善鄱阳湖水质水量。强化鄱阳湖流域生态红线管理，严格控制湖体核心保护区，有效管控滨湖控制开发带，严格限制鄱阳湖最高水位线外一千米内化肥施用量大的农业活动，严厉打击鄱阳湖流域非法采砂行为。大力改善鄱阳湖水资源条件，争取早日开工建设鄱阳湖水利枢纽工程，加快推进四方井水库、寒山水库、廖坊灌区二期等水资源配置工程建设，提升鄱阳湖水资源调节功能。加大鄱阳湖流域水环境治理力度，加快推进污水垃圾处理、土壤污染治理等工作。

（三）强化江河源头和重点生态功能区保护

加强江河源头区、水源涵养区和重要湿地的建设和保护，争取将江西省武夷山脉、罗霄山脉、幕阜山脉、怀玉山脉、雩山山脉核心区域县（市）和鄱阳湖湿地调整纳入国家重点生态功能区范围。开展自然保护区、风景名胜区、水产种质资源保护区和森林公园“三区一园”升级工程。加强自然生态修复与保护力度，实施水土流失治理、地质灾害防治、矿山环境综合治理等重大生态修复工程，改善生态功能。大力实施森林质量提升工程，提高生态公益林补偿标准，加大低产低效林改造和中幼林抚育力度，确保全省森林覆盖率稳定在64%。加强生物多样性保护，推进物种资源调查、监测、预警和评价体系建设，加快候鸟、江豚和鱼类资源等野生动植物救护中心和繁殖基地建设，打造国际生物多样性科普教育和研究基地。

（四）推动生态环境协同保护治理

按照国家统一部署，加快建立长江水环境污染联防联控机制和应急预警体系，搭建统一的生态保护监测网络，推动设立长江水环境保护治理基金，共同维护长江水生态安全。积极推动建立长江重要支流和湖泊的省际横向生态补偿机制，建立跨省流域共同出资的生态补偿基金，争取国家尽快启动东江源、鄱阳湖湿地国家生态补偿试点。制定落实水权、碳排放权、排污权交易的政策措施，推行环境污染第三方治理，推进合同环境服务制度试点和制度完善，加快省市碳排放交易平台建设，推动环保服务业发展。积极争取江西省重大生态环保工程列入长江生态环境保护规划。

六、推动长江经济带建设成效

长江经济带战略实施以来，江西省始终坚持“五个牢牢抓住不放松”，实现了“五个领域大提升”①。

（一）坚持生态环保红线，长江中游生态安全保障能力大提升

江西省将推动长江经济带发展与国家生态文明试验区建设有机结合，坚持共抓大保护、不搞大开发，着力打造美丽中国“江西样板”。一是落实生态环保专项行动。扎实开展“共抓大保护”中突出问题、沿江非法码头非法采砂、化工污染整治、入河排污口监督检查、中办专题回访反馈问题整改等 6 大专项行动，出台文件 20 余部，调度推进 50 余次，落实问题整改 500 余个，整治了一系列生态环保突出问题。基本完成造纸、制革、电镀、有色金属等重点行业的清洁化改造。加强水上安全监管和船舶污染专项执法检查，推进船舶结构调整。持续推进农业面源污染治理，完成畜禽养殖“三区”划定工作，划定禁养区 5.1 万平方千米，关闭、搬迁禁养区内养殖场 2.5 万个。二是加快实施生态修复与环境保护重大工程。实施清河提升行动，全面启动劣Ⅴ类水和城市黑臭水体整治，完成 25 个重点工业园区和 48 个县市污水配套管网建设任务。实施森林质量提升工程，2017 年新增造林 142.1 万亩，封山育林 100 万亩，退化林修复 160 万亩，森林抚育 560 万亩。实施耕地保护和修复工程，2017 年新建高标准农田 290 万亩。三是加强生态文明制度创新。全面推行“河长制”，加快自然资源产权改革，完善国土空间管控体系，划定生态保护、水资源、土地资源三条红线，在全国率先实施全流域生态补偿，初步构建生态文明考核评价与追责体系。全省长江经济带生态保护工作成效明显，2017 年全省森林覆盖率稳定在 63.1%，全省国家考核断面水质优良率 92%，空气质量优良率 83.9%，生态环境质量稳居全国前列，绿色生态优势持续巩固。

（二）抓住战略通道支撑，综合交通走廊建设速度大提升

围绕加快形成“六纵六横”综合运输通道、建设中部地区重要交通枢纽中心，不断强化战略通道支撑。一是构建与长江黄金水道对接的现代港航体系。启动九江江海直达区域性航运中心建设，加快推进赣江、信江高等级航道建设，

① 江西举行长江经济带战略实施情况及推动长江经济带发展发布会［EB/OL］.（2018-03-20）. http：//www.scio.gov.cn/xwfbh/gssxwfbh/xwfbh/jiangxi/Document/1625876/1625876.htm.

2017年赣江、信江高等级航道梯级工程项目全部落地实施，将分别在2019年、2020年实现规划高等级航道贯通。二是构建快速、大能力铁路通道。实施昌吉赣、赣深、安九高铁项目，北上南下的高铁加快形成。武九客专、九景衢铁路建成投运，昌景黄铁路开工建设，对接周边主要经济区大能力快速铁路通道逐步形成。三是构建高等级广覆盖公路网。高速公路通车里程基本达到6000千米，打通28个省际高速通道，提前完成“十三五”建设目标。普通国省道升级改造全面提速，2017年实施普通国省道升级改建工程1100千米，打造“畅安舒美”示范路788千米。四是空中走廊加快形成。昌北机场年旅客发送量突破1000万人次，上饶三清山机场建成投运，南昌瑶湖机场试飞，瑞金、抚州等支线机场及一批通用机场前期工作积极推进。

（三）坚持创新驱动，现代产业体系建设步伐大提升

适应高质量发展阶段要求，不断推动产业转型升级，深度参与沿江产业对接合作。一是把创新摆在发展全局的核心位置，建立创新型省份建设“1+N”政策体系，开展全社会研发投入攻坚行动，研究与试验发展经费支出占GDP比重突破1.2%。江西全省新增国家级创新平台7家，新增25家省级工程研究中心，全省新登记企业增长20%。二是大力培育发展新动能，实施新兴产业倍增、传统产业转型、新动能培育“三大工程”，全年全省高新技术产业占规上工业比重和服务业占GDP比重分别为32%、42.5%，比重分别同比提高1.5个和1.2个百分点。三是深入推进供给侧结构性改革，2016年、2017年共出台130条“降成本、优环境”政策措施，累计为企业减负1500亿元。

（四）加强省际协商合作，长江中游城市群共建成效大提升

充分发挥长江经济带中游省际协商合作机制作用，深化与湖北省、湖南省共同推进多领域协商合作，拓展与长三角及周边城市群的互动发展。一是继续深化南昌、武汉、长沙、合肥四省会城市合作，共同打造区域合作“升级版”。二是推进长江中游湖泊湿地保护与生态修复、生态环境联防联控、基础设施互联互通、市场一体化体系建设、公共服务共建共享等方面对接合作。三是积极对接长江中游城市群建设，加快构建“一群两带三区四组团”的新型城镇化布局，全省城镇化率达到54.4%，提高1.3个百分点，有效提升区域综合竞争力。

（五）拓展开放合作，沿江区域一体化程度大提升

坚持市场深度开放、内外一体开放、进出双向开放，努力打造内陆沿江双向开放新高地。一是加快推进开放平台建设。赣州综合区封关运行，南昌综合保税区封关，赣州铁路国际集装箱临时货场获批，九江进境木材国检监管区实现进口木材首次直通运营，九江进口肉类指定口岸开工建设，九江综合保税区申报工作启动。二是全面融入长江经济带关检一体化。全面实行检验检疫全国一体化和“三个一”通关模式，完成国际贸易“单一窗口”建设，实现进出口集装箱“一次查验、一次放行”，实现关检查验、放行指令信息化，提高了通关效率，减轻了企业负担。

第十一章 新时代江西省区域发展展望

为适应新时代发展需要，完善江西省区域战略格局，推动高质量发展。根据江西省主体功能区定位，结合各地资源禀赋、区位优势和经济发展阶段特征，未来江西省生产力布局与经济发展将继续围绕重要交通干线而展开，将在增强沿京九、沪昆两大发展轴带经济发展的基础上，突出生态文明建设和江西绿色发展的底色，着力抓好“一源一湖”（赣江源、鄱阳湖）生态保护，积极融入长江经济带，全面对接“一带一路”倡议，打造鹰瑞潜力增长走廊，构建区域发展新格局。

围绕“鄱阳湖生态经济区建设”“赣南等原中央苏区振兴发展”两大国家战略的深入实施，并结合江西全面融入“一带一路”倡议和推进长江经济带建设的要求，从当前江西各区域发展实际来看，有必要在2018年江西省提出的着力打造“一圈引领、两轴驱动、三区协同”的区域发展新格局的基础上，坚持“打造核心经济增长地带、实现经济与生态协调发展”的基本导向，重构江西省经济地理空间格局。总体来说，新时代江西省区域发展新格局的构建可以概括为“三区两圈一带一廊”。“三区”，即大南昌都市圈、[①] 沿江绿色发展示范区、滨湖高效生态农业经济区；“两圈”，即赣东北新兴产业经济圈、赣湘转型合作经济圈；“一带”，即中南部经济隆起带；“一廊”，即鹰瑞生态经济走廊。

第一节 大力推进“三区”建设

“三区”既是江西省核心经济增长地带，又是重点生态环境保护区域，对于探索经济与生态协调发展新路子，打造“美丽中国”江西样板具有重要示范意义。

---

① 2019年7月《大南昌都市圈发展规划》出台之前，江西省当时基本确立了南昌大都市区发展思路。

一、大南昌都市圈

2019年7月11日，江西省人民政府正式印发《大南昌都市圈发展规划（2019—2025年）》。“十三五”时期以来，在确立大南昌都市圈之前，江西省社会各界就建设南昌大都市区展开了广泛的讨论。2016年，江西省住房和城乡建设厅和南昌市人民政府共同编制完成了《南昌大都市区规划（2015—2030）》。

当时大致确立的南昌大都市区，涵盖了南昌市域，抚州市临川区、东乡区，宜春市高安市、丰城市、樟树市、奉新县、靖安县，上饶市余干县、九江市、永修县和赣江新区；一些研究认为，南昌大都市区建设应围绕着积极打造“全省经济核心增长极、长江中游城市群重要中心、中部地区先进制造业基地和创新创业新高地”的发展定位而展开。南昌市作为欠发达地区省会城市，既面临着周边发达省份强有力的虹吸效应，又由于自身城市经济体量偏小、产业层次不高、吸纳就业有限等因素制约，一直在全国经济地理版图乃至中部地区“默默无闻”，缺乏存在感。特别是当前在新一轮“人才争夺战”中始终处于下风，除了与政策吸引力不够有关，更是与城市综合竞争力特别是产业竞争力欠缺不无关系。因此，考虑到以下几个方面的原因，认为有必要在今后5~10年积极举全省之力重点打造南昌大都市区，做大做强省会经济。一是南昌市GDP占全省比重相对不高且有下降趋势。2015年，南昌市GDP占全省比重23.92%，尽管较2010年提高了0.57个百分点，但较2005年却还下降了0.92个百分点。而同时期，周边经济发展较快的长沙、合肥等省会城市2015年GDP占比分别比2010年占比提高1.09个百分点、3.86个百分点（2015年长沙29.44%、合肥25.72%），较2005年则分别提高了6.10个百分点、9.84个百分点。2019年南昌市GDP占全省比重则进一步下降到22.60%。二是拓展南昌市经济发展腹地的现实需要。目前，南昌市下辖6区、3县，加上赣江新区面积仅0.74万平方千米，特别是随着发展重心向西倾斜，现有腹地难以满足未来发展需要。尽管2017年、2018年南昌市GDP占全省GDP的比重小幅上升到24%左右，但在2019年又降到了22.6%且与2015年相比还下降了1.32个百分点。可以看出，南昌市作为江西省首位中心城市，其城市首位度不高，城市支撑能力有待提高，未来需要进一步拓展南昌市城市发展空间。此外，由于昌九间距离较远、受山地阻隔且中间缺乏较强节点城市制约，加之昌九偏北对中南部辐射带动作用有限，也需要在财力有限的前提下集中力量重点从南昌市突破。

《大南昌都市圈发展规划（2019—2025年）》的印发，标志着将南昌大都市区建设升级为大南昌都市圈发展规划，区域范围有所扩大。根据规划，大南

昌都市圈包括南昌市、九江市和抚州市的临川区、东乡区，宜春市的丰城市、樟树市、高安市、靖安县、奉新县，上饶市的鄱阳县、余干县、万年县，含国家级新区赣江新区。2018 年，国土面积 4.5 万平方千米，年末总人口 1790 万，地区生产总值 10506 亿元。规划明确了大南昌都市圈的总体要求，即：着力培育统筹有力、竞合有序、功能耦合、绿色协调、互利共赢的都市圈协同发展新机制，加快构建核心引领、功能清晰、分工合理、网络联动、融合一体的大南昌都市圈发展格局，增强都市圈赣风鄱韵和科技支撑，打造高端产业集聚、区域城乡互促、创新创业活跃、宜居宜业宜游的命运共同体。在规划期内，将优化提升南昌市中心城区和赣江新区核心主导地位，强化九江、抚州两市中心城区战略增长极功能，构建九江—南昌—抚州和沿沪昆高铁通道两大发展轴，培育丰樟高、奉靖、鄱余万都组团发展能力，增强其他县市支撑功能，形成“一核两极两轴、三组团多支撑”的都市圈区域格局。①

二、沿江绿色发展示范区

这一区域主要以九江市沿江地区为主，与 2019 年确立的大南昌都市圈的区域范围有所重合，但该区域有其特殊性，特别是在大南昌都市圈发展规划确立之前，该区域是江西融入长江经济带的前沿阵地。该区域将紧紧围绕“共抓大保护、不搞大开发”的重要要求，坚持生态优先、绿色发展，强化九江在长江经济带的重要节点枢纽城市地位，推动沿江传统产业优化升级和生态修复，合理开发和有序利用沿江岸线资源，着力打造长江“最美岸线”，实现沿江“水美岸美产业美”。其发展定位为：江西融入长江经济带的前沿阵地、“美丽中国”江西样板区。

九江市位于长江黄金水道与京九铁路的十字交汇处，是江西省唯一拥有长江岸线的地级市以及对外开放的通江达海一类口岸。这一区域也位于我国最大淡水湖鄱阳湖注入长江之处，生态地位特殊。近年来，九江市大力实施新工业十年行动，大力发展循环经济，着力抓好非法码头整治工作，绿色发展指数位列全省第二。同时，在生态机制创新方面进行了有益探索，已建立市县乡村全覆盖的“河长制”组织体系、“林长”体系和环境监督网格，出台了一系列推动绿色发展的政策文件。此外，把“沿江绿色发展示范区”作为重要区域也基于以下考虑：一是国家战略导向的变化。当前，国家把对长江生态环境的保护上升到前所未有的高度，提出“共抓大保护、不搞大开发”的重要部署，并作为今后长江经济带发展的重要导向。二是九江尚未充分发挥辐射带动作用。由于

① 参见《江西省人民政府关于印发大南昌都市圈发展规划（2019—2025 年）的通知》。

长江干线过江西省偏北一隅，长期以来对江西省经济发展的整体带动作用，特别是对中南部地区的辐射带动作用有限。要以融入长江经济带为契机，着力探索省内区域协作新模式。三是自身发展路径因素。长期以来，九江市沿江地区主要以高耗能、高污染的重化工产业为主，打造长江“最美岸线”也是加快产业转型升级、摆脱原有发展路径依赖的需要。

三、滨湖高效生态农业经济区

这里的滨湖区域概念主要基于地理位置考虑，有别于滨湖四县（鄱余万都），也有别于以往的环湖概念。包括鄱阳湖周边的九江市湖口县、都昌县、德安县、庐山市、共青城市，上饶市鄱阳县、余干县等。重点围绕实施“生态鄱阳湖、绿色农产品”品牌战略，着力打造“赣鄱蓝色之肾”，其发展定位为：全省蓝色经济先行区、现代生态农业示范区。

滨湖地区长期以农业为主，既是江西省重点生态保护区域，也是脱贫攻坚的短板区域。提出“滨湖高效生态农业经济区”的概念，主要基于以下考虑：一是原有滨湖四县范围较小，不能全部反映临湖区域经济发展状况。二是“滨湖”较“环湖”更为聚焦。之前提出的“环湖”范围过大，加之跨湖地区间联系较为不便，实际操作不够理想。三是充分发挥鄱阳湖农业资源优势。滨湖地区为江西省重要水产品生产基地，围绕生态农业做文章，既是保护好“一湖清水”的需要，同时也有助于带动当地发展。

第二节　合力促进“两圈”发展

“两圈”为沪昆高铁经济带重要经济增长板块，是江西省重要工业基地布局地，同时，具有较为丰富的旅游资源禀赋，对江西省实现“西伸东拓”的发展格局具有重要意义。“两圈”将打造成为江西省创新转型发展先导区、省际边界合作示范区。

一、赣东北新兴产业经济圈

赣东北新兴产业经济圈是以景德镇—婺源—上饶—鹰潭为重点，依托九景衢、合福、沪昆、景鹰铁路构成的环形布局区域。其发展定位为：重点打造江西省创新发展新的增长点、赣浙开放合作先行区和赣东北旅游协作示范区。

赣东北地区依托沪昆高铁经济带，面向长三角城市群，区位特色优势突出，并已形成赣皖浙闽省际重要高铁枢纽网络，具有作为单独经济地理板块的先天条件。同时，从三市发展状况看也已具有一定发展势头和潜力，上饶、景德镇和鹰潭已分别初步形成了独具特色的新兴产业，如上饶“两光一车”和大数据产业，景德镇航空和文化创意产业以及鹰潭物联网产业，并已具有一定发展基础。此外，三市均有较为丰富的旅游资源，以景德镇为起点沿铁路干线，可以把陶溪川、婺源、三清山和龙虎山等主要旅游资源串在一起，具有良好的协作发展优势。

二、赣湘转型合作经济圈

赣湘转型合作经济圈建设紧密契合湖南、江西两省共同打造的《湘赣边区域合作示范区建设总体方案》，是以新余、宜春和萍乡为重点，围绕产业转型升级与区域产业协作，打造长江中游省际边界合作新高地和赣湘宜居宜游的重要目的地。最初源于2013年底萍乡市与长沙市、株洲市倡导的“赣湘开放合作试验区”发展构想，2014年12月，首届湘赣边区域开放合作交流会在湖南省浏阳市召开，2015年4月，江西省人民政府和湖南省人民政府共同签署了《共建湘赣开放合作试验区战略合作框架协议》。

这一合作经济圈称为“赣湘转型合作经济圈”，主要基于以下考虑：一是命名为“赣湘”而不是“赣西”，既是出于对目前赣西与长株潭城市群互动密切性的现实考量，是江西省加快对外开放合作的现实需要，也是赣西地区实现融入长江经济带的便捷途径。二是赣西地区，特别是萍乡市与湖南省醴陵市、浏阳市等地区地缘相近、人缘相亲，具有相近的产业发展特征和合作基础。可以考虑推动萍乡市与醴陵市的陶瓷产业及浏阳市的烟花爆竹产业，赣西的钢铁与湖南机械制造业实现互补对接。三是赣湘旅游互动频繁。目前，随着沪昆高铁的开通，赣西与长株潭城市群已形成“一小时经济圈”，以仙女湖、明月山和武功山等为代表的赣西旅游景点已成为长株潭城市群的重要旅游目的地，长沙等主要城市也已成为赣西地区省外旅游购物的首选地。

2021年10月16日，国家发展改革委正式印发《湘赣边区域合作示范区建设总体方案》，该方案明确了努力将湘赣边区域打造成为全国革命老区振兴发展的先行区、省际交界地区协同发展的样板区、绿色发展和生态文明建设的引领区①，共同促进红色文化传承、跨省产业协作、城乡融合发展、生态环境共保联治、基础设施互联互通等，并引导湘赣边区域与赣南等原中央苏区协同发展，与长江中游城市群联动发展。依托区域经济基础和产业，积极完善综合交通运输体系，合作共建产业园区是湘赣边区域合作的重要内容之一，特别是鼓励萍

① 参见《湘赣边区域合作示范区建设总体方案》。

乡、宜春与长沙、株洲等地跨省合作建设湘赣边区域合作产业园，重点建设醴陵—湘东园区、浏阳—上栗园区、浏阳—袁州园区。

2022 年 5 月 24 日，江西省人民政府正式印发《江西省推动湘赣边区域合作示范区建设行动方案》，明确了要充分发挥萍乡市全境纳入湘赣边区域合作示范区的主体优势，以建设长株潭国家自主创新示范区的技术成果转化区和产业协作配套区为导向，依托湘赣合作产业园，加快转型升级步伐，深化与其他区域设施互通、产业协同、生态共治、服务共享等合作，建设联结湘赣两省的开放门户和新时代创新驱动转型升级标杆城市，建设对接湘赣边区域的全面合作先导区①；强化产业协同创新发展的主体作用，打造高水平产业合作园，推进上栗园区与浏阳园区深化产业延展、成果转换、产权共享合作，支持湘东园区与醴陵园区深化延链、补链、壮链合作，推动袁州园区与浏阳园区合作，积极打造组团合作支撑区，加快构建特色鲜明、分工有序的组团式发展格局；加快培育发展新兴产业，推动传统产业转型升级，建设特色优势产业基地。例如：加快萍乡陶瓷产业集群、上栗电子电路产业集群，支持宜春新能源（锂电）产业集群创建国家战略性新兴产业集群与新能源全产业链打造，支持上栗、万载联动浏阳、醴陵共建全国烟花爆竹转型升级集中区，支持萍乡市申报国家跨境电子商务综合试验区和国家物流枢纽承载城市，宜春市申报国家跨境电子商务综合试验区，宜春市宜阳新区创建国家级数字经济创新发展试验区。

第三节　努力推动“一带”隆起

“一带”，即中南部经济隆起带，主要涵盖吉安市、赣州市，围绕电子信息、现代家居、红色旅游等产业，重点以赣州“一带一路”重要节点城市为突破点，推动以赣州市为核心的都市区建设，努力把赣州市打造成赣粤闽湘四省边际区域性中心、省域副中心城市，推动吉泰走廊相向融合发展，提升承接沿海产业水平，抓好赣江源生态保护，打造京九高铁经济带“醉美线”和最具发展潜力“成长带”，全力打造全省省域经济重要支撑板块、对外开放新高地和生态涵养示范区。

江西省中南部地区作为革命老区、赣江源头生态脆弱区，历史上已形成以电子信息等为主的产业布局，但总体相对实力仍“大而不强”，经济发展缺乏强有力核心增长极。为此，提出中南部经济隆起带的构想。具体原因如下：一是赣州、吉安两市在江西省具有重要地位。从面积上看，两市面积占全省总面积

① 参见《江西省推动湘赣边区域合作示范区建设行动方案》。

近四成，人口占全省人口近三成，经济总量占全省20%。无论从面积、人口和经济总量上看，两市均占据较大比重。但从经济总量占比与面积和人口占比的比值看，两市经济总量与现有地位还不相符，需要下大力气推动发展。此外，两市为原中央苏区核心区，也具有单独划分为经济地理板块的历史和现实因素。二是更加便利的对外开放环境。赣州、吉安两市临近珠三角，前期已承接不少来自珠三角的产业转移，特别是随着下一步昌吉赣、赣深客专通车，两市与广深港等主要城市的时空距离将进一步缩短，对外交流合作的空间更为广阔。同时，赣州市作为“一带一路”重要节点城市，正在积极打造赣州市内陆“无水港”，通过中欧班列赣南货物直达陆上丝绸之路主要国家，通过赣州（吉安）至厦门铁海联运班列和赣州（吉安）至深圳集装箱快速班列，进一步加深与海上丝绸之路沿线国家的联系。此外，打造中南部经济隆起带对于吉泰走廊进一步承接沿海电子信息产业转移，完善产业链条，提升产业水平，把吉泰走廊打造成国家级电子信息产业基地具有重要意义。三是保护好赣江源头的需要。赣州作为章贡两江汇合地，分布着众多国家级重点生态功能区，生态环境极其脆弱，赣江上游生态环境的好坏直接关系着下游“一湖一江”的生态安全。

第四节　着力培育“一廊”潜力

“一廊”，即新兴增长潜力经济走廊，主要包括沿济广高速以及规划中的南丰至瑞金城际铁路、瑞梅铁路分布的鹰潭市、抚州市、赣州市东部等县域，围绕绿色生态旅游和海西经济合作，着力打造全省新兴增长潜力经济走廊。

着力培育“一廊”发展潜力的主要考虑在于：一是全面实现小康的需要。赣东沿武夷山脉地区长期由于交通闭塞、偏东一隅，国家和省内支持政策相对较少，经济发展相对不发达，如会昌、广昌、石城、宁都、瑞金等县（市、区）。二是发展轴带日趋清晰。目前，该区域已有济广高速贯穿南北，向莆铁路、赣龙铁路等横贯东西，随着南丰至瑞金城际铁路、瑞梅铁路、吉永泉铁路的修建，远期该区域将形成景德镇（上饶）至梅州发展轴带，成为往南对接潮汕地区、往东南对接厦漳泉海西经济区的重要通道。三是对接海西经济区的前沿阵地。该区域背靠京九高铁经济带，面向海西经济区，是厦漳泉地区进行产业转移的最前沿。事实上，目前也承接了不少来自厦漳泉地区和中国台湾地区的产业。此外，该区域地处武夷山脉西侧，绿色与红色交相辉映，拥有武夷山脉主峰黄岗山、世界自然遗产龙虎山以及红色故都瑞金等众多旅游资源，具有“以游兴业富民”的基础和条件。

参考文献

[1] Haining R. Spatial data analysis: Theory and practice [M]. Cambridge: Cambridge University Press, 2003.

[2]《红色圣地江西》编写组. 红色圣地江西 [M]. 广州: 世界图书出版公司, 2013.

[3]《江西省情汇要》编委会. 江西省情汇要 [M]. 南昌: 江西人民出版社, 1985.

[4]《江西省文化艺术志》编纂委员会. 江西省志——江西省文化艺术志 [M]. 北京: 新华出版社, 1999.

[5]《江西省自然地理志》编纂委员会. 江西省志——江西省自然地理志 [M]. 北京: 方志出版社, 2003.

[6] 安虎森, 朱妍. 产业集群理论及其进展 [J]. 南开经济研究, 2003 (3): 31-36.

[7] 陈瑾. 文化产业与旅游业融合发展机理及政策选择——以江西省为例 [J]. 旅游经济, 2014 (5): 122-126.

[8] 陈志军, 黄细嘉. 江西入境旅游客源国市场时空变化特征研究 [J]. 江西社会科学, 2014, 34 (10): 67-72.

[9] 杜国平, 杨李红. 江西城市化发展问题研究 [J]. 安徽农业科学, 2007 (23): 7318-7320.

[10] 段跃庆. 旅游融合发展 [M]. 北京: 中国环境出版社, 2016.

[11] 泛珠三角区域合作发展规划纲要 (2006-2020 年) [EB/OL]. (2007-06-04). http://cn.chinagate.cn/economics/2007-06/04/content_8341689.htm.

[12] 方丽. 江西省基础设施建设与经济协调发展关系研究 [D]. 南昌: 南昌大学, 2008.

[13] 冯兴华, 钟业喜, 陈琳, 等. 长江经济带县域经济空间格局演变分析 [J]. 经济地理, 2016, 36 (6): 18-25.

[14] 国家统计局. 2015-2019 国际统计年鉴 [M]. 北京: 中国财政经济出

版社，2020.

［15］国家统计局国民经济综合统计司．新中国五十年统计资料汇编［M］．北京：中国统计出版社，1999.

［16］黄国勤．江西水资源特征研究［C］//中国科学技术协会．第十届中国科协年会论文集（二）．郑州：第十届中国科协年会，2008：1167-1170.

［17］江西省发展和改革委员会．“十二五”时期江西经济社会发展主要成就［J］．当代江西，2016（3）：43-44.

［18］江西省工业和信息化厅．江西省工业和信息化厅关于新增调整省级重点工业产业集群的通知［EB/OL］．（2019-11-21）．http：//www. jiangxi. gov. cn/art/2019/11/21/art_5006_830713. html.

［19］江西省工业和信息化委员会．关于印发江西省“十三五”工业园区和产业集群发展升级规划（2016—2020）［EB/OL］．（2021-12-31）．http：//www. jxciit. gov. cn/Item/76004. aspx.

［20］江西省交通运输厅．2017年江西省交通运输统计数据［EB/OL］．（2017-06-26）．http：//jt. jiangxi. gov. cn/art/2017/6/26/art_33026_1536118. html.

［21］江西省交通运输厅规划处．江西交通概况2017［EB/OL］．（2017-06-02）．http：//jt. jiangxi. gov. cn/art/2017/6/2/art_33967_1887495. html.

［22］江西省历史沿革及行政区划［EB/OL］．（2003-01-12）．https：//news. sina. com. cn/c/2003-01-12/10404949060. shtml.

［23］江西省民政厅．江西政区地名的古往今来［M］．南昌：江西人民出版社，2021.

［24］江西省水利厅．江西省水资源公报（2020年）［R/OL］．（2022-01-25）．http：//slt. jiangxi. gov. cn/art/2022/1/25/art_64563_3844541. html.

［25］江西省水利厅．江西水利概况［EB/OL］．（2019-11-20）．http：//slt. jiangxi. gov. cn/col/col27163/index. html.

［26］江西省发展和改革委员会．江西省铁路网发展规划［R］．2008.

［27］江西省统计局．“十一五”时期江西经济社会发展呈现八大亮点［EB/OL］．（2015-11-27）．http：//www. jiangxi. gov. cn/art/2011/9/21/art_5490_340498. html.

［28］江西省统计局．江西劳动力分布及发展趋势研究［EB/OL］．（2015-09-23）．http：//tjj. jiangxi. gov. cn/art/2015/9/23/art_38592_2345871. html.

［29］江西省统计局能源统计处．坚持生态优先推动绿色发展（江西统计分析报告第121期）［EB/OL］．（2018-11-22）．http：//tjj. jiangxi. gov. cn/art/2018/11/22/art_38592_2344812. html.

［30］江西省统计局能源统计处．推进生态文明建设构建富裕美丽江西［EB/OL］．（2017-12-15）．http：//tjj. jiangxi. gov. cn/art/2017/12/15/art_38592_2344756. html.

［31］江西省土地利用管理局．江西土壤［M］．北京：中国农业科技出版社，1991.

［32］江西省战略性新兴产业发展报告课题组．江西省战略性新兴产业发展报告（2010-2013）［M］．北京：经济科学出版社，2014.

［33］江西省战略性新兴产业发展报告课题组．江西省战略性新兴产业发展报告（2013-2014）［M］．北京：经济科学出版社，2015.

［34］江西省中长期铁路网规划（2016-2030 年）［EB/OL］．（2016-09-25）．http：//drc. jiangxi. gov. cn/art/2016/9/25/art_15297_647514. html.

［35］江西省综合交通运输事业发展中心．二〇一六年江西省公路基本情况［EB/OL］．（2017-01-31）．http：//jxgl. jt. jiangxi. gov. cn/art/2017/1/31/art_60552_3634735. html.

［36］焦宣．绿色崛起筑通途——江西交通运输“十一五”发展综述［J］．当代江西，2011（2）：40-41.

［37］靳诚，陆玉麒．基于县域单元的江苏省经济空间格局演化［J］．地理学报，2009，64（6）：713-724.

［38］柯武刚，史漫飞．制度经济学：社会秩序与公共政策［M］．北京：商务印书馆，2000.

［39］雷朝阳，陈永秀．环鄱阳湖城市群发展阶段的判定分析［J］．城市发展研究，2009，16（11）：39-42.

［40］李恩康，陆玉麒，黄群芳，等．泛珠江—西江经济带经济差异时空演变及其驱动因素［J］．经济地理，2017，37（5）：20-27.

［41］李吉雄．新形势下江西区域发展升级的路径研究［J］．中国商论，2017（34）：133-134.

［42］李松志，冉红，魏伟新．江西旅游地理［M］．南昌：江西人民出版社，2016.

［43］林英．江西植物志［M］．南昌：江西科学技术出版社，1993.

［44］刘霄泉，孙铁山，李国平．基于局部空间统计的产业集群空间分析——以北京市制造业集群为例［J］．地理科学，2012，32（5）：530-535.

［45］刘耀彬，杨洋．“昌九一体双核”模式与江西区域空间发展战略调整构想［J］．九江学院学报（自然科学版），2014，29（1）：5-12.

［46］刘耀彬．江西省城市化进程中资源消耗特征及响应分析［J］．中国人

口·资源与环境，2007，100（6）：50-53.

［47］刘叶飙，吴儒练．旅游强省评价指标体系构建及实证测评——以江西省为例［J］．宜春学院学报，2017，39（4）：25-30+125.

［48］吕卫国，陈雯．江苏省制造业产业集群及其空间集聚特征［J］．经济地理，2009，29（10）：1677-1684.

［49］马俊．铁路网与地区经济增长的关系——以江西为例［J］．北京交通大学学报（社会科学版），2010，9（2）：8-15.

［50］彭道宾，曹青云，郭利平．"十一五"江西经济社会发展成就回顾［J］．当代江西，2011（1）：14-17.

［51］彭道宾．新成就新起点——"十五"期间江西经济社会发展成就回眸［J］．当代江西，2006（1）：9-10.

［52］彭月才．新中国成立以来江西行政区划沿革［J］．党史文苑，2020（6）：44-47.

［53］萍乡、长沙携手建设赣湘开放合作试验区［EB/OL］．（2015-08-06）．https：//px. jxnews. com. cn/system/2015/08/05/014117790. shtml.

［54］苏衍慧．主要城市对江西入境旅游的收入贡献研究［J］．当代经济，2020（12）：62-65.

［55］汤民．打造江西区域发展格局"升级版"［J］．理论导报，2018（8）：4-5.

［56］王万山，杨盛标，刘文华，等．长江经济带与江西融入长江中游城市群建设［J］．九江学院学报（自然科学版），2016，31（1）：1-7+13.

［57］王亚飞．新时代江西区域发展构想［J］．中国国情国力，2020（8）：15-18.

［58］王志发．旅游强省的内涵及产业特征［N］．中国旅游报，2011-07-01（11）．

［59］魏泽云，谢奉军．江西旅游景区与交通环境协调发展研究［J］．合作经济与科技，2019（2）：47-49.

［60］肖传伟，肖跃秀．江西旅游业发展与公路旅游交通现状实证分析［J］．江西社会科学，2001（9）：177-180.

［61］谢磊，李景保，袁华斌，等．长江中游经济区县域经济差异时空演变［J］．经济地理，2014，34（4）：19-24+39.

［62］熊云明，李松志．基于竞争力的江西旅游强省建设评价研究［J］．西南师范大学学报（自然科学版），2017，42（8）：74-79.

［63］许怀林．江西历史上经济开发与生态环境的互动变迁［J］．农业考

古，2000（3）：110-120+124.

［64］易宜曲，马巨贤，朱美荣，等．江西省经济地理［M］．北京：新华出版社，1990.

［65］尹世洪，麻智辉，孙育平．江西参与“泛珠三角”区域经济合作的思考［J］．企业经济，2004（1）：5-7.

［66］余斌，冯娟，曾菊新．产业集群网络与武汉城市圈产业发展的空间组织［J］．经济地理，2007（3）：427-432.

［67］虞国庆．魅力江西：江西省情概览［M］．南昌：江西人民出版社，2014.

［68］袁绍荣．江西旅游经济发展战略初探［J］．当代财经，1989（8）：44-48.

［69］曾光，张小青．城市空间结构优化与区域经济协调发展——以江西省为例［J］．城市问题，2012（8）：21-25.

［70］曾光．高铁时代“十三五”江西区域发展战略的优化［J］．城市，2016（2）：42-45.

［71］曾巧生．江西深度融入“一带一路”建设的思考［N］．江西日报，2017-08-28（B03）．

［72］张宾宾．影响江西省旅游大发展的主要问题及其对策研究［D］．南昌：南昌大学，2016.

［73］张和平．加快打造江西区域发展新格局［N］．江西日报，2018-08-13（B03）．

［74］张辉．产业集群竞争力的内在经济机理［J］．中国软科学，2003（1）：70-74.

［75］张苗．长江中游城市群中咸岳九“小三角”发展动力机制及路径研究［D］．湘潭：湘潭大学，2016.

［76］张泰城，曾光．吉泰工业走廊：改善江西空间经济结构的战略选择［J］．江西社会科学，2009（7）：205-209.

［77］赵璐，赵作权．基于特征椭圆的中国经济空间分异研究［J］．地理科学，2014，34（8）：979-986.

［78］中共江西省委党校，江西行政学院．江西省情资料手册（2014 年版）［M］．南昌：江西人民出版社，2014.

［79］中国绿色食品发展中心．2010-2015 年国家现代农业示范区绿色食品、有机食品产量统计［EB/OL］．（2016-06-29）．http：//www.greenfood.org.cn/ztzl/gjxdny/lsspyjsp.

［80］中国绿色食品发展中心 .2016 年《绿色食品统计年报》［EB/OL］.（2018-10-22）. http：//www. greenfood. org. cn/ztzl/tjnb/lssp.

［81］中华人民共和国国土资源部 . 江西省土地资源概况［EB/OL］.（2009-12-14）. http：//www. mlr. gov. cn/tdsc/zygk/200912/t20091214_699594. htm.

［82］钟业喜，等 . 闽新轴带区域协调发展研究［M］. 北京：经济管理出版社，2018.

［83］周晶 . 战略性新兴产业发展现状及地区分布［J］. 统计研究，2012，29（9）：24-30.

［84］周涛，刘继生 . 吉林省农产品加工产业集群布局和发展模式研究［J］. 地理科学，2013，33（7）：815-823.

［85］周叶 . 江西文化旅游研究［D］. 武汉：武汉大学，2014.

［86］朱钢，陈方，张海鹏 . 中国城乡发展一体化指数（2018）：以全面建成小康社会为目标［M］. 北京：社会科学文献出版社，2018.

［87］朱钢，张军，王小映，陈方 . 中国城乡发展一体化指数：2006~2013 年各地区排序与进展［M］. 北京：社会科学文献出版社，2015.

［88］朱虹 . 江西旅游战略［M］. 南昌：二十一世纪出版社集团，2017.

［89］朱虹 . 论发展江西文化旅游产业的战略思考［J］. 江西财经大学学报，2013（4）：5-11.

［90］朱虹 . 论江西旅游强省发展战略［J］. 江西财经大学学报，2014（4）：5-11.

［91］朱杰，管卫华，蒋志欣，等 . 江苏省城市经济影响区格局变化［J］. 地理学报，2007（10）：1023-1033.

［92］朱丽萌 . 鄱阳湖生态经济区大南昌城市群与产业集群空间耦合构想［J］. 江西财经大学学报，2010（5）：5-9.

后 记

《江西经济地理》是全国经济地理研究会组织和指导编写的《中国经济地理》丛书的分册之一，其对于读者认识江西省省情，了解江西省经济地理格局及其变化具有一定的参考价值。

本书由陈斐教授、钟业喜教授负责框架总体设计，陈斐、钟业喜、周杰文、李汝资、李松志等参与了初稿编写。各章节具体编写分工如下：第一、第二章（钟业喜），第三章（陈斐、周杰文），第四章（周杰文、陈斐），第五章（李松志），第六章（钟业喜、陈斐），第七章（李汝资、陈斐），第八章（陈斐、周杰文），第九章（李汝资），第十章（陈斐、钟业喜、李汝资），第十一章（陈斐、王亚飞）。初稿完成后，陈斐负责全书的统稿、修改和定稿等工作。

感谢全国经济地理研究会荣誉会长孙久文教授、会长张可云教授与《中国经济地理》丛书编委会对本书编写工作的指导和支持。感谢付晓东教授、刘耀彬教授在本书写作过程中给予的建设性意见。本书的写作也得到了浙江理工大学科研启动经费、江西师范大学鄱阳湖湿地与流域研究教育部重点实验室和南昌大学应用经济学学科专项经费的支持。

由于编著者的学识和水平所限，书中难免存在疏漏与不足之处，敬请读者批评指正。

陈 斐

2022 年 9 月 12 日于杭州